한창희

시사칼럼

한창희
시사칼럼

글 한창희

정문사

발간사

'한창희 시사칼럼' 출판을 하며

필자는 시사뉴스, 토요경제, 시사플러스에 10여 년간 수백 편의 칼럼을 집필했다.

정문사 이정문 대표의 요청으로 주요 칼럼을 한데 모아 쑥스럽게 '한창희 시사칼럼'을 한 권의 책으로 펴낸다.

인간의 생각은 샘물과 같다. 목마를 땐그렇게 시원하던 샘물이 갈증이 풀리면 그냥 물일 뿐이다. 상큼하다고 느꼈던 것이 금방 별거 아니기도 하고, 기발한 생각도 기록해 두지 않으면 샘물이 흘러내려가듯 금방 사라져 기억이 나질 않는다. 또 과거의 시각에서 바라보면 예리하다고 호평을 받던 칼럼이 작금의 시각으로 바라보면 당연한 얘기일 수도 있다. 특히 정치적 칼럼은 더욱 그렇다.

국회 청문회나 경선등 각종 선거에서 공직후보자들이 매도당하는 것은 과거의 사안을 현재의 관점에서 바라보기 때문이다. 시대가 바뀌었는데 말이다. 옛 명현의 언행이나 관습을 지금 시각으로 보면 존경스럽지가 않다. 공직자 검증 시 시대정신과 가치관이 바뀌었다는 점을 반드시 유념할 필요가 있다.

글이란 생각의 창고다. 샘물처럼 솟아나는 생각을 기록해 두면 시공을 초월하여 많은 사람들과 공유할 수 있다. 인간이 다른 동물과 다른 것은 기록을 남겨 후손들이 그 바탕 위에서 또 다른 생각을 한다는 것이다. 그 기록이 어떤 이에게는 새로운 교훈과 중요한 자료가 된다.

글을 쓰게 되면 인간의 분석과 예측은 항상 불완전하다는 생각이 들어 겸손해진다. 집필 당시 본인의 생각에는 정확한 분석과 미래예측이라 여겼던 것이 나중에 보면 그저 그렇다. 창피할 때가 많다.

요즘은 페이스북, 카톡, 유튜브 등 SNS가 일반화되어 모두가 기자(記者)고 배달원이다. 사회 구성원 모두가 각자의 생각과 정보를 공유한다. 사회가 바뀌었다. 어른이라 하여 스마트폰을 다룰 줄 모르면 어릴 적 한글 모르는 어른처럼 느껴진다.

필자는 2006년 부터 다음카페 '한창희 사랑방'을 열고, 2010년부터 페이스북 등 SNS를 매일 활용한다. 어떻게 보면 필자 이름으로 한 권의 책을 내지만 이는 페친, 카친들의 아이디어고 생각이기도 하다.

중요한 것은 이를 통해 필자가 생각을 바꾸는 계기가 되었다. 요즘은 SNS 활성화로 사회가 보다 더 투명하고 건강해진다는 느낌이 든다. SNS를 통해 스스로 터득하는 정보와 지혜가 학교 교육을 능가하기도 한다.

필자는 행운아다. 페이스북, 카톡 등에 올린 글을 시사뉴스 박성태 대표가 우연히 보고 주필로 발탁하여 원고료까지 주니 말이다. 박 대표님 감사합니다.

그동안 글장난 삼아 쓴 칼럼을 한데 모아 한 권의 책으로 엮어 다시 읽어보니 색다른 느낌을 받는다. 글은 마술이란 생각이 든다.

'한창희 시사칼럼' 꼭 구입하여 한번 읽어 보시면
큰 복 받으실 겁니다~^^

저자 한 창 희

추천사

한창희의 톡톡튀는 아이디어는 대학시절부터 돋보여

전 국회의장, 국무총리 정 세 균

한창희 전 시장은 필자의 고려대 후배이다. 고대 재학 중에 필자의 총학생회장 후배이기도 하다. 충주에는 한창희 후배와 통일부장관인 이인영 후배가 고대 총학생회장들의 모임인 석주회 멤버이다.

한창희 후배는 글을 잘 쓴다. 칼럼니스트로 자리를 잡았다. 칼럼을 통한 정책 제안이 백미다. 필자가 총리시절 한 후배가 칼럼을 통해 정책 제안을 여러 번 하여 도움이 많이 됐다.

그의 시사칼럼은 실타래처럼 얽힌 정치현안을 알기 쉽게 풀이하여 이해하기 쉽게 해준다. 정치인은 물론 SNS 오피니언 리더들이 한창희의 이름을 모르는 사람이 없을 정도다. 때로는 필자의 정치적 예측까지 거침없이 칼럼으로 올려 마음을 들킨 듯한 느낌을 받기도 했다.

한창희 후배는 고향인 충주를 너무 사랑한다. 줄곧 충주에서 거주한다. 충주 발전에 대한 아이디어도 풍부하다.

한 후배가 "지방도시를 철도가 지나갈 때 도심을 지하로 통과토록 건설해야 한다. 그리하여 도시와 도시를 연결하는 철도가 대중교통의 주축이 되어야 한다"라는 칼럼이 아직도 기억에 남는다.

앞으로 철도를 건설할 때 시간이 좀더 걸리더라도 한 후배의 주장대로 국가의 백년대계를 위해 철도가 도심을 지하로 통과토록 해야한다고 본다.

2014년 필자가 유세차 충주를 방문한 적이 있다. 그 당시 한창희 후배가 충주시장이나 국회의원에 당선되었으면 충주는 엄청나게 발전됐을 것이다. 아마 한 시장의 열정과 추진력이 내륙선철도 충주구간 도심을 지하로 통과토록 하고도 남았을 것이다. 그러면 충주는 도심재개발 문제로 고민할 필요도 없었을 것이다. 안타까운 일이다.

'한창희 시사칼럼' 출판을 거듭 축하하며 자랑스런 한 후배가 충주를 위해 못다한 일을 마무리할 기회가 있었으면 좋겠다.

추천사

아무도 못말리는 한창희 전 시장의 열정

전 청와대비서실장 노 영 민

한창희 전 충주시장이 그동안 시사뉴스 등 언론사에 컬럼을 게재한 것을 한데 모아 '한창희 시사칼럼'을 출판하는 것을 진심으로 축하한다.

'한창희 시장'하면 제일 먼저 2004년 참여정부시절 국가균형발전정책의 일환으로 공공기관을 지방으로 이전할 때 충북 배제 방침을 철회키 위해 3천여 명의 충주시민들과 함께 상경하여 '지부상소'를 벌인 기억이 먼저 난다. 그 당시 필자는 국회 건설교통위 소속의원이라 누구보다도 기억이 생생하다.

한창희 시장과 충주시민들이 아니었으면 오늘날의 혁신도시와 기업도시는 충북에 오기 힘들었을 것이다.

당시 한창희 시장의 열정은 대단했다. 지방뉴스의 톱기사를 거의 충주가 차지했다. 공공기관 지방이전 시 충북 배제 방침이 철회되자 충북도 각지자체가 혁신도시를 유치키 위해 난리도 아니었다.

충주도 혁신도시 충주유치를 위해 '삼보일배' 시위를 감행했다. 이전 공공기관들의 고집으로 혁신도시는 음성-진천 접경지역으로 결정되었지만 충주는 기업도시 시범지역을 유치하는 성과를 거두었다. 한창희 시장과 시청 공직자들의 지혜로운 활동이 아니었으면 불가능했다.

혁신도시 유치를 위해 결사적이던 충주시가 음성-진천 접경지역으로 결정되자 깨끗이 승복한 수준높은 시민의식에 청주시민들이 역시 '충주시민'이라고 찬사를 보내던 일이 엊그제 같다.

그 이후 한 시장이 안타깝게 퇴진하고 페이스북 등 SNS에 주로 글을 올리더니 어느 날 시사뉴스 주필이 되었다. 한 시장의 예리한 칼럼은 국회의원 등 주요 정치인들도 많이 애독한다. 민주당에도 쓴소리를 마다하지 않는다.

한창희 시장의 열정과 경륜을 안타까워하는 사람들이 너무 많다. 한창희 전 시장이 언론인으로 계속 예리한 칼럼을 쓰며 지낼 것인지, 지방선거를 앞두고 또 다른 꿈이 있는지 많은 사람들이 궁금해 한다.

여하튼 한창희 전 시장의 다섯 번째 저서 '한창희 시사칼럼'의 출간을 거듭 축하드린다.

한창희 주필,
한마디로 '저평가 우량주'

한창희 전 충주시장을 만난 건 정말 우연이었다. 지난 2019년 대전 충청지역 커뮤니티 카카오톡 방에 초대되었는데 어떤 사람이 계속 본인이 쓴 칼럼이라며 글을 올려 관심 있게 읽게 되었다.

그런데 언론인 출신이 아닌데도 주제와 내용이 다양하고 나름 논리가 있어 먼저 만나자고 제안했고 창간 34주년인 〈시사뉴스〉에 칼럼 연재를 의뢰했다. 이후 한 전 시장을 시사뉴스의 주필로 선임하여 오늘에 이르고 있다.

한창희 주필에 대한 주변의 평은 한마디로 '저평가 우량주'이다. 1954년생이지만 열정과 정열은 1974년생 못지않고 아이디어도 풍부하다고 평한다.

한 시장은 지자체장 출신이지만 요즘은 칼럼니스트로 활동하고 있다. 그동안 '혀 매력과 유혹', '생각 바꾸기', '사랑도 연습이 필요하다', '노란 거짓말' 등 저서가 4권이나 된다. 아직도 책 3권 분량의 원고가 있단다. 그 중에서 이번에 한 권을 출판하게 됐다고 한다.

그는 시장 시절 충주에 새바람을 불어넣었다고 한다. 시장이 나서서 시위를 주도해 충북에 혁신도시, 충주에 기업도시가 들어오게 하고 서울시 공무원 연수원, 기업은행 연수원 등을 유치했다. 상모면을 수안보면, 조정지댐을 탄금호로 명칭도 바꾸었단다. 자율행정을 제창하여 전형적인 무사안일 공직사회에 새바람을 일으켰다는 평가도 받고 있다.

그는 '시사뉴스'에서 주필로 활동하며 알려지지 않은 정치지망생과 기업경영인을 발굴해 소개하는 '숨은 인재 발굴' 코너를 만들자고 제안해 인맥관리와 사교문화의 효율성을 높이자고 주장했다.

그는 주변 사람들이 동문회와 향우회에 나가는 등 사교활동을 활발히 하는데 회원 상호간에 서로 무슨 일을 하는지도 모른다며 자신을 정확히 소개한 기사를 시사뉴스 온 오프라인에 게재하고 카카오톡이나 문자로 보내주면 이보다 효율적인 홍보는 없다며 숨은 인재 발굴에 열심이다.

한 주필은 남들이 하지 못하는 것을 도와주는 것보다 행복한 일이 없다고 한다. 그는 '희망과 열정'은 신(神)이 인간에게만 준 선물이라고 말한다.

그의 열정은 타고났다. 요즘에도 매일 독창적인 글을 작성해 페이스북, 카카오톡 등에 올린다. 지인들에게 격주에 한 번은 본인이 쓴 글을 문자로 보낸다. 이번 5번째 저서도 이러한 글들을 모아 출간하는 것이다.

책 목차에서 보듯이 참 주제와 내용도 다양하고 아이디어도 많고 신선하다. 그가 언급한 내용들은 중앙정부의 정책이나 지자체 행정에 반영되었으면 좋겠다는 생각이 든다. 그의 글을 보면 정치 경제 사회 문화 각 분야를 망라해 '참 오지랖도 넓다'는 느낌마저 준다.

이번 책 출간을 계기로 한 전시장을 다시 한 번 알게 되고 한 전 시장의 삶의 궤적과 그의 생각 등을 공유하는 계기가 되었으면 좋겠다.

한 주필의 5번째 책 출간을 축하하며.

시사뉴스 대표 박 성 태

CONTENTS

PART I 정치, 생각 바꾸기

PART Ⅱ 세상 엿보기

PART Ⅲ 우리의 소원은 통일

PART Ⅳ 사드 배치와 주변국 정세

PART Ⅴ 공짜로 정책 제안

PART Ⅵ 코로나 대책, 이게 뭐야?

PART Ⅶ 충주 지역사회를 위하여

PART Ⅷ 이래서 '오지랖'

PART IX 한창희의 인생 칼럼

PART

I

정치, 생각 바꾸기

정적을 외적과 동일시하는 정쟁(政爭)을 지양하고 수준 높은 정치 좀 하라!

이용수-윤미향 정치 공방이 조국 전 법무부 장관 공방과 흡사하다. 조국은 종북 프레임, 이용수-윤미향은 반일 프레임이 배경이다.

시비는 항상 야권, 보수진영에서 걸어온다. 문재인 대통령이 못마땅한 것이다. 박근혜처럼 하야시키고 싶다. 틈만 나면 정치 공세를 퍼붓는다.

검찰개혁을 두고 검찰과 보수언론, 야당이 하나가 되어 조국 법무부 장관을 끌어내렸다. '조국'이 평소에 좋은 말 다 해놓고 부정을 저지른 이중인격자, 종북주의자로 폄하하고 매도했다. 그러면서 검찰개혁 무력화를 시도했다.

진보 측은 촛불을 들고 결사적으로 조국을 옹호했다. 뭐 묻은 돼지가 겨 묻은 돼지 나무란다며 앞장서 공격하는 나경원과 윤석열에게 집중포화를 날렸다. 민주당은 당시 제1야당인 한국당을 제외하고 '4+1협력체'를 구성하여 검찰개혁법을 간신히 통과시켰다.

이번 윤미향 건은 보수 세력을 토착왜구로 몰아가는 진보 측에 쐐기를 박자는 정치공세다. 윤미향은 정의기억연대를 통해 일제의 위안부 문제를 클로즈업시켰다. 소위 토착왜구 세력과 일본 극우세력은 무척 싫었을 것이다.

그런데 공작이 있었는지 모르지만 이용수 할머니가 위안부 할머니들을 홀대하고 후원금을 제대로 사용치 못한 의혹을 제기한다. 이 찬스를 놓치지 않고 보수언론은 대서특필한다. '정의연'이 위안부 할머니를 앵벌이로 이용했다고 집중포화를 퍼붓는다. 다시는 위안부 문제를 거론도 못 하게 하려는 정치적 의도가 숨어 있는 듯하다. 정치 쟁점화 됐다.

진보 측은 큰 공(功)은 보지 않고 사소한 문제를 확대해 일제 만행을 희석시키려는 토착왜구 친일파들의 음해공작이라고 역공을 가한다.

하지만 윤미향은 조국과는 격이 다르다. 여권 내부가 조국처럼 일사불란하게 움직이지 않는다. 방어 전략이 둘로 나뉘었다. 윤미향을 사퇴시켜 토착왜구의 준동을 막아야 한다. 여기서 밀리면 계속 밀리게 된다. 윤미향을 엄호하고 친일 적폐세력을 응징해야 된다. 대처방안을 두고 두 갈래로 나뉜 것이다.

두 사건의 공통점은 보수언론이 앞장서서 문제를 확대시킨다. 야당이 이에 동조한다. 차이점은 검찰의 수사 자세다. 검찰개혁은 검찰 자기들의 문제라 결사적으로 조국을 쳐내려 했다. 하지만 윤미향은 그럴 필요가 없다. 비교적 공정하게 처리할 것으로 보인다. 그래서 민주당 지도부는 검찰수사를 지켜보잔다. 아이러니하게도 싫어하는 윤석열 검찰의 수사를 말이다.

윤미향은 국회의원직에 연연하지 말고 진작 사퇴했어야 했다. 민주당과 진보 측의 부담을 덜어줬어야 했다. 집권당의 정치력, 조정능력도 부족해 보인다. 호미로 막을 것을 가래로 막는 꼴이다. 이제는 윤미향을 옹호할 수도, 버릴 수도 없다. 진퇴양난이다.

정의와 도덕성을 강조하는 시민운동을 전개하려면 자신들부터 깨끗해야 한다. 특히 돈 문제, 회계처리가 깔끔해야 한다. 이로 인해 시비의 빌미를 줘선 곤란하다. 적어도 윤미향과 정의연이 사려 깊지 못하다는 지적을 면하기는 힘들다.

문제는 이를 빌미로 차기 대선을 앞두고 정쟁이 일찍 시작됐다는 것이다. 가뜩이나 코로나 역병으로 힘든 국민들에게 피로감만 안겨준다. 윤미향은 억울하게 생각할지도 모른다. 국회의원이 됐어도 제대로 의정활동을 할 수가 없다. 대의를 위해 자진사퇴가 답이다.

차제에 정부 지원이나 후원금을 받는 사회단체는 그 사용 내역을 투명하게 공개해야 한다. 정치권도 제발 정쟁에 외세를 끌어들이지 마라. '종북 좌빨과 토착왜구'라는 용어가 지겹지도 않은가. 국민들에게 혐오감만 안겨준다.

정적을 외적과 동일시하는 수준 낮은 정쟁을 지양하고, 이제 수준 높은 정치 좀 하라!

2020.06.03. 시사플러스

정당이 또 다른 권력기관?
기초지자체 정당공천 없애야

요즘 정당이 새로운 권력기관이 되어 버렸다. 대통령, 시·도지사, 시장, 군수, 구청장 공천은 물론 국회의원, 시·도의원, 시·군·구의원 등을 공천하며 정당이 갑질을 하기 때문이다.

여기에 임명직이나 다름없는 비례대표 의원의 공천권도 정당이 쥐고 있다. 한마디로 민주 시대에 정당이 정치 권력기관으로 새로 등장한 것이다.

문제는 정당이 그 권력에 걸맞는 자정능력이 없다는 것이다. 마치 오합지졸이 모여 중구난방으로 권력을 휘두르는 느낌이 든다.

우리나라는 이미 양당 정치가 확고하게 뿌리를 내리고 있다. 역사적으로는 과거 신라와 백제에 기반을 두고 있다. 영남과 호남에서 결사적으로 지지하는 양당 체제라 쉽사리 바뀔 전망도 없다. 당의 이미지가 나쁘면 당명만 살짝 바꿀 뿐 뿌리는 그대로다.

당명이 하도 바뀌어 당명을 제대로 기억하기도 힘들다. 여하튼 지금은 호남의 기반을 둔 더불어민주당이 집권당이고, 영남에 기반을 둔 국민의힘이 야당이다.

문제는 양당의 공천을 받지 않고는 선출직 공직자가 되기가 힘들다는 것이다.

국민들은 어쩔 수 없이 정당이 공천한 후보자 중에서 울며 겨자 먹기식으로 공직자를 선출할 수밖에 없다. 정당은 후보자들의 선거운동을 대수롭지 않게 여기는 것 같다. 득표에 큰 영향을 못 미친다고 여기는 것 같다. 선관위 후보 등록 이틀 전에 국회의원이나 시장 후보를 공천한 경우도 있다.

후보자들이 자연히 유권자보다 공천권자의 눈치를 본다. 각 정당 당직자들이 오만하기 짝이 없다. 공천과정에서 비리가 판을 칠 수밖에 없다. 유권자들이 개념 없이 투표하는 지역감정이 이런 결과를 초래한 것이다.

후보자들은 본선거보다 중요한 것이 공천이다. 공천권을 국민에게 돌려준다는 말은 구호에 불과하다. 정당이 국민에게 제공하는 최대한의 서비스는 능력 있고 올바른 사람을 검증하여 공천하는 것이다. 이 소중한 직무를 정당이 소홀히 하기에 정당무용론이 나오는 것이다. 정치인들이 무능한 것은 공천이 잘못됐기 때문이다.

선출직 당대표를 무시해도 곤란해

내년 3월 9일 대선을 앞두고 유력 대권후보들도 공천을 받기 위해 울며 겨자 먹기식으로 양당 중의 하나를 선택할 수밖에 없다.

국민의힘을 선택한 유력 대권후보 측에서는 당 지도부가 아니꼬울 것이다. 검찰총장과 감사원장의 막강한 권력을 휘둘렀던 후보자들에게 36세의 이준석 대표는 어린애처럼 보일 것이다. 건방지고 못마땅할 것이다. 자연히 이 대표가 주재하는 경선후보자 모임에 가기 싫을 것이다. 그렇다고 선출직 당대표를 무시하는 것도 아닌 것 같다.

이 대표를 무시하고 갈등이 증폭될수록 지지율만 더 떨어진다. 이준석 대표는 당원과 국민투표에서 당당히 선출된 혁신의 아이콘이다. 왜 이준석이 당대표로 선출됐는지 곱씹어 봐야 한다. 이 대표가 경륜 부족으로 실수했다고 탄핵 운운하며 깔보면 그를 지지하는 2030세대와 멀어질 뿐이다. 이준석 대표를 흔들면 정권교체는 물 건너간다.

기초지자체 정당공천 없애야

양당이 기초지자체만이라도 정당공천을 없애야 한다. 기초지자체를 정치지망생들의 정치입문 코스로 내버려 뒀으면 좋겠다. 그리고 그들 중에서 유능한 기초자치단체장과 기초의원을 정당에서 영입하면 정당과 정치발전에도 크게 도움이 된다.

원하든 원하지 않든 정당이 이미 권력기관으로 등장했다. 각 정당의 당직자들이 사심 없이 개념 정리를 명확히 했으면 좋겠다. 정당이 국가 발전에 도움은 못 될망정 발목을 잡아서야 되겠는가?

2021.08.18. 시사뉴스

합의 못하는 국회, 그 대안은? 집권당이 책임정치 하라!

국회가 난리도 아니다. 법사위원장을 두고 줄다리기 끝에 지난 6월 29일 미래통합당이 불참한 가운데 본회의에서 상임위원장 선출을 강행했다. 야당인 통합당은 법사위원장을 통합당에 주지 않으면 야당에 배정된 7개 상임위원장 모두 포기하겠다고 배수진을 쳤다.

왜, 법사위원장을 서로 양보하지 않을까?

각 상임위를 거친 법률안은 반드시 법사위를 거쳐야 한다. 법사위원장이 독하게 마음먹으면 본회의 상정을 저지할 수 있다. 여당으로서는 매번 패스트트랙으로 본회의에 법률안을 상정하기도 그렇다. 법사위원장은 여당의 발목을 잡을 수 있는 유일한 자리다. 그러니 서로 결사적으로 양보하지 못하는 것이다.

상식적으로 보면 합의할 때 집권당이 선택의 선점권을 갖는다. 다수당의 프리미엄이다. 야당은 이를 용납하지 않고 관례를 앞세워 법사위원장을 고집한다. 민주당은 적폐 청산을 주창하면서 그릇된 폐습을 받아들일 리 없다. 결국 평행선을 달리다 법대로 정보위원장을 제외한 나머지 11개 상임위원장마저 다수결로 선출했다. 통합당은 민주당이 상임위원장 자리를 독식했다며 국회 일정을 보이콧하고 있다.

국회에서 최상책은 여당과 야당이 토론하여 합의를 도출하는 것이다. 합의가 되지 않으면 마땅히 투표로 결정해야 한다. '다수결의 원칙'이 기본이다.

우리 국회는 '다수결의 원칙'을 무시한다. 소수당이 의사결정을 방해하고 몽니를 부린다. 국회선진화법을 만들었어도 막무가내다. 오히려 소수당의 횡포가 더 심하다. 국민들이 소수당에게 동정심을 가질 여지를 주지 않는다.

국회의원들이 국회를 내팽개치고 장외투쟁을 한다는 것이 말이 되는가? 쿠데타가 일어나 국회가 해산된 것도 아닌데 말이다. 그런데도 야유가 아닌 박수를 보내는 유권자는 또 무엇인가. 심지어 야당은 과격하게 반대 투쟁해야 잘하는 것으로 아는 사람들도 있다.

복싱선수가 장외에서 싸우면 심판은 말리고 관중들은 야유를 보낸다. 농구선수가 공을 발로 차면 퇴장이다. 우리 국회는 마치 농구선수가 공을 발로 차고, 복싱선수가 장외에서 난투극을 벌이는 것과 같다.

그래도 선거 때는 '묻지 마 투표'를 한다.

정치혁신은 정치인만의 몫이 아니다. 유권자들도 규칙을 알고, 응원하고 올바로 심판해야 혁신이 된다.

그리고 국회의원은 각자가 헌법기관이다. 당론투표를 없애고 국회의원들이 양심과 소신에 따라 투표해야 한다. 국회의원은 당의 꼭두각시, 거수기가 아니다.

우리나라는 정당이 제 역할을 못 한다. 오히려 정치발전의 걸림돌이다. 정당이 공직 후보자를 올바로 공천하는 것도 아니다. 정책도 제대로 생산 못 한다. 공천을 담보로 당론 투표를 하여 국회의원들을 바보로 만든다. 차라리 정당이 없는 게 낫다.

우리나라는 개념이 없어도 너무 없다. 국회는 물론 사회 각 분야에서 개념 정립을 분명히 해야 한다. 그래야 사회적 갈등이 줄어든다.

합의가 되지 않으면 다수결로 정하는 게 기본이다. 초등학생들도 다 안다. 법을 만드는 국회의원만 모른다. 최소한 '다수결의 원칙'만 국회에 정착돼도 정치는 한 단계 업그레이드된다. 부끄러운 일이다.

우리는 합의 문화가 거의 없다. 여와 야가 싸움만 한다. 여당 견제를 바라며 야당을 밀어줬던 국민도 질렸다. 아예 집권당에게 180석을 밀어주고 책임정치를 요구했다.

국회는 '독식, 나눠먹기'가 중요한 게 아니다. 제때 신속히 법을 만들 건 만들고, 잘못된 법은 고치고, 정부가 예산을 절약하여 효율적으로 집행하도록 관리 감독이 중요한 것이다.

우리 정치는 협치가 불가능하다. 할 수 없이 국민은 집권당에 책임정치를 맡긴 것이다.

민주당은 자신감을 갖고 책임정치를 하라. 야당은 국회에 참여하여 여당의 잘못을 정확히 지적하고 대안만 제시하라. 더 이상 몽니부리지 마라. 그 다음은 집권당 책임이다. 심판은 유권자의 몫이다.

2020.07.02. 시사뉴스

국회는 시끄러워야 한다. 그렇다고 개념 없이 이전투구 해서야!

국회가 시끄럽다고 비난한다. 야당이 정부를 공격한다고 뭐라 한다. 이는 뭘 모르고 하는 소리다. 원래 야당과 국회는 시끄러워야 한다.

야당의 주요 역할은 정부의 잘못을 찾아 지적함으로써 정부가 그릇된 길로 가지 않도록 견제하는 데 있다. 정부가 잘못하면 바로잡지 못한 의회와 야당에도 책임이 있다. 행정부의 잘못은 고스란히 그 영향이 국민에게로 돌아간다. 행정부의 독주를 막고 견제키 위해 의회와 야당이 필요한 것이다.

정부가 그릇된 정책을 시행하는데 가만히 있으면 야당도 아니다. 정부의 부패, 무능, 부조리를 잘 찾아내어 견제를 확실히 잘하는 야당이 필요하다. 정부가 잘못한 게 많으면 국회는 시끄러울 수밖에 없다. 어느 나라나 마찬가지다.

하지만 야당이 정권 퇴진 운운하면 국민들의 지탄을 받는다. 그건 쿠데타를 한 군부독재 시절에나 적합한 말이다. 민주시대의 정권 퇴진은 선거에서 국민이 하는 것이다. 유권자들의 고유권한이다.

한나라당이 노무현 대통령 탄핵을 추진하다 총선에서 철퇴를 맞았다. 세월호 사건 이후 정권퇴진 운운하는 시위가 있자 국민들은 오히려 세월호 사건을 외면하고 말았다. 박근혜 대통령 탄핵은 당시 야당인 민주당만의 작품이 아니다. 당시 여당인 새누리당 국회의원 62명이 동참하지 않았으면 불가능했다. 새누리당이 탄핵한 것이나 다름없다.

탄핵에 동참한 새누리당 62명의 의원들이 잘한 것인가? 잘못한 것인가? 야당인 국민의힘 당은 여기에 대해 개념정립이 분명치 않다. 이것도 저것도 아니다. 그러고서 누구를 탓하겠는가?

이제 와서 보수세력은 문재인 대통령 퇴진운동을 전개한다. 국회에선 보복적 차원에서 반대를 위한 반대, 화풀이식 의정활동을 펼친다.

특히, 소위 '태극기 부대'는 코로나로 국민들이 골머리를 앓고 있는데 이에 아랑곳하지 않고 광화문 집회를 강행했다. 코로나를 확산시켰다. 이러고도 국민들의 지지를 받기를 원하는가.

정치는 감정으로 하는 것이 아니다. 야권세력은 기회만 있으면 대통령을 퇴진시키고 싶을 것이다. 하지만 정권교체는 선거를 통해 유권자가 하는 것이다. 요즘 정부나 집권당도 제 역할을 못하고 있지만 야당도 제 역할을 못 하고 있다. 그래서 정부의 거듭된 실책에도 야당이 반사이익조차도 얻지 못하는 것이다.

여당과 야당이 의견 차이가 있을 때는 다수결의 원칙이 기본이다. 물론 그 결과에 대한 책임은 다수당인 여당에 있다. 국민은 집권당의 독선과 독주를 원치 않는다. 그렇다고 야당이 억지를 쓰며 결사적으로 의사결정을 방해하는 것도 원치 않는다.
국회가 특히 야당이 시끄러워야 할 때는 조용하고, 합법적으로 조용히 의사 결정해야 할 때는 더 시끄럽다.

한마디로 개념이 없다. 그래서 야당이 욕을 먹는 것이다. 근본적으로 야당과 의회는 시끄러울 수밖에 없다. 다만, '무엇으로 시끄러우냐'가 중요한 것이다.

의회, 특히 야당이 개념 정립을 명확히 해야 한다. 야당의 수준이 곧 의회의 수준이나 다름없다. 야당이 제 역할을 해야 정치는 한 단계 업그레이드된다. 여와 야는 상대 당이 아닌 국민을 바라보고 정치를 해야 한다.

국회는 여와 야가 전투하는 대결장이 아니다. 국정감사는 왜 하는지, 예산심의는 왜 하는지, 청문회는 왜 하는지, 공수처법 등 법은 왜 만드는지 기본적인 개념정립부터 분명히 해야 한다. 최소한 국회가 왜 존재해야 되는지, 개념정립을 확실히 하면 여와 야가 개념 없이 이전투구 하는 일이 사라진다.

여와 야는 수레의 양 바퀴와 같다. 양 바퀴가 건강해야 수레가 잘 굴러간다.

2020.11.18. 시사뉴스

이런 청문회 꼭 해야 되나?

국회 청문회가 공직후보자의 자질 검증보다는 망신 주기, 반대를 위한 트집 잡기 청문회가 됐다. 한마디로 야당의 한풀이 청문회로 보인다.

이낙연 총리를 비롯하여 장관 후보자들의 위장전입이 단골 메뉴다. 주민등록법에 30일 이상 거주할 목적으로 거주지를 옮기면 주민등록을 이전해야 한다. 30일 이상 거주할 목적이 없으면서도 주민등록을 이전하는 사람이 있다. 나쁜 말로 하면 위장전입이다.

중요한 것은 위장전입으로 어떤 부당한 이득을 취했냐 하는 것이다.

위장전입으로 부당이득을 취했으면 엄벌해야 한다. 이를 방치한 관계 공직자도 색출해 실명을 반드시 공개하고 함께 처벌해야 마땅하다.

가수는 노래 잘 부르면 된다. 농구선수는 농구 잘하는 게 선발 기준이다.

실제로 따져야 할 선출직은 도덕성을 별로 따지지 않는다. 임명직에 대한 청문회서 능력 검증보다 도덕성을 빙자한 발목잡기, 한풀이 정치가 너무 심한 것 같다. 명분은 너희들도 그랬으니 우리도 똑같이 한다는 것이다. 한마디로 보복 청문회다.

국회의원, 도지사는 괜찮고 국무총리나 장관은 안 된다. 지나가는 소도 웃을 일이다. 실제 도덕성을 요하는 것은 대통령, 국회의원 등 선출직 공직자다.

임명직은 맡은 특수임무를 수행할 탁월한 능력이 먼저인 것이다. 도덕성은 그를 임명한 선출직 공직자가 갖추면 되는 것이다. 임명직은 필요하면 외국인도 영입해서 기용한다. 선거 패배의 한풀이가 심하면 역풍이 분다. 국회의원이 존경받지 못하는 이유가 바로 '한풀이 정치'를 하기 때문이다.

국회의원이 아닌 국회가 위촉한 전문가들로 청문위원회를 별도로 구성해야 한다는 여론이 비등하다. 차제에 청문회를 꼭 해야 되는지, 총리와 도덕성을 요하는 특수직 공직자로 축소하는 방안 등 청문회 자체를 제로베이스에서 재검토해야 한다는 사람들이 너무 많다.

청문회가 더 이상 패배한 야당 국회의원들의 한풀이 장이 되어선 곤란하다. 청문회에 발목이 잡혀 새 정부가 출범한 지 한 달이 다 되어가는데 내각 구성도 제대로 못 하고 있다. 안타까운 일이다.

언제까지 국민이 정치를 걱정해야 하는가. 정치인들이 국민이 정치 걱정 좀 하지 않고 살게 해줄 수는 없는가?

2017.06.06. 시사플러스

20대 국회, 싸움 좀 제대로 하라!

정치도 게임이다. 정치도 관전법이 있다. 정치도 스포츠게임처럼 룰을 정확히 알고 관전도 하고 응원과 질타를 해야 한다.

축구나 야구 등 스포츠게임은 관중들도 게임 룰을 정확히 안다. 반칙하면 벌칙을 가한다. 야유도 보낸다. 잘하면 박수를 친다. 인기 연예인 못지않게 스포츠게임에서도 스타가 탄생한다.

정치도 게임이나 다름없다. 정치는 선수인 정치인이나 관중인 국민이나 다 같이 관전법은커녕 게임 룰조차도 모른다.

선수는 마치 닭싸움하듯 정치를 한다. 유권자는 정치인들에게 왜 싸우느냐고 비난만 퍼붓는다. 이런 분위기에선 올바른 정치를 할 수가 없다.

국회는 국민의 공동생활에 필요한 법을 만드는 곳이다. 공평무사하게 법을 만들고 시대에 뒤떨어진 법을 올바르게 개정하는 것이 주요 업무다.

정부가 세금을 적절하게 징수해서 올바르게 집행하고 있는지 관리 감독할 의무가 있다. 국회는 국민을 대신해 대통령의 독주를 막고 견제도 해야 한다.

국회에서 야당은 창, 여당은 정부의 방패 역할을 하며 게임을 한다. 야당은 정부의 그릇된 부분을 찾아내 질책을 가한다. 여당은 방어를 한다. 정부의 실정을 질타하지 못하거나 부정과 부조리가 있는데도 벙어리인 야당은 존재할 이유가 없다.

사람들은 국회가 허구한 날 싸움박질이나 한다며 비난을 한다. 이것은 유신시대에 정부가 야당의 입에 재갈을 물리기 위해 하던 말이다.

태평성대가 아니면 국회는 시끄러워야 한다. 하물며 경제가 어려워 국민들이 불편을 겪고 있는데 국회가 가만히 있으면 되겠는가?

분명히 짚고 넘어갈 것이 있다. 국회가 시끄럽다는 것은 정치를 모르고 하는 말이다. 국회가 시끄러울수록 반비례하여 정부는 허튼짓을 덜하게 된다.

국회서 의사결정을 할 때 여당과 야당이 합의를 이루지 못하면 다수결의 원칙으로 결정하는 것이 민주주의 기본원리다. 선거에서 여당과 야당이 과반수 의석을 차지하려고 애쓰는 이유도 여기 있다.

우리 국회는 좀 특이하다. 국회선진화법이 있다. 다수당의 마음대로가 아닌 여야 합의로 국회를 운영하겠다는 것이다.

이 법은 4년 전 18대 국회서 당시 박근혜 의원과 새누리당의 주도로 만든 법이다. 예산안은 여야가 법정시한 내에 합의치 못하면 정부안대로 처리하고, 법안은 여야 합의가 이루어지지 못하면 본회의에 상정할 수 없다는 게 골자다.

한마디로 예산안은 여당이 갑이고, 법안은 야당이 갑인 셈이다.

박근혜 대통령 취임 후 예산안은 예외 없이 법정시한 내에 처리됐다. 국회선진화법 덕이다.

하지만 법률안은 야당의 동의 없인 본회의에 상정할 수가 없다. 특히 사회적 논란이 되고 있는 노동개혁법 등은 야당이 쉽사리 동의할 리가 없다.

이를 두고 박근혜 대통령은 국회가 발목을 잡는다고 한다. 경제가 어려운 것이 국회 탓으로 돌리고 있다. 국회선진화법을 주도적으로 만든 것은 박근혜 대통령과 여당인 새누리당이다. 누가 누구를 탓하겠는가?

국회선진화법을 탓하려면 그 법을 잘못 만들었다고 사과부터 해야 한다.

국회가 시끄러운 것은 당연한 것이다. 다만 무엇으로 시끄러우냐가 관건이다.

여야의 논쟁을 보고 언론은 기사로 말을 하면 된다. 유권자는 선거에서 표로 말을 하면 된다.

정치도 룰을 알고 응원도 하고 질타도 해야 한다. 국회가 시끄럽다고 무조건 나무라는 것은 링에 오른 복싱선수 보고 싸우지 말라는 말과 같다.

정부의 그릇된 정책을 정확히 찾아내 시정을 촉구하며 싸우고, 예산을 낭비치 않도록 시끄러운 국회의원이 유능한 것이다.

심판은 유권자들이 선거에서 하는 것이다. 우리 국민은 대단하다. 이번 총선에서 우리 국민은 확실히 보여줬다. 더 뭘 보고 싶단 말인가?

지도자만 올바르면 무한히 발전할 나라가 바로 대한민국이다. 지도자인 정치인이 국민을 올바로 지도해야지 국민이 정치인을 지도해서야 되겠는가.

20대 국회는 제발 싸움 좀 제대로 했으면 좋겠다.

2016.05.04. 시사플러스

586세대에 도전하는 497세대, 뒤집어 보면 정치 게임도 흥미로워

여권 정치권력의 핵심에 586(50대, 80년대 학번, 60년대 출생)세대가 자리하고 있다. 586세대는 과거 전대협(전국대학생대표자협의회)출신이 주축을 이루고 있다. 이인영 통일부 장관, 임종석 전 청와대 비서실장, 우상호 의원 등이 선두주자다. 586세대는 주로 더불어민주당에서 활동한다. 586세대는 21대 국회에 무려 169명 56.3%가 입성했다. 현재 여의도 정치는 586세대가 좌지우지한다고 해도 과언이 아니다.

586세대는 전대협이 주축

전대협은 학생 시절부터 학생운동을 함께 하며 조직적으로 활동했다. 지금도 자기들끼리 서로 챙겨 "자기들끼리 다 해 먹는다."는 소리를 듣는다. 학생시절에는 민족해방운동, 노동운동을 주도했다. 막스 레닌을 연구하고, 주사파도 있다. 그들의 주장이 북한의 주장과 비슷해 종북(從北), 나아가 빨갱이 취급을 받기도 했다. 이들은 6.10 학생운동을 주도하여 6.29 선언을 이끌어냈다. 민주화의 견인차 역할을 했다.

노무현, 문재인 정부를 탄생시키는 주역이 되기도 했다. 틈만 나면 대권에 도전하려고 한다. 이재명 지사는 전대협 출신이 아니라 586세대의 서자 취급을 받는다.

문재인 정부 출범 후 통치 과정에서 이들이 보여준 이분법적 진영정치가 도마 위에 올랐다. 적폐 청산이라는 미명 하에 국민들의 갈등과 분열만 조장했다는 것이다. 적폐 청산은 잘못된 폐습을 청산하는 게 아니라 정적들을 친일 토착왜구, 적폐로 매도하는데 주로 이용했다.

이들이 핵심이 되어 검찰개혁을 추진할 때만 해도 많은 국민들은 그들의 순수성을 믿었다. 야당인 미통당(국민의힘 전신)이 공수처법을 결사반대하니까 총선에서 무려 180석이나 밀어주었다. 민주당이 소신껏 책임정치를 하라는 것이다. 하지만 이들은 개혁도 제대로 못하고 윤석열 검찰총장만 '스타'를 만들어 주었다.

엎친 데 덮친 격으로 부동산 정책의 실패로 국민들은 실망했다. 여기에 LH공사 직원들의 땅 투기가 도화선이 되어 국민, 특히 2030세대들이 화가 났다. 이들의 분노는 4.7 보궐선거에서 야당인 국민의힘을 압도적으로 밀어주는 것으로 표출됐다.

497세대, 586세대에 도전장

국민들은 586세대의 진영정치에 지쳤다. 새로운 대안세력이 필요하다. 세대교체와 민생정치를 주창하는 497세대에 관심을 갖기 시작했다. 497세대는 '40대, 90년대 학번, 70년 대 출생자'들이다. 한마디로 586세대 10년 후배들이다. 이들은 민주화운동 이후 세대다. 학생운동이 아니라 순수 학생활동을 한 세대다.

이들은 이분법적 진영 논리보다 민생문제, 생활경제에 역점을 둔다. 실사구시를 추구한다. 맹자의 '무항산 무항심(無恒産 無恒

心)'이 국가운 영의 기본이 돼야 한다고 주창한다. 올바른 정치는 국민들이 경제적으로 어려움이 없어야 가능하다며 정치가 이념보다 먹고사는 민생에 역점을 두어야 한다고 역설한다.

중요한 것은 후생가외(後生可畏)라고 후배들이 두려운 존재다. 586세대라고 후배들이 따르지 않으면 소멸되는 것은 시간문제다. 지금까지 586세대가 건재한 것은 청년들이 그들을 지지했기 때문이다. 이번 4.7 보궐선거에서 보여줬듯이 2030세대가 민주당, 다시 말해 진영정치를 하는 586세대에 등을 돌린 것이다.

그들은 진영정치를 타파하고 민생정치를 하자는 497세대에 눈을 돌리고 있다. 강민국, 김웅 의원 등이 주축이 된 497세대 국힘당 초선 쇄신모임인 '지금부터'가 뜨기 시작했다. 그들은 진영정치 타파, 민생정치를 주창한다. 당 개혁을 요구하며 당권에도 도전한다.

586 정치인들이 민주당 5.2 전당대회를 계기로 전면에 나섰다. 문제는 586 정치인들이 이제는 정의롭지도 못하고, 신선해 보이지도 않다는 것이다. 투쟁 능력만 있지 통치 능력이 없어 보인다.

야당인 국민의힘은 대선 전략으로 497세대에게 힘을 실어주려고 한다. 497세대들이 나서야 586세대가 주축인 집권 민주당을 내년 대선에서 이길 수 있다는 것이다.

2030세대의 지지를 두고 차기 대선에서 497세대와 586세대의 한판 승부가 흥미진진해 보인다. 2030세대는 큰형 편을 들까? 작은형 편을 들까? 차기 대선의 중요한 '관전 포인트'다.

2021.04.27. 시사뉴스

국회는 '떼법'부터 없애라!

우리나라는 '헌법 위에 떼법이 있다'는 자조 섞인 말을 주위에서 자주 듣는다. 불법적인 것도 시위를 하며 떼를 쓰면 통하는 나라가 바로 대한민국이란다. 법을 만드는 국회의원들도 자기들이 만든 법을 무시하고 떼를 쓰기는 마찬가지다.

자한당은 국회에서 여당과 싸우며 타협해야 할 일을 왜 거리로 나와 장외 집회를 하는지 모르겠다. 너희들 민주당도 그렇게 했으니 우리도 한다는 식이다.

국회의원들이 떼쓰는 것을 보고 배웠는지 노조나 각종 단체도 툭하면 길거리로 나와 시위하며 떼를 쓴다. 여의도 국회 앞과 광화문에는 시위하는 사람들이 끊이질 않는다. 사회 각 단체가 불리하다 싶으면 플래카드 들고 시위하며 떼쓰는 것이 생활화되었다.

떼를 쓰며 데모하면 관심을 갖고, 그냥 건의하면 무관심한 정치권과 공직자들의 무감각한 태도가 바로 '떼법'을 유도한 것이나 다름없다.

자유한국당도 국회선진화법을 위반했으면 당연히 법대로 심판을 받는 게 마땅하다. 보통 사람은 사소한 법규를 위반해도 즉각 처벌하고, 저항하면 공무집행방해죄를 추가한다. 국회의원은 법 집행을 거부하고 이래도 되는 것인가.

사회가 발달할수록 법과 규율에 따라 움직인다. 선진국일수록 법 집행이 공정하다. 과거 정통성이 결여된 군사정부는 시위를 하며 떼를 쓰면 정통성 시비로 번질까봐 겁을 냈다. 위법과 불법은 다음다음 문제고 시위자들을 달래려고 애를 썼다. '떼법'이 이런 과정에서 생겨났다.

오늘날은 대통령은 물론 지방자치단체장까지 선거로 뽑는 완전민주주의 시대다. 결여된 정통성 때문에 '떼법'을 방관할 이유가 없다. 그런데도 '떼법'은 여전하다. '떼법'을 묵인하기는 마찬가지다.

각종 단체가 선거에서 표를 무기로 떼를 쓴다. 득표를 위해 정치인이나 자치단체장은 떼쓰는 사람들을 달래려고 애를 쓴다. 결국 법위에 '떼법'이 굳건히 자리 잡게 되었다.

이 '떼법'을 바꾸지 않고는 우리나라가 선진국으로 도약하기 힘들다.

법을 만드는 국회부터 먼저 '떼법'을 없애야 한다. 대한민국은 법치국가다. 법을 제대로 만들고, 잘못된 법은 개정하고 국민들이 법대로 살면 불편하지 않도록 해야 한다.

조국이 법무장관으로 부적절하면 인사청문회에서 부적절함을 지적하고 법대로 처리하면 된다. 이를 추석 민심몰이로 이용하려는 야당의 꼼수정치와 이에 밀리지 않으려고 사상 유례없는 기자청문회(?), 국민청문회가 열렸다. 한마디로 코미디다.

자한당도 하루속히 장외 집회를 하며 몽니를 부리지 말고, 국회로 돌아가 의정활동을 통해 잘못된 것을 시정해야 한다.

정부의 잘못은 청문회와 국정조사, 국정감사를 통해 지적하고 시정하면 된다. 국회의원들이 막강한 권한을 제쳐두고 언제까지 길거리에서 방황할 것인가. 우리나라는 언론의 자유가 확보되어 실시간으로 정치인들의 주장과 정책을 보도한다. 누가 옳고 그른지 국민들은 다 안다. 요즘은 인터넷과 SNS를 통해 국민들과 얼마든지 소통도 가능하다.

70~80년대식으로 굳이 길거리에서 시위하지 않아도 된다.

국민들은 답답하다. 경제는 어렵고, 청년실업은 증가하고, 야당이 제대로 정부를 질타하고 그릇된 정책을 시정하길 바란다.

국회의원, 특히 야당은 국민들의 가려운 데를 박박 긁어줘야 한다. 자신이 없으면 언론이나 국민들이 직접 나서서 정부를 비판하도록 비켜났으면 좋겠다. 자한당은 차라리 가만히 앉아 반사이익이나 챙기는 편이 나은 것 같다.

조국 법무장관 임명은 법대로 하라. 책임은 임명권자가 진다. 그 정도 장외 집회했으면 됐다. 이제 자한당도 그만 떼쓰고 국회로 돌아가 합법적인 활동을 통해 문제를 해결하라.

국회의원들은 법을 어기며 떼를 쓸 권리가 없다. 법을 지키며 솔선수범할 의무만 있다. 국회의원들이 자기들이 만든 법도 지키지 않으면서 떼를 쓴다? 지나가는 소가 웃을 일이다.

2019.09.04. 시사플러스

‘대통령’도 개념 정립 필요해

우리나라 사람들은 대체로 칭찬에 인색하다. 특히 현직 대통령에 대해선 더욱 심하다. 역대 대통령 중에 재임 시절 칭송을 들은 분이 없다.

소위 보수(군사)정권 시절에는 반대 시위가 끊이질 않았다. 현직 대통령을 칭찬하면 아부하거나 모자라는 사람으로 여겼다. 술좌석에선 대통령에 대해 심한 막말도 서슴지 않는다.

이제 생각을 바꿀 때가 됐다. 대통령은 연임도 할 수 없는 단임제다. 선출도 국민들이 직접 선출하는 직선제다. 대통령을 비난하기 전에 선출한 유권자가 먼저 책임 의식을 느껴야 한다.

군사정권 시절에는 정통성을 문제 삼으며 대통령을 폄하하면 의식 있는 사람으로 여겼다. 지금은 아니다. 누워서 침 뱉기다.

언제부터인가 대통령이 장관 임명하기도 쉽지가 않다. 대통령이 장관을 내정하면 웬만하면 국회에서 동의해 주는 것이 예의다. 업무수행을 제대로 하는지 언제든 감시할 수 있다. 국정조사권과 국정감사권이 국회에 있기 때문이다. 장관이 잘못하면 탄핵할 수도 있다.

그런데 국회청문회는 장관후보자 자질을 검증하는 게 아니라 신상 털기로 망신 주기에 급급하다. 그런 사람을 장관으로 내정한 대통령을 흠집내기 위한 청문회로 전락했다.

이제 대통령을 막무가내식 폄하가 아니라 '있는 그대로' 평가해야 한다.

대통령은 그 나라의 얼굴이나 다름없다. 뽑을 때 잘 뽑아야 한다. 그리고 존경의 대상이 되어야 한다. 국가원수를 비난하는 것은 곧 그 나라 국민을 욕보이는 것이다. 대통령, 국가원수에 대한 개념도 재정립할 때가 됐다.

대통령부터 시작하여 사회 각 부문에 개념정립이 시급하다. 보수 진보도 개념이 없고, 좌파 우파도 개념 없이 사용한다. 온 나라가 이리저리 쏠림현상이 있는 것은 개념이 없기 때문이다. 특히 선거는 개념 없이 '묻지 마 투표'를 한다.

개념 정립은 국가의 상징인 대통령부터 시작해야 한다.

2019.09.18. 시사플러스

이제 언론 개혁에 불 당겨야…

왜, 언론사가 자꾸만 늘어날까?

언론의 폭로 기사에 피해를 입기 싫어 기업과 정치인, 관료가 그들의 호구나 다름없다. 그들의 공갈 협박에 당할 수가 없다. 언론사는 세무조사도 좀처럼 하지 않는다. 언론사가 마치 권력기관인 것처럼 행세를 한다. 언론과 검찰이 한통속이 되면 대통령도 끌어내릴 수 있다. 박근혜 대통령도 그 피해자나 다름없다. 이번 조국 교수도 그 피해자 중의 하나다.

문재인 정부가 수구언론과 검찰이 야당과 하나가 되어 검찰개혁을 방해하는데도 불구하고 검찰개혁 입법을 마무리한 것은 엄청난 뚝심이다. 그 뚝심이면 언론개혁도 충분히 하고 남는다.

지방의 각 지자체와 주요 기업은 울며 겨자 먹기식으로 매년 수십, 수백억 원을 쓸데없이 언론사에 광고비와 행사찬조비로 지출한다.

이제 언론개혁에 불을 당겨야 한다.

언론개혁은 다음 3가지로 요약된다.

1. 언론사의 세무조사 강화로 탈세 방지.

2. 언론사의 협박성 광고수주 금지.

3. 의혹성 허위보도 금지 및 처벌.

언론사의 광고 협박과 탈세, 고의적인 의혹성 허위 보도를 근본적으로 뿌리 뽑아야 한다.

검찰과 언론이 바로 서면 나라가 바로 선다. 이제 검찰개혁의 법적 근거는 마련했다. 언론개혁은 법적근거보다 국민적 여론의 뒷받침과 공정한 공권력 집행으로 가능하다.

우선 언론사가 탈세를 못 하도록 국세청이 올바로 세무행정을 펼쳐라. 광고협박과 허위사실 보도를 신고만 하면 즉각 수사하여 조치하는 시스템을 마련하라. 검찰이나 경찰 산하에 전담부서를 두면 된다. 검찰개혁보다 훨씬 쉬운 일이다. SNS의 보편화로 국민이 힘을 몰아주면 얼마든지 언론개혁은 가능하다.

검찰개혁과 언론개혁이 이뤄지면 사회는 공정해진다. 문재인 정부가 바라는 정의로운 사회가 되는 것이다. 내친김에 문재인 정부는 언론개혁도 강력히 추진하길 바란다.

2020.01.14. 시사플러스

문재인 정부가 뭘 잘못했는데?

문재인 대통령을 무조건 싫어하며 심지어 빨갱이라고 하는 사람들이 있다.

전광훈 목사를 비롯해 태극기 부대가 광화문에서 그렇게 난리를 쳐도 물대포 한 번 안 쏘고, 버스로 벽 쌓기 한 번도 안 한 정부다.

현직 대통령을 아주 깔고 뭉개도, 검찰에 누구 하나 끌려가지 않았다. 한반도의 평화를 위해 아니꼽고 더럽지만 트럼프에게 읍소하고, 북한에 서슴없이 손을 내밀어 평화공존을 추구하는 문정부다.

선거를 앞두고도 표 의식 안 하고, 국민의 생명을 지키기 위해 투명하게 공개하며 온 힘을 다해 코로나와 싸우는 정부다.

어려운 사람들 최저임금 조금 올려주자는 게 그렇게 잘못된 것인가? 그게 공산당이냐?

외국에선 한국을 선망하며 한류열풍이 불고 외국인들이 한국에 와서 일하고 싶어 난리도 아닌데 이게 나라를 망친 것인가?

사드로 삐친 중국을 달래 한중경제교역을 정상화시키고, 일본의 경제예속에서 벗어난 게 나라를 망친 것인가?

미국의 수십 배 방위비 인상을 읍소로 낮추고, 자주국방을 위해 국방비를 늘리고, 미국으로부터 군사작전권을 회수해 진정한 자주독립국가로 발돋움하려는 것이 나라를 망치는 것인가?

검찰의 독점적 권력 횡포로부터 국민들의 인권을 보장하기 위해 검찰 개혁하는 것이 그렇게 잘못된 것인가?

자영업자들의 카드 수수료율을 낮추고, 지역상품권을 발행해 지역경제를 활성화시키려고 애쓰는 것이 그렇게 잘못된 것인가?

지금은 코로나와 온 세계가 전쟁을 치르고 있다. 우리의 코로나 대응을 격찬하며 콧대 높은 미국 트럼프 대통령을 비롯해 프랑스 등 유럽의 국가원수가 문재인 대통령에게 도와달라고 하는데 언제 이런 적이 있었는가?

이제 문재인 대통령 그만 흔들고 국가재난 시에는 대통령을 중심으로 한 정부에 힘을 실어줘 국난 극복부터 하는 게 급선무입니다.

유권자는 표로 말합니다.

6.25 전쟁 중에도 투표는 했습니다. 전쟁 중에는 장수 심판이 아니라 힘을 실어줘야 합니다. 문재인 대통령, 임기 2년밖에 남지 않았습니다. 흔들지 말고 힘을 몰아줍시다.

2020.04.13. 시사플러스

‘좌파(진보), 우파(보수)’가 아닌 ‘여당, 야당’으로 개념정리 해야

요즘 SNS나 인터넷 댓글 등을 보면 진보와 보수, 좌파와 우파, 좌빨(좌익 빨갱이)과 토착왜구로 서로 매도하며 영원히 추방해야 될 존재들인 것처럼 비난하며 싸운다.

그런데 그들이 진짜 진보와 보수의 의미를 제대로 알기나 하면서 싸우는지 의심스럽다.

진보 보수를 좌파 우파라며 흑백논리로 분류하고 결사적으로 싸우는 나라는 우리나라밖에 없다.

좌파와 우파의 유래를 살펴볼 필요가 있다. 좌파와 우파의 유래는 프랑스 혁명기까지 거슬러 올라가야 한다.

프랑스에서 대혁명이 일어난 후, 국민의회가 소집된다. 이때 의장석에서 바라보았을 때, 회의장 오른편엔 왕정을 옹호하는 왕당파가 앉았다. 왼편에는 공화정을 주장하는 공화당파가 앉았다.

당시에 왕정은 보수였고, 공화정은 진보에 속했다. 이를 계기로 프랑스뿐 아니라 유럽에선 진보적인 정치사상을 가진 야당은 의장석 왼쪽에, 보수적인 사상을 가진 여당은 회의장 오른쪽에 앉는 것이 관행이 됐다. 이런 정치 관행에 따라 좌파와 우파라는 말이 생겨났다.

요즘은 진보와 보수가 그 시대의 사회질서를 변화시키려는 정치적 움직임에 따라 구분된다. 현(現) 사회 질서에 만족하여 현재 상태를 유지하자는 쪽이 보수고, 현 사회 상태에 만족지 못하고 변화를 추구하는 것이 진보다.

이처럼 유럽에서 출발한 '진보'는 국민의 삶을 향상시키기 위해 사회공동체가 적극 개입해야 한다고 주장한다. 반면에 보수는 정부가 개입하지 말고, 자기 스스로 먹고 살 수 있는 힘을 키울 수 있도록 공정한 사회경제적 틀만 만들어 놓자는 입장이다.

진보와 보수의 차이는 국민들을 잘살게 하는 방법론적 차이일 뿐이다. 그래서 유럽 각국에선 진보와 보수가 연립정권을 세우기도 하고, 진보정권에서 보수적인 정책이 나오고, 보수정권에서 진보적인 정책이 나오기도 한다.

이에 반해 우리나라의 좌파, 우파는 그 유래부터가 특이하다. 우리는 스스로 독립하지 못하고 미국에 의해 일제로부터 해방을 맞는다. 하지만 소련이 북한에 진주, 북한이 공산화되면서 이를 견제키 위해 미국 유학파를 전면에 내세우고 일제시대 기득권세력인 친일파들을 중용한다. 이들에게 대한민국 정부수립 후에도 기득권을 계속 유지케 한다.

이에 반발하는 계층은 대부분 독립운동을 한 진보적 성향의 사회주의자들이다.

게다가 6·25 전쟁 이후 주적이 일본에서 북한 공산주의자로 바뀌게 된다. 학교에선 반공교육을 실시한다. 진보 진영은 상대적으로 외면당하게 된다. 심지어 빨갱이 취급을 받게 된다.

지난 70년간 일제부터 형성된 기득권 세력이 계속 기득권을 유지하게 된다. 그에 반발하는 진보세력은 자연스레 야권세력이 된다. 선거를 거듭하며 기득권세력은 야권세력을 친북·종북 세력으로 심하게 매도했다.

그 반사이익으로 집권과 기득권을 계속 유지했다. 반공을 앞세워 친일 이미지를 세탁하고 애국세력으로 교묘하게 포장했다.

야권세력은 기득권세력을 수구골통, 토착왜구 세력으로 맞대응하며 양극화는 극도로 심화해 왔다. 이렇게 해서 원래 진보·보수와 개념이 전혀 다른 양대 진영이 형성됐다. 우리나라에만 존재하는 특이한 현상이다.

정권이 뒤바뀌었는데도 여당이 진보고, 야당이 보수로 여긴다. 한마디로 개념이 없다. 우리는 일제강점기를 잊지 못한다. 또 6·25전쟁의 아픔도 잊을 수 없다. 아무리 상대 당이 미워도 외적과 동일시하며 적대시해선 곤란하다. 정치에도 할 말, 안 할 말이 있다.

이제 상대편을 빨갱이 좌파(진보)로, 토착왜구 우파(보수)로 매도하는 진영 싸움에서 벗어나야 한다. 여당(집권당)과 야당으로 개념정리를 분명히 해야 한다.

특히 언론에서 개념 없이 좌파(진보), 우파(보수)로 표현하지 마라. 여당(집권당)과 야당으로 용어를 정확히 사용하라. 그래야 국민을 양분시키는 망국적 진영 싸움에서 벗어날 수 있다.

우리나라는 정치뿐만 아니라 사회 각 분야에 개념 정리가 시급하다.

2020.12.02. 시사뉴스

공직자 선출 때, 경력에 속지 말자

우리나라 사람들이 착각하고 있는 것이 있다.

선출직 공직자를 선출할 때나 주요 공직자를 채용할 때 이력서, 경력을 본다. 경력에는 소속했던 조직의 직위만 있다. 그 직책을 수행하면서 무엇을 했는지 업적은 언급이 없다.

고위공직 한 번만 맡으면 아무리 무능한 사람도 새로운 경력을 낳는다. 공기업이 부실 덩어리인 이유도 무능한 낙하산 '관피아'들 때문이다. 공기업의 장을 임명할 때 낙하산 인사, '관피아'라고 괜히 질타하는 것이 아니다.

시중에 떠도는 말이 있다. 공직사회에선 국장, 아니 과장까지는 유능한 사람이 먼저 승진한단다. 더 올라가려면 대과(大過) 없이 상관의 비위를 잘 맞춰야 한단다.

대과(大過) 없이 일하려면 복지부동, 무사안일하게 일할 수밖에 없다. 한마디로 고위공직자가 되려면 무사안일의 달인이 되어야 한다.

공직생활을 오래 했다는 것은 뒤집어 생각하면 무사안일과 복지부동이 체질화됐다는 것이다. 무사안일의 달인들을 선거에선 스펙이 좋다며 선출한다. 평소엔 공직사회의 무사안일과 복지부동을 질타하면서 말이다. 경력의 이중성이다.

우리나라는 완전민주주의 국가다. 국민들이 대통령에서 시골 조합장에 이르기까지 중요한 자리는 거의 다 선출한다. 그들을 선출할 때 경력을 살펴본다. 경력에서 직위가 중요한 것이 아니다. 그 직위로 무슨 일을 했는지가 중요하다.

선출직 공직자들이 올바로 일하면 우리나라는 크게 발전할 수 있다.

올바르고 유능한 사람을 공천하는 것이 정당의 가장 중요한 역할이다. 하지만 계보정치 때문에 엉뚱한 사람들을 공천한다. 정당보고 '묻지 마 투표' 하는 것을 지양해야 하는 이유가 바로 여기 있다.

선출직 공직자를 선출하는 것은 국민의 몫이다. 이제 국민들이 경력에 속지 말아야 한다. 특히 언론에서는 경력을 살펴볼 때 직위가 아니라 업적을 우선적으로 짚어봐야 한다.

당장 내년 대통령선거부터 경력에 속지 말자. 그가 맡았던 주요 직책으로 무슨 일을 했는지 업적부터 먼저 살펴보자.

콩 심은 데 콩 나고, 팥 심은 데 팥 난다. 정치인만 나무랄 게 아니다. 정치인 탓하기 전에 잘못 뽑은 유권자가 먼저 반성해야 한다.

2016.06.23. 시사플러스

참정권 제한은 공평해야 한다

모든 국민은 공평한 참정권(參政權)을 가져야 한다. 부득이 참정권을 제한할 경우 형평에 어긋나서는 곤란하다. 참정권(參政權)은 정사(政事)에 참여할 수 있는 권리다. 선거권, 피선거권, 공무담임권 등이 이에 해당한다.

참정권에 불공평한 제한규정이 있다. 우선 피선거권을 살펴보면 국회의원은 25세, 대통령은 40세 이상이 돼야 피선거권이 있다. 참정(參政) 연령만 있지. 퇴정(退政) 연령은 없다.

대통령은 단임제다. 지방자치단체장은 3선 연임제한 규정을 두고 있다. 연임은 3선밖에 안 된다는 것이다. 국회의원은 그런 규정이 없다. 불공평한 것이다.

선거권은 19세부터 행사할 수 있다. 18세 이하는 미성년자로 성숙되지 않아 올바른 판단력이 없기 때문에 선거권을 제한하는 것이다. 인간은 누구나 어릴 때는 판단력이 미숙하다. 부모의 보호를 받을 수밖에 없다.

마찬가지로 나이가 들게 되면 치매 등이 오면서 판단력이 떨어진다. 자식이나 요양원의 보호를 받을 수밖에 없다. 이들도 선거권이나 피선거권을 갖는다. 형평에 어긋난다. 퇴정(退政) 연령이 있어야 한다.

공무담임권도 연령제한이 있다. 공무원은 60세, 교사는 62세, 교수는 65세 직종 별로 연령제한의 차이는 있으나 공무담임권의 제한이 있다. 선출직 공직자는 예외다. 퇴직연령 제한이 없다. 선출만 되면 무한대로 공무를 담임할 수가 있다. 이도 분명히 형평에 어긋난다.

참정권의 참정(參政) 연령이 있다면, 퇴정(退政) 연령도 있어야 한다. 법은 만인에게 공평해야 한다. 젊은이에겐 제한규정을 두고, 기득권자인 어른들에겐 제한 규정을 두지 않는 것도 형평에 어긋난다.

법을 만드는 국회의원이라고 해서 자기들은 3선 연임제한 규정을 두지 않는 것도 분명히 옳지 않다.

법은 만인에게 평등해야 하고, 제한 규정은 공평해야 한다.

2016.06.24. 시사플러스

국회의원, 뭐하는 직업인 줄도 몰라서야

요즘 국회의원들이 의회가 왜 생겼는지, 무엇 때문에 존재하는지, 국회의원이란 직업이 뭐하는 지도 모르는 것 같다.

국회에 가서 예산 많이 확보하고, 지역민 숙원사업 해결하는 게 국회의원인 양 착각하는 의원들이 너무 많다.

예산은 국회의원이 있든 없든 형평에 맞게 세운다. 호남 출신이 정권을 장악해도 영남에 예산 주고, 영남 출신이 정권을 장악했다고 호남에 예산 적게 줄 수가 없다. 국회의원이 없던 왕조시대에도 형평에 맞게 예산을 세워 집행한다. 국책사업을 마치 국회의원이 따온 사업인 양 선전하며 생색내는 걸 종종 본다. 특히 여당 의원들이 심하다. 국민이 바보인 줄 아는 모양이다.

의회는 유럽에서 처음 이렇게 생겼다.

왕이 세금을 너무 많이 걷어 방탕한 생활을 했다. 세금에 시달린 주민들이 왕에게 세금 좀 내려달라고 건의만 하면 단두대의 이슬로 사라졌다. 누가 대표로 나서서 건의할 사람이 없다. 주민들은 할 수 없이 대표를 투표로 뽑았다. 투표로 대표를 뽑은 것이 발전되어 의회가 됐다. 한 발 더 나아가 왕이 마음대로 통치하는 것이 아니라 법대로 통치하라고 법을 제정했다.

의회의 주요 업무는 정부가 세금 낭비하는 것을 방지하여 국민들의 세 부담을 덜어 주는 것이다. 그 다음이 올바른 법을 만들고, 정부가 제대로 법 집행을 하는지 관리 감독하는 것이다.

세금을 깎는 게 아니라 올리고, 지역 예산은 무조건 증액하려는 국회의원들을 보면 한심하다는 생각이 든다.

9월부터 열리는 정기국회의 주요 업무는 예산을 심의하고 의결하는 것이다. 예산심의에 앞서 정부가 지난해 예산을 올바로 집행했는지 국정감사를 먼저 실시한다. 예산집행의 잘잘못을 찾아내 불필요하게 낭비되는 예산을 줄여 국민들의 세 부담을 덜기 위해서다. 국정감사가 공직자들에게 호통이나 치라는 것이 아니다. 불필요한 예산을 찾아내라는 것이다.

예산안이 법정시한 내에 처리되지 못하면 정부안대로 확정한다. 국회선진화법의 주요 골자다. 한마디로 웃기는 법이다. 여당이 갑이고 야당이 을인 셈이다. 여당이 합의를 거절하면 정부안대로 확정될 수밖에 없다. 야당이 여당에 끌려갈 수밖에 없다. 실제로 국회선진화법이 시행된 박근혜 정부에서 한 번도 법정시한 내에 예산이 처리되지 않은 경우가 없다. 박근혜 정부가 혜택을 톡톡히 봤다. 혜택을 가장 많이 본 박근혜 정부가 국회선진화법 탓은 또 제일 많이 한다. 뭐가 뭔지 마치 코미디를 보는 것 같다.

이제 국민들도 국회가 허구한 날 싸움만 한다고 욕할 것이 못된다. 따질 건 따져야 한다. 특히 예산안 심의는 철저히 하고 어떻게든 국민들의 세 부담을 덜어줘야 한다.

국민들, 특히 중소기업과 자영업자들이 세금 때문에 못살겠다고 한다. 20대 국회에선 제발 국회의원들이 자신들의 본연의 업무가 무엇인지 정확히 알고, 올바르게 의정활동을 펼쳤으면 좋겠다.

국민들이 국회의원을 존경하는 날은 언제쯤 올까?

2016.07.10. 시사플러스

현 난국 타개책
- 분권형 대통령제 시험해 볼 절호의 기회(機會)

최순실 사태로 온 나라가 벌집을 쑤셔놓은 것 같다.

최순실 사태로 국민들이 자괴감에 빠져 허탈해하는 것도 무리는 아니다. 그렇다고 마치 나라가 망한 것처럼 호들갑을 떠는 것도 바람직하지 못하다.

물론 박근혜 대통령이 말도 안 되는 국정운영을 한 것도 사실이다. 대통령이 어떻게 사교 교주와 국정을 의논할 수 있단 말인가. 선무당(?)같은 최순실은 이를 이용해 국정을 농단하고, 온갖 비리를 저질렀다. 외국인 보기에 창피할 정도로 국격(國格)이 떨어졌다. 도저히 참을 수 없는 일이다.

대통령은 1년에 400조 원에 이르는 국가 예산을 집행하는 통치권자다. 국민의 생명과 재산을 보호할 책무가 있다. 대통령의 일거수일투족은 국가의 안위와 연계돼 있다. 그러기에 대통령은 사심 없이 대한민국에서 제일가는 전문가들에게 내각과 비서실을 맡겨야 한다. 그리고 그들과 의논하여 국정을 이끌어 가야 한다. 국민들은 그렇게 할 거라고 믿어왔다.

이번 최순실 사태로 박근혜 대통령이 대면보고 대신 서면보고를 받아 최순실과 의논한 것이 드러났다. 한마디로 박 대통령이 불통 소리를 들을 수밖에 없는 이유를 안 것이다. 최순실만 있으면 되는 것이다. 국민들이 허탈할 수밖에 없다.

최순실이 그렇게 능력이 탁월하다면 차라리 비서실장으로 등용했어야 했다. 비서실장을 시킬 수 없다는 것은 한마디로 함께 국정을 논하기엔 문제가 있는 사람임을 스스로도 인정한 셈이다. 그럼에도 불구하고 국가조직을 무시하고 최순실과 국가 중요사안을 의논하고 결정했다는 것은 심각한 문제다. 나라도 아니라는 말이 그래서 나온 것이다.

박근혜 정부는 선무당(?) 같은 사교 교주가 수렴청정을 한 것이나 다름없다. 기가 막힌 노릇이다. 최순실 사태는 비리적 차원보다 수준 이하의 선무당이 수렴청정한 것이 문제의 핵심이다. 전임 대통령의 친인척 비리와는 차원이 다르다.

해결책은 간단하다.

생각을 바꾸면 위기는 새로운 기회가 된다.

박 대통령이 사심을 버리고 정도(正道)로 국가를 경영하겠다는 의지만 있으면 된다.

우선 국민들이 의혹을 갖지 않도록 검찰에서 진실을 정확히 밝혀야 한다. 청와대도 압수수색할 일이 있으면 해야 한다. 대통령도 필요하면 조사를 받아야 한다. 무엇이 잘못된 건지 진상부터 정확히 밝혀야 한다. 위법사항이 있으면 의법 조치해야 한다. 그리고 모든 걸 정상화시키면 된다.

박 대통령은 개헌 발의도 이미 했다.

개헌의 대세는 분권형 대통령제 도입이다.

대통령이 외무, 국방을 맡고 내치는 국회에서 선출한 국무총리가 맡는다는 것이다.

이 제도를 미리 시험해 볼 절호의 기회가 온 것이다. 개헌 후 내각을 구성한다고 생각하면 된다. 국회에서 총리를 선출해 줄 것을 요청하라. 그리고 새 총리에게 내치 관련 각료의 임명권을 주면 된다. 이 제도가 성공적이면 개헌도 탄력을 받을 것이다.

청와대 비서진도 박근혜 개인 비서가 아니다. 대통령 비서다. 친소관계가 아니라 능력 위주로 선발해야 한다. 그리고 외부 세력이 아닌 그들의 자문을 받으면 된다. 외부 세력은 주요사안에 대해 의견 청취는 몰라도 그들에게 의존하는 것은 바람직하지 못하다. 의존할 만한 탁월한 능력의 소유자라면 차라리 주요 보직에 등용하여 수시로 의논하는 것이 옳다.

최순실 사태는 분명히 부끄러운 일이다. 박근혜 대통령은 국민과 국회가 원하면 탄핵이 될 수도 있다. 하지만 아직도 늦지 않았다. 과거의 잘못을 뉘우치고 회개하라. 그리고 정도(正道)로 새로 시작하라. 그러면 탄핵되는 일은 없을 것이다. 어느 정도 명예도 회복할 수 있을 것이다.

2016.10.31. 시사플러스

개헌, 논의할 때가 됐다

정세균 국회의장이 6월 13일 20대 국회 개원식 개회사를 통해 "개헌 누군가는 해야 한다. 언제까지 외면하고 있을 문제가 아니다"며 개헌의 필요성을 공식 제기했다.

지금의 헌법은 1987년 여·야 합의로 '5년 단임 대통령제'를 골자로 개헌된 것이다. 개헌하려면 국회 재적의원 3분의 2 이상의 동의를 얻고, 국민투표를 거쳐야 한다. 한마디로 여야가 합의를 해야 가능하다. 그동안 개헌의 필요성을 제기했어도 대통령과 유력한 차기 대통령 후보자를 중심으로 반대했다. 국민들도 달갑지 않게 여겼다. 공식적 논의를 할 수가 없었다.

이제 상황이 달라졌다. 개헌한 지 30년이 흘렀다. 시대정신도 바뀌었다. 국민들의 정치의식도 선진국 수준으로 높아졌다. 20대 국회는 여소야대 국회다. 야당 출신 국회의장의 개헌 제의는 무게가 실린다. 여당이 아닌 야당의 개헌 제의는 설득력이 있다.

개헌을 한다면 이렇게 바뀔 수도 있다.

국방과 외교는 현재와 같이 대통령이 전담한다. 총리는 국회에서 선출한다. 장관은 총리의 제청으로 대통령이 임명한다. 여와 야가 연립내각을 구성하는 것이다. 국회가 여와 야로 나뉘어 정쟁을 벌일 이유가 없다. 자연스레 협력, 협치를 할 것이다. 대통령이든 총리든 독선과 아집으로 정치를 할 수가 없다. 장관이 대통령의 눈치가 아닌 국민들의 눈치를 보며 행정을 할 수밖에 없다.

중앙정부가 자연스레 혁신이 될 것이다. 중앙부처 관료들의 무사안일, 복지부동이 사라질 것이다. 지방자치제가 정착되면서 지방공무원들이 중앙 공무원들보다 친절하고 대민 서비스가 좋다. 인사권자인 지자체장이 원하는 대로 따라갈 수밖에 없기 때문이다. 장관들이 책임의식, 주인의식을 갖게 되면 중앙부처 공무원들도 덩달아 바뀌게 된다.

정세균 국회의장의 개헌 제의를 여당과 야당이 긍정적으로 수용했으면 좋겠다. 이제 개헌을 논의할 때가 온 것이다.

그렇다고 졸속 개헌은 금물이다. 한번 개헌하면 바꾸기가 어렵다. 서두를 필요가 없다. 적어도 차기대통령 후보자들이 개헌을 공약하고 20대 국회 후반기에 개헌하는 것이 순리다. 새 헌법으로 차기가 아닌 차차기 대통령과 21대 국회의원을 선출하면 된다. 개헌 당시의 대통령과 국회의원이 정치적 수혜자나 피해자가 되는 건 바람직하지 못하다. 사심 없이 개헌을 추진해야 국민적 설득력이 있다.

2016.06.14. 시사플러스

정치혁신은 정당파괴로부터!

우리나라는 정당 때문에 정치가 엉망이라고 한다. 정당이 정치 발전에 걸림돌이 되고 있다. 차라리 정당이 없는 게 낫다고 한다.

정당이 국민들에게 할 수 있는 가장 중요한 기능은 각종 선거에서 올바른 후보자를 공천하는 것이다. 국민들은 생업에 바쁜데 누가 누군지 잘 알 수가 없다. 소속 정당과 이력 사항을 보고 투표를 할 수밖에 없다.

정당이 후보를 면밀히 검토하여 올바른 후보를 공천해야 한다. 정당공천은 곧바로 그 정당이 후보를 검증한 것이나 다름없다. 실제는 그렇지가 못하다. 실력도 없는 이상한 사람들을 계보 관리 차원에서 주로 공천한다. 사회적으로 경력이 화려한 사람도 정당에만 들어가면 계보와 당리에 따라 이상한 정치 행위를 한다. 옳고 그름은 뒷전이다.

차라리 정당공천이 없으면 국민들이 지역감정이나 진영논리에 휘둘리지 않고 올바로 투표할 것이다. 정치인도 당리당략에 휘둘리지 않고 올바른 정치를 할 것이다.

많은 사람들이 정당정치가 민주주의의 기본인 것처럼 착각하고 있다. 정당정치는 원내교섭단체의 의정활동 정도로 충분하다.

미국도 평상시엔 정당이 원내교섭단체로만 활동할 뿐이다. 정당의 존재 여부조차도 일반사람들은 의식하지 못할 정도다. 우리처럼 정당에 국고보조금을 지급지도 않는다.

정치개혁 차원에서 각종 선거에서 정당공천을 배제하는 것을 검토할 때가 됐다. 국회와 지자체 의회는 당선된 의원들끼리 원내교섭단체를 구성, 활동하면 된다. 대통령이나 지자체장은 사실 정당이 필요치도 않다. 정당이 지역감정과 이념적 갈등만 부추길 뿐 정책개발과 국민이익에 별로 도움도 되지 못한다.

교육감이나 조합장 등은 정당공천이 없어도 아무 문제가 없다. 공직자들에게 정당이 없어도 아무 문제가 없다는 것을 보여주는 것이나 다름없다.

우리나라는 정당이 '없어서'가 아니라 '있어서' 문제가 훨씬 더 많다. 정당공천 때문에 국민들의 혼란만 가중시킬 뿐이다.

유권자는 정당보고 투표를 한다. 선거 후에는 자기들이 뽑은 정치인을 신뢰치 못하고 비난하는 악순환을 언제까지 지속할 것인가.

우리나라는 정당의 긍정적 측면보다 부정적 측면이 훨씬 더 많다. 정치개혁 차원에서 '정당 없는 정치'를 시도해 볼 필요가 있다. 정당의 국고보조금도 없애야 한다. 세금만 낭비할 뿐이다.

요즘 선거는 조직보다 매스미디어와 SNS가 좌우한다. 사실 정당조직이 과거와 달리 선거에 큰 영향도 못 미친다.

대통령이나 지자체장이 의회와 협상할 때도 소속 정당이 없는 게 차라리 낫다. 정당이 없으면 대통령과 국회의원들은 오로지 국익만 고려하여 정책을 수립할 수 있다.

일례로, 한미 FTA 협정을 노무현 대통령이 추진하면 당시 야당인 한나라당이 반대했다. 정권이 바뀌어 이명박 대통령이 추진하면 이번엔 민주당이 반대를 했다. 똑같은 사안을 두고 이게 말이 되는가?

여당은 대통령과 정부 정책을 옹호한다.

야당은 무조건 반대부터 하고 본다. 정부 정책이 성공하여 국민들에게 이익이 되는 것은 두 번째다. 여당의 공으로 돌아가는 것이 싫은 것이다. 당리가 먼저다.

헌법을 개정할 때 정치개혁 차원에서 '정당 없는 정치'를 도입했으면 좋겠다.

특히 반기문 총장은 선택할 정당도 마땅찮은데 '정당 없는 정치'를 주창하면 어떨까?

정치혁신은 정당파괴로부터 시작해야 한다.

2017.01.03. 시사플러스

우리 정치가 개판이라고?

우리나라 사람들은 우리 정치가 개판이라고 생각한다. 외국에선 한국이 민주주의마저도 완전히 정착된 환상적인 나라로 여기는데 말이다. 왜, 우리 국민들은 정치적 행복지수가 낮은 걸까?

외국에서 우리 정치를 환상적으로 보는 이유

1987년 대통령 직선제가 도입된 이후 우리나라는 선거를 통해 여야로 정권이 두 번이나 교체되며 당시 야당이던 민주당이 현재 세 번째 집권하고 있다. 쿠데타를 한 것도 아닌데 대통령이 탄핵으로 권좌에서 내려와 감옥으로 들어갔다. 광화문에서 백만 명이 넘는 인파가 모여 시위를 해도 최루탄은커녕 물대포도 쏘지 않는다. 시위 후 쓰레기도 자체적으로 수거해 간다. 언론에서 대통령을 그리 비난해도 국가원수 모독죄로 처벌도 않는다. 외국에서 보면 한국이 환상적이다.

SNS가 등장하며 전 국민이 기자나 다름없다. 인터넷 신문과 유튜브가 폭발적으로 늘어났다. 신문가판대가 사라졌다. 전철 안에서 신문 보는 사람들을 찾아볼 수가 없다. 전부 스마트폰을 들여다본다. 세상이 바뀌었다. 기존언론의 독점적 파워를 다변화시켰다. 외국에서 한류열풍이 괜히 부는 것이 아니다.

정치가 개판으로 보이는 이유

우리나라에서 주요 임명직 공직자는 국회에서 청문회를 한다. 공직자로서 수행능력 검증이 아니라 과거 도덕성 검증, 다시 말해 신상 털기로 주요 공직자가 천하의 나쁜 사람이 되고 만다. 따라서 국민들은 주요 공직자들을 존경할 수가 없다.

선출직 주요 정치인들은 본선보다 당내 경선이 더 문제다. 경선과정에서 천하의 몹쓸 사람이 되고 만다.

요즘 대통령 선출과정도 보면 여야가 공히 상대 당이 아닌 경선후보자끼리 물고 뜯으면서 대통령 후보자들이 국민들 보기에 천하의 잡놈만도 못해 보인다. 그러니 정치인들이 존경을 못 받고 우습게 보이는 것이다.

윤석열 후보는 부인과 장모의 과거 부도덕한 치부 과정 의혹이 도마에 올랐다. 검찰총장으로 정적을 고발 사주케 한 정의롭지 못한 직권남용 의혹으로 공수처의 수사를 받고 있다.

이재명 후보는 대장동 개발과 관련 비리 의혹과 형과 형수에게 쌍욕을 하고 여배우와 스캔들이 일어난 나쁜 사람이란다.

이런 나쁜 후보들 중에서 대통령을 선출해야 된다며 자괴감을 느끼는 국민들이 너무 많다. 우리 정치가 개판이라고 한탄을 한다. 정치적 행복지수가 낮을 수밖에 없다. 정치가 개판인 건 정치인들이 개념 없이 싸우며 스스로 만드는 것이다.

국회의원, 제 역할 못해

우리 정치의 중심은 국회다. 국회의원들이 제 역할을 못하고 허우적거리고 있다. 의원들이 자존심도 없고 과거 김대중, 김영삼 처럼 보스기질을 가진 국회의원도 없다. 여야 공히 국회의원한 번도 못한 인사를 대통령 후보로 선출하는 지경에 이르렀다. 국민의힘은 아예 대표도 무선의 36세 이준석 원외위원장을 선출했다. 4선 국회의원이 무선의 대통령 후보 비서실장을 한단다. 국회의원, 특히 다선의 권위가 실종됐다.

윤석열 후보는 박근혜 대통령을 구속시키고 문재인 정권에서 발탁되어 중앙지검장을 거쳐 검찰총장으로 벼락출세한 인사다. 검찰 개혁 과정에서 검찰의 기득권을 유지키 위해 문재인 정권에 저항했을 뿐이다. 이런 인사를 영입해 보수 국민의힘의 대권 후보로 선출하고 그에게 머리를 조아리는 국힘당 의원들이 정체성도 없고 한심해 보인다. 국회의원들이 한마디로 개념이 없다. 청문회와 당내 경선을 하는 이유조차도 모르는 거 같다. 의원들이 소속 정당의 나팔수 역할만 하지 제 역할을 못해도 너무 못하는 거 같다.

이제 유권자들이 정당보고 두 패로 갈려 싸울 필요가 없다. 정당이 올바른 사람을 공천하는 것도 아니다. 제 역할도 못하는 정당을 보고 지지할 것이 아니라 후보자의 능력을 보고 선출해야 한다. 사실 무소속이 당선돼도 공무를 집행하는 데 아무 문제가 없다. 정당의 땅따먹기식 지역감정 유도에 넘어가선 곤란하다. 정치도 생각 바꾸기를 할 필요가 있다.

생각을 바꾸어 정치를 바라보면 정치도 게임이고 예술이다.

2021.11.16. 시사뉴스

정권교체? 정당교체?
개념정리 명확히 해야

우리 헌법이 1987년 대통령 5년 단임제를 왜, 채택했을까? 바로 5년마다 정권교체를 하자는 의미다.

박정희 장기집권 시대를 지나 전두환 정권이 7년 단임제를 시행했다. 6.29 선언 이후 개헌하면서 정권이 7년도 길다며 5년 단임제를 헌법에 명시했다.

"헌법 제70조 대통령의 임기는 5년으로 하며, 중임할 수 없다."

우리나라는 대통령 중심제다. 대통령을 중심으로 권력이 집중돼 있다. 대통령의 교체는 곧 정권교체를 의미한다. 권력은 부자간에도 공유할 수가 없다. 영조가 왜, 아들인 사도세자를 뒤주에 가둬 죽였을까? 부자간에 왕위가 승계돼도 정치권력은 교체가 된다. 정권교체는 권력의 총수를 교체하는 것을 의미한다.

우리나라는 대통령의 임기가 5년 단임제라 헌법이 개정되지 않는 한 5년마다 정권이 교체된다. 그런데 차기 대통령 선거를 앞두고 야당인 국민의힘은 정권교체를 주창한다. 개념정리를 명확히 해야 한다. 집권 정당교체, 여야교체가 정확한 표현이다.

우리나라는 정당정치를 한다. 선거를 통해 대통령을 선출한다. 정당이 후보자를 공천하고 선거운동도 한다. 집권당, 여당의 역할이 중요한 것도 사실이다. 그러기에 당의 정체성을 보고 많은 국민들이 묻지 마 투표를 한다. 대통령이 실정을 하면 집권당도 싫어한다. 집권당이 싫은 유권자는 정권교체를 넘어 정당교체를 원한다. 그렇다고 개념 없이 정권교체와 정당교체를 구분 못해서도 곤란하다.

문재인 정권은 내년 5월 10일 차기 대통령에게로 무조건 교체된다. 야당은 정당교체를 정권교체라고 말하고 싶을 것이다. 하지만 정권교체의 개념정리도 없이 정권교체 용어를 야당의 전유물로 사용하는데 아무 생각 없이 지켜보는 집권당인 더불어민주당이 더 한심해 보인다.

마치 문재인 대통령이 선정을 펼쳐 문 대통령의 등에 업혀 덕을 보려는 것처럼 보인다. 민주당이 공천한 새 대통령으로 정권을 교체하여 문재인 대통령의 좋은 정책은 승계하고, 실정은 바로 잡겠다며 올바른 정권교체를 주창해야 마땅하다.

문재인에서 이재명으로 바뀌어도 정권교체고, 윤석열로 바뀌어도 정권교체다. 권력 담당자와 통치 스타일이 바뀐다.

중요한 것은 차기 대통령 후보 검증을 소속 정당, 진영논리로 단순하게 평가할 것이 아니라 후보자와 공천정당을 분리하여 2단계로 검증해야 한다. 1단계는 후보자의 자질, 능력 검증이다.

그 다음에 공천정당이 대통령직을 수행하는데 어느 정당이 올바르게 뒷받침해 줄 수 있는지 검증해 봐야 한다.

개념 없이 문재인 대통령의 실정을 부각하며 정당교체를 정권교체로 착각해서도 곤란하고, 문재인 대통령의 덕을 보려고 정권재창출을 주창하는 것도 어불성설이다. 정권 재창출? 문재인 대통령이 재출마한단 말인가?

정치교체는 말장난에 불과하다. 이는 정권시스템을 바꾸겠다는 것이다. 차라리 헌법을 개정하겠다고 하라.

후보자와 정당은 집권에 눈이 어두워 개념 없이 자기들에게 유리한 말을 끌어다 사용한다. 하지만 여기에 휩쓸려서 개념 없이 그 용어를 따라 쓰는 언론과 유권자는 이해가 되지 않는다.

과거 군사정권에서는 권력은 총구로부터 나왔다. 완전 민주시대에는 권력은 유권자의 표에서 나온다. 개념 없이 투표하고 정치인 욕하지 말고 후보자의 능력을 정확히 검증하고 투표하여 올바르게 정권교체를 해야 한다.

5년마다 어김없이 정권교체가 되는데 군사정권 시대에 야당이 주로 사용하던 '정권교체' 용어를 아무 생각 없이 사용하고 받아들이는 우리 정치권과 언론, 유권자가 참 신기(?)하다. 정치 용어도 개념정리를 명확히 해볼 때가 됐다.

2021.12.14. 시사뉴스

친일(親日), 친북(親北) 논쟁 지겹지도 않은가?

한국현대사의 최대 비극은 일제강점기와 한국전쟁이다. 우리 국민은 일제와 공산당이라면 치가 떨린다. 우리나라가 광복이 된 지도 70여 년이 흘렀다. 6.25 전쟁이 휴전한 지도 64년이나 됐다. 아무리 세월이 흘러도 우리 정치인들은 이를 선거 때만 되면 교묘하게 잘도 이용한다.

광복 후 남한은 정부수립 과정에서 일제 치하 공직자들을 옥석을 제대로 가리지 않고 등용했다. 한마디로 일제 잔재를 청산하지 못했다. 오히려 일제 잔재들이 공직사회에 파고들어 와 권력을 차지했다. 이들의 후손들이 아직도 기득권을 누리고 있다. 북한은 일제잔재를 제거했다. 북한은 이를 자랑으로 여긴다. 친일파 운운하면 친북으로 여기는 이유 중의 하나다.

북한 공산정권은 6.25 전쟁을 일으켜 한반도의 적화통일을 시도했다. 한반도의 적화통일은 실패로 끝났다. 수백만 명의 동족만 살상하고 남한에서 좌익세력의 멸망만 자초했다. 결국 남한에선 일제보다 공산당을 더 싫어하는 계기가 됐다.

문제는 자유민주주의 체제가 도입된 남한의 선거 과정에서 발생한다.

일제 잔재 세력과 그 후손들이 정부와 여당을 주도해 왔다. 이에 그치지 않고 야당과 야권세력을 친북, 종북 세력으로 매도해 왔다. 그로 인해 득표에 도움이 된 것도 사실이다.

이들이 친북세력으로 매도하는 근거가 전혀 없는 것도 아니다.

적의 적은 아군이라고 정부 정책을 비판하는 논리가 비슷하다. 야권이 정부 여당을 공격하는 논리나 북괴가 우리 정부를 비난하는 논리나 엇비슷하다. 그렇다고 야권세력이 공산당은 아니다. 공산당이면 국정원이 가만히 내버려 둘리가 만무다. 오히려 야권 지도자를 간첩으로 매도하여 억울하게 옥살이를 시킨 적이 많다.

선거 때만 되면 어김없이 친북, 종북하며 이념논쟁이 불거져 나온다. 야당은 이에 뒤질세라 친일파, 수구골통 운운한다. 하지만 6.25 전쟁이 일제강점기보다 최근의 일이다. 사상자도 일제강점기보다 훨씬 많다. 아직도 휴전상태다. 최근 북한은 핵 개발로 남한을 위협하고 있다.

국민들은 일제보다 공산당을 더 싫어한다. 여권 세력은 이를 교묘하게 이용한다. 선거 때만 되면 단골 메뉴로 이념논쟁을 유발한다.

최근엔 문재인 전 대표가 대통령비서실장 시절 북한 인권결의안을 비공식 경로로 북한에 물어봤다고 난리다. 통치권자가, 통치권자의 양해로 공직자가 적국과 접촉하는 것은 외교의 일환이다. 이후락 정보부장이 북한에 가서 김일성을 만난 것을 내통했다고 하는 사람은 없다. 외교통상부 장관을 했다는 사람이 이런 것을 공개하는 거나 이를 기다렸다는 듯이 이념논쟁으로 몰고 가는 사람들이 모두 한심하게 느껴진다.

정책을 의논하는 과정에선 찬성도 있고, 반대도 있다. 모두 나름대로 일리가 있다. 중요한 것은 통치권자의 선택에 달려 있다. 중요정책의 찬반 논쟁을 두고 내통 운운하며 안보관까지 들먹이는 것은 바람직하지 못하다.

선출직 공직자를 선출할 때는 네거티브 공세보다는 그 후보가 그동안 공직을 이용해 국가와 국민을 위해 무엇을 했는지를 먼저 검증해봐야 한다. 그리고 앞으로 무슨 계획을 가지고 있는지를 확인해봐야 한다.

틈만 나면 무턱대고 친일, 친북하며 정적들을 매도하는 것은 구시대적 작태로 밖에 보이지 않는다.

친일, 친북 타령 이제 지겹지도 않은가?

2016.10.22. 시사플러스

PART Ⅱ

세상 엿보기

대통령 탄핵, 국민투표가 정답이다

박근혜 대통령에 대한 헌법재판소의 판결이 임박했다.

탄핵을 주장하는 촛불 집회와 이를 반대하는 맞불 집회가 경쟁적으로 세를 과시하고 있다. 이젠 여야 국회의원들도 노골적으로 주말집회에 참여한다.

결론적으로 촛불, 맞불 집회 참가자 모두 헌재 심판을 지켜보고 심판결과에 무조건 승복했으면 좋겠다.

대한민국은 법치국가다.

법이 잘못됐음 개정하면 된다. 헌재 심판에 압력을 가하기 위해 법을 만드는 국회의원들이 길거리서 시위를 한다는 게 말이 되는가?

국회의원 특히 야당이 중심 좀 제대로 잡았으면 좋겠다.

국회서 대통령의 국정농단 처벌을 위해 특검을 발의했다. 탄핵도 의결했다. 그럼 특검과 헌재의 심판결과를 지켜봐야 한다. 장외 압박행위는 적절치 못하다.

시위뿐 아니라 매사가 시작도 중요하지만 마무리가 더 중요하다. 멈출 때는 또 멈출 줄도 알아야 한다.

촛불집회가 촉발이 돼 국회가 박근혜 대통령 탄핵을 의결했다. 국민의 힘을 보여 주었다. 수십만 명이 참여하는 평화로운 촛불집회에 세계의 이목이 집중되고 높이 평가했다.

하지만 탄핵 가결 후에도 촛불 집회는 계속됐다. 결국 맞불집회를 초래했다. 새로운 시위문화로 세계적 관심을 불러일으킨 촛불집회가 빛을 좀 잃었다. 국회서 탄핵 가결 후 촛불 집회를 일단 멈췄으면 좋았을 뻔 했다.

헌재서 탄핵을 기각하면 촛불집회 참가자들이 과연 가만히 있을까?

역으로 탄핵이 인용되면 맞불집회 참가자들은 어떻게 할까?

탄핵심판이 막바지에 다다르며 우려가 된다.

헌재 심판결과와 상관없이 차기 대통령이 뽑히기 전에는 혼돈의 상태가 지속될 것만 같다. 이 나라가 거덜나지 않을까 걱정도 된다.

헌법을 개정할 때 대통령 탄핵 규정도 개정해야 한다. 헌법재판소가 국회가 의결한 대통령 탄핵을 심판하는 것이 우리 정치 상황에선 적절치 못하다. 헌재 심판이 아닌 국민투표에 부쳐야 한다.

그것이 국민 갈등도 최소화하고, 국력 낭비도 줄이고, 신속하게 정국을 안정시키는 길이라고 본다.

국회서 대통령 탄핵이 의결되면 곧바로 국민투표로 소환여부를 결정토록 헌법을 개정해야 한다.

대통령 탄핵은 국민투표가 정답이다.

2017.02.13. 시사플러스

탄핵 후, 새누리당은 해체하라!

새누리당은 당도 아니다. 해체돼야 한다.

박근혜 대통령은 새누리당 당원이다. 박근혜 대통령을 제명했다는 말을 들은 적이 없다. 국정농단으로 해당 행위를 했음 당연히 당 윤리위원회에 회부하여 출당 등 징계부터 했어야 했다. 그리고 탄핵에 동참하든 말든 해야 한다.

양아치들도 나름대로 규율이 있다.

조직원이 잘못하면 징계하고, 외부로부터 억울한 일을 당하면 막아준다. 징계도 보호도 못하는 조직은 조직도 아니다.

새누리당은 양심도, 부끄러움도, 의리도 없는 한마디로 양아치만도 못한 집단이다.

차제에 정당에 지원하는 국고 지원을 없애야 한다. 양아치만도 못한 정치집단에 아까운 세금을 퍼줄 수는 없다.

새누리당은 자기들이 박근혜를 대통령으로 만들었으면 올바른 대통령이 되도록 인도했어야 했다. 최순실이 국정농단을 하면 목숨 걸고 막았어야 했다. 그때는 말 한 마디 못하고 내시처럼 굴다가 촛불민심이 거세지니까 이제 와서 덩달아 탄핵을 하느니 난리를 친다. 반성하는 기색도 없이 말이다.

새누리당 의원들이 너무 비겁해 보인다.
이런 사람들을 선출한 유권자도 한심하게 느껴진다.

철학도 없고 무능해서 국정을 농단하기는 새누리당이나 박근혜 대통령이나 매한가지다.

탄핵 후에 새누리당을 해체하라.
그리고 새누리당 의원들도 즉각 사퇴하라.
새누리당 의원들이 박근혜 대통령과 동반 퇴진하는 것만이 국민 앞에 속죄하는 유일한 길이다.

2016.12.07. 시사플러스

자한당은 왜 악착같이 조국을 물고 늘어지나?

대통령 중심제 하에서 장관은 대통령이 임명한다. 언제부터인가 국회에서 장관을 임명하기 전에 인사청문회를 도입했다. 국익을 극대화하기 위해 올바르고 능력 있는 인재를 선발 했는가 국회가 한 번 더 검증키 위해서일 거다.

인사청문회는 본래의 취지에서 벗어나 근거도 없는 의혹을 제기하며 신상털기식 정쟁으로 변질되었다. 야당은 어떻게든 트집을 잡는다. 이런 인사를 장관에 임명하냐며 대통령을 흠집 내기 위해서다. 차라리 인사청문회가 없느니만 못하다.

이번 인사청문회에선 조국을 타깃으로 삼아 집중 공격했다. 대통령은 그럼에도 불구하고 조국을 법무장관에 임명했다.

야당인 자한당이 장외집회에 나섰다. 자한당 황교안 대표가 삭발도 했다.

자한당이 왜 이렇게 조국 법무장관을 결사반대할까? 조국이 위선적이고 비도덕적이라서? 조국이 아니고 다른 사람이라도 그럴까?

국회서 반대해도 대통령은 장관에 임명할 수가 있다. 법적으로 문제가 없다. 문제가 있으면 국회에서 인사청문회법을 개정하면 된다. 이만한 일로 국회의원들이 길거리로 나서서 장외집회를 한다는 것은 말도 안 된다. 길 가는 소가 웃을 일이다.

자한당의 속내는 무얼까?

자한당이 몽니를 부리는 이유가 있다. 문제는 패스트트랙 법안에 있다. 선거법 개정과 공수처법 안을 두고 여당과 자한당을 제외한 야당이 딜(거래)을 했다. 이미 본회의에 상정됐다. 이 선거법이 개정되면 소수 야당의 의석 수가 늘게 된다. 민주당은 어차피 국회재적의원 3/5(180석)이 넘지 않으면 야당과 연대를 할 수밖에 없다. 차라리 양당제가 아닌 다당제가 좋다.

고위공직자 범죄수사처(공수처)법안 제정과 검찰개혁은 문재인 대통령의 공약사항이다. 민주당은 자한당과 합의가 불가능해지자 소수 야당과 선거법으로 딜을 했다.

자한당은 몸이 달았다. 문제는 국회선진화법이다. 과거 방식대로 국회서 입법을 저지하면 국회선진화법을 위반하게 된다. 국회선진화법 위반으로 500만 원 이상의 벌금이 확정되면 피선거권이 박탈된다. 정치권에서 퇴출된다. 이미 자한당 의원 50여 명이 국회선진화법 위반으로 고발됐다. 13명은 경찰소환에 불응, 모두 검찰로 송치됐다. 이들은 좌불안석이다.

자한당은 국회선진화법 위반 의원들을 구제하고 싶다. 세상이 바뀌었다. 대통령이라고 마음대로 이들을 구제할 수가 없다. 딜(거래)이 될 수 없다. 과거 타성에 젖은 자한당이 패착을 둔 것이다. 조국 임명 강행은 울고 싶은 사람 때려 준 꼴이다. 급기야 대표가 삭발까지 하며 명분 없는 장외집회에 나섰다.

나가도 너무 나갔다. 국회의원들이 정치력이 없어도 너무 없다. 대화로 타협이 되지 않는다.

금년 내로 국회 본회의에서 선거법이 개정되고 공수처 법안이 통과될 것이다. 공수처법이 통과되면 그야말로 적폐청산도 속도를 낼 것이다. 정국은 더욱 얼어붙을 것이다. 해결책이 보이질 않는다. 내년 총선에서 국민들이 심판할 수밖에 없다.

자한당이 조국 장관을 결사반대하는 이유는 바로 국회선진화법에 있다. 국회선진화법을 누가 만들었는가?

국제정세도, 경제도 심각한데 국회의원들이 밥그릇 싸움에 몰두해 있다. 국민들만 답답하다.

내년 선거에서 과연 국민들은 누구 손을 들어줄까?

2019.09.17. 시사플러스

왜, 집권 측은 조국을 결사적으로 옹호할까?

국민 50% 이상이 조국을 싫어하는데 집권 측 소위 진보진영은 조국 법무부 장관을 왜, 그토록 옹호할까? 그 이유가 무엇일까?

노무현 전 대통령의 자살 직전 '논두렁 시계 보도'가 생각난다. 뇌물로 받은 수 억짜리 시계를 검찰 수사가 조여오니까 논두렁에 버렸다는 기사다. 그 당시 국민들을 흥분시켰다. 자괴감을 느낀 노 대통령은 자살을 선택한다. 주위 사람들을 보호하는 방법은 자살밖에 없다고 판단한 것이다. 결국 '논두렁 시계'는 가짜 뉴스로 판명됐다.

검찰이 확인되지 않은 피의사실을 흘리고 언론에서 대서특필하면 국민들은 사실 여부를 떠나 팩트(Fact), 사실로 믿어 버린다. 변명할 여지가 없다. 피해자는 너무 억울한 것이다. 인권의 사각지대다. 법으로 피의사실을 공표하지 못하게 돼 있어도 소용이 없다.

진보세력은 이러한 검찰과 언론의 인권사각지대를 개혁하고 싶은 것이다. 검찰과 수구언론은 집권 측의 이런 개혁추진이 싫다. 권력, 기득권을 지키고 싶은 것이다.

검찰개혁에는 조국만한 사람이 없다. 우선 법조인 출신이 아니라 부담이 없다. 평소에 검찰개혁을 부르짖은 형사법 전공 학자다. 586 운동권, 진보진영의 선두주자다. 민정수석으로 검찰 상황파악도 이미 끝냈다.

검찰이 좌불안석이다. 소위 보수언론도 찜찜하다. 야당인 자한당은 정권을 빼앗기고 절치부심하고 있다. 자연히 한통속이 됐다. 논두렁 시계처럼 검찰은 피의사실을 흘리고 수구언론은 대서특필한다. 야당은 여기에 편승하여 보도용 이벤트를 한다. 검찰은 급기야 피의자 소환도 하지 않고 기소하기에 이른다. 검찰사상 초유의 일이다.

국민들은 검찰이 기소하고 언론이 대서특필하면 그냥 믿는다. 졸지에 조국은 천하의 제일 못된 사람이 돼버렸다. 이를 바라보는 진보측은 조국의 매도과정을 지켜보며 노무현 대통령이 생각난 것이다. 조국을 지키고 검찰을 개혁하겠다는 결기로 똘똘 뭉치게 된다.

조국의 비리 혐의는 3가지다. 부인이 표창장 위조로 딸이 부정입학하고, 5촌 조카 펀드회사를 통해 불법적으로 돈을 벌고, 아버지가 경영한 웅동학원에 비리가 있다는 것이다. 11시간에 걸친 기자간담회와 국회 인사청문회를 통해 사실여부가 거의 밝혀졌다. 털어서 먼지 안 나는 사람은 없다. 여기에 돌 던진 나경원,

장제원 의원은 역풍을 맞고 있다. 똥 묻은 개가 겨 묻은 개 나무란 꼴이 됐다.

보통사람 같으면 해명 후 본인이 스스로 사퇴했을 것이다. 대통령도 조국이 아니면 반대하는 국민여론이 더 높은데 절대로 임명하지 않는다. 하지만 이번 법무장관 건은 다르다.

개혁의 대상자인 검찰과 보수언론, 야당이 결탁된 여론조성에 밀려 조국을 버리면 개혁은 사실상 물 건너간다. 그럼 진보진영이 집권한 의미가 없어진다. 결사적으로 조국을 옹호하고 검찰개혁을 강행할 수밖에 없다. 주사위는 이미 던져졌다.

이제는 국민이, 언론이 냉정하게 판단해야 한다. 무소불위의 권력을 휘두르는 검찰을 개혁할 것인가? 말 것인가?

차제에 검찰을 개혁하지 않으면 검찰 개혁은 요원하다. 대한민국은 민주공화국이 아니라 검찰공화국이 된다.

2019.09.19. 시사플러스

정부·여당, 조국 옹호하는 데는 이유가 있다

문재인 정부가 지지율 하락을 각오하면서도 조국을 법무장관에 임명하고 옹호하는 이유가 뭘까?

조국 대신에 다른 사람을 내세우면 편한데 왜, 편한 길 마다하고 조국을 옹호할까? 조국은 왜, 가정이 파탄지경임에도 불구하고 법무장관을 고수할까? 그의 가족은 왜 조국 보고 '그만두라' 하지 않고 가시밭길을 가라고 할까? 왜, 사람들은 이 기본적인 것에 의문을 갖지 않을까?

2017년 대선 직후에 이와 같은 상황이 발생했다면 아마 조국은 법무장관에 임명되지 않았을 것이다. 그러나 지금은 상황이 다르다.

왜일까?

박상기 법무부 장관에게 검찰개혁을 맡겼다. 문무일 검찰총장과 더불어 검찰개혁을 단행할 것으로 기대했다. 그런데 결과는 모두 실패다. 검찰개혁 한 걸음도 못 나갔다. 피의사실 공표를 막는 간단한 개혁조차도 못 했다. 법무장관이 인사권조차 마음대로 행사하지 못했다. 또 윤석열을 검찰총장에 임명하면 검찰개혁을 단행할 것으로 믿었다. 개혁은커녕 검찰 장악도 제대로 못 하고 오히려 정치검찰에 휘둘리고 있는 모양새다.

법무부 요직 중의 하나가 수사비를 총괄 지원하는 검찰국장 자리다. 관행적으로 총장이 추천하면 법무부 장관은 그냥 임명해왔다.

문제의 발단은 여기서 비롯됐다. 임명권은 법무부 장관의 고유 권한이다. 장관 요구 시에 추천하는 것이다. 장관 요구도 없는데 총장이 먼저 추천했다. 관행이란 미명하에 장관을 무시한 것이다. 졸지에 장관이 핫바지가 됐다. 검찰개혁이 공염불처럼 들린다. 그래서 '조국'이어야 한다는 것이다.

조국은 임명 하루 만에 공석 중인 검찰을 감찰하는 '감찰수사관'부터 임명했다. 수사비를 총괄하는 검찰국장도 비검사 출신으로 임명했다. 검찰국장은 수천억 원의 수사비를 총괄 지원한다. 영수증 없는 특수 수사비가 어마어마하다. 과거 법무장관이나 검찰총장이 개선을 엄두도 내지 못했다. 조국은 취임하자마자 좌고우면하지 않고 개혁의 닻을 올렸다.

정치검찰이 위기의식을 느낄만하다. 검찰이 결사적으로 조국을 끌어 내리려고 안간힘을 쓰고 있다. 여기에 수구언론과 자한당이 맞장구를 치며 여론몰이를 한다. 정치검찰과 수구언론, 자한당이 순식간에 한통속이 됐다.

아직도 국민들은 언론에 보도되면 사실로 여기고, 검찰이 기소하면 범죄자로 여긴다. 조국이 범죄자로 보인다. 자연히 문 대통령 지지율이 떨어질 수밖에 없다. 검찰개혁을 이루기 위해 문 정권은 지지율 급락과 2030세대의 비난을 감내할 수밖에 없다. 그러나 2030세대의 비난은 뼈아플 것이다.

2030세대와 언론은 국가적 차원에서 인권적 차원에서 좀 폭넓게 봐야 한다. 지금 소위 정치검찰이 기득권을 보호하기 위해 언론플레이를 하는데 현혹돼선 곤란하다. 그럼 검찰개혁은 요원하다. 검찰개혁은 국민들의 염원이다.

검찰개혁이 끝나면 조국은 법무장관 그만둔다. 꿩 잡는 게 매다. 누가 하든 검찰을 개혁하면 된다. 필요하면 외국에서 영입해 임명할 수도 있다. 지금은 조국이 문제가 있다 해도 대체할 인물도 마땅찮다.

정치검찰은 과거 잘못된 수사를 재수사하는 팀이 발촉할까 두려울 것이다. 과거 스폰서 검사, 성추행 검사, 막말 검사, 돈 봉투 검사 등 비리 검사들이 안절부절일 것이다. 조국을 어떻게든 끌어내리려고 혈안이 된 듯하다. 한마디로 검찰, 수구언론, 자한당이 연합해 마녀사냥을 하는 것 같다.

검찰개혁은 노무현 대통령도 추진했다. 천정배, 강금실 장관 모두 검찰개혁에 실패했다. 문재인 정부 1기 박상기 장관도 마찬가지다.

검찰개혁의 실상을 모르는 국민들이 "조국 밖에 사람이 없나, 위선적이고 가족이 범법자들인 조국을 왜 악착같이 옹호하냐?"고 따지는 사람들이 많다. 문 정부는 이런 지적 답답할 것이다.

문 정부는 어마어마한 저항에도 불구하고 검찰개혁에 박차를 가하기로 결심을 굳힌 듯하다. 조국이 못마땅해도 지켜보고 제대로 검찰개혁을 못 하면 내년 총선에서 심판하면 된다.

검찰개혁은 문재인 대통령의 대선공약이다. 지금은 지켜볼 때다. 나무 위에 올려놓고 흔들어서야 되겠는가?

2019.09.23. 시사플러스

최근 검찰의 '검난'수사 요약…
"윤석열 총장 자진 사퇴해야"

윤석열 검찰총장의 검찰은 요즘 브레이크가 고장난 자동차 같다. 검찰권 행사를 스스로 제어하지 못하고 있다. 지금 멈추면 죽는다는 위기감이 팽배해 있는 것 같다.

윤석열 총장 체제는 '조국 교수의 법무부 장관 임명'이 부당하다는 데에서 출발했다. 그가 몇몇 정치권 인사에게 조국 교수를 법무부 장관으로 임명하면 안 된다는 뜻을 표명했고, 그의 임명을 막기 위해 그의 온 가족에 대한 무한정 수사를 통해 부인 및 동생과 처남을 구속시키는 등 혁혁한(?) 전과를 세우는 데 성공했다.

그리고 임명 한 달 남짓 만에 조국 법무부장관의 자진 사퇴를 유도해 냈다.

문제는 그 이후 조국 장관의 직접적 범죄 혐의를 발견하지 못하자 당황하여, 새로운 연결고리를 찾다가 유재수 전 부산시 부시장의 비리를 조사하였다. 이 역시 조국 장관의 직접적 개입 사실이 드러나지 않게 되자 더더욱 당황하고 말았다.

조국 장관 부인인 정경심 교수에 대한 공판과정에서 법원으로부터 공소제기가 잘못되었음과 공소제기 후 이루어진 추가 수사에 의한 수집 증거의 증거능력 없음에 대한 조용한 질타를 받았다. 결국 공소장 변경이 범죄사실의 동일성 불일치로 허가받지 못하는 상황에 이르렀다. 이렇게 될 경우 그 공소사실은 형사소송법상 공소 기각될 개연성이 높아졌다.

정경심 교수의 범죄 사실의 두 축 중 하나는 자녀들의 입시비리(이 역시 검찰의 일방적 주장일 뿐 실제 사실로 증명된 것이 아직까지 없음)와 관련된 표창장이나 인턴증명서 등의 위조교사 및 부정행사 정도인데, 이 역시 재판부로부터 "그렇다면 위와 같은 문서를 위조한 정범은 누구이며 왜 기소하지 않았는가? 정범을 기소하지 않은 채 교사범을 기소한다는 것은 논리에 맞지 않는다."는 직접적 힐난 앞에서 공판검사는 부끄러움을 뒤집어쓰고 말았다.

두 번째가 사모펀드 관련인데, 이 역시 사모펀드 기금의 횡령이나 배임 등의 혐의보다는 대여금의 이자 수령 및 대여원금 회수 쪽 주장에 더 힘이 실리고 관련 증거들도 그런 방향으로 드러나고 있음에 비추어 무죄 선고가 이루어질 가능성이 높아졌다.

이런 상황이다 보니 이 역시 수십 명의 특별수사부 검사들을 동원하여 수십 일에 걸쳐 강제 수사한 결과가 구차할 수밖에 없다. 결국 일정한 목적성 과잉 수사였음을 증명한 꼴이 됐다. 스스로 과잉 수사였음을 증명하는 자가당착(自家撞着)에 빠진 형국이다.

결국 조국 전 법무장관을 기소하지 못하고 엉거주춤하면서, 그래도 어떻게든 엮어서 기소해야 한다는 강박관념에 사로잡혀 유재수 전 부산시 부시장의 비위 수사를 통해 조국 법무부장관과의 연결고리를 찾아보고자 했으나 이 역시 조국 당시 민정수석의 개입사실이 밝혀지지 않고, 다른 루트의 증거들이 쏟아지자 또 당황할 수밖에 없었다. 결국 세 번째 연결고리를 찾겠다며 당시 황운하 울산지방경찰청장의 김기현 울산시장에 대한 하명수사가 기획수사였다며 청와대 민정수석실이 관여한 것이 아닌가 의심했다. 김기현 울산시장과 관련하여 새로운 수사를 시작하는 과정에서 청와대 파견 검찰수사관이 자살하는 비극적 사건이 발생했다.

스스로 목숨을 끊은 검찰수사관은 검찰 내에서도 유능하다고 소문이 났다. 그의 유서에는 윤석열 검찰총장에게 '가족을 배려해 달라'는 뜻밖의 내용이 기술되어 있었을 뿐만 아니라, 자신의 핸드폰을 초기화하지 말라는 무서운(?) 경고가 포함되어 있었다.

검찰수사관은 검찰에서 수사받는 것이 얼마나 혹독한 과정으로 이루어지는지, 자신에 대한 수사가 이루어질 경우 윤석열 검찰이 얼마나 매섭게 나올 것인지를 잘 알고 있다. 그 중압감을 이기지 못하고 스스로 목숨을 끊은 것이다.

대부분 범죄자는 자신이 죽을 때 증거를 인멸하는 것이 본능이다. 흔적을 남기고 싶지 않은 것이다.

그런데 해당 수사관이 자기 핸드폰 기록을 초기화하지 말라는 유언을 남겼다는 것은 우선 자신이 떳떳하다는 자신감과 누군가 자신에게 불리한 짓을 한 자가 있다는 것을 암시하는 것이라고 볼 수밖에 없다.

더군다나 윤석열 검찰총장에게 자신의 가족을 배려해 달라는 당부와 함께 핸드폰 초기화 불가 의견 표명은 상호 배치되는 것 같으면서도 결론은 하나의 방향을 향해 나아가고 있음을 알 수 있다. 다시 말해 검찰에 대한 강력한 경고 메시지라고 하지 않을 수 없다.

검찰에서 청와대에 파견나가게 되면 물론 청와대를 위해 일을 하지만, 본가가 검찰이기 때문에 검찰의 빨대 역할도 하지 않을 수 없다. 결국 돌아갈 본가이고, 그곳에서 승진하여야 하고 최종적으로는 본가에서 잔뼈를 묻어야 하기 때문이다.

모르긴 해도 청와대 근무하는 중에도 검찰에 상당한 정보를 보고해 왔을 것이다. 검찰청은 그의 그러한 보고들을 내부 첩보자료로 차곡차곡 저장해 두었을 것이다. 그런 연유로 유재수 부산시 부시장에 대한 수사의 단서를 찾고, 감찰 중단 사실을 보고 받고, 김기현 울산시장에 대한 수사 첩보 사실도 보고받았을 것이다.

그 보고 자료에 근거해 조국 장관과의 연결고리를 찾겠다며 묵혀 두었던 사건들을 들춰내기 시작했고, 그러는 과정에 핵심 역할을 했던 검찰 수사관을 연결고리로 수사를 진행했을 것이다. 그러한 과정에서 해당 수사관은 "아니, 내가 제공한 정보로 나를 수사하다니!"하는 황당함과 함께 이러지도 저러지도 못할 코너에 몰려 극단적 선택을 할 수밖에 없었을 것으로 추측된다.

문제는 그 수사관의 검찰 연락 사항들이 모두 그의 핸드폰에 저장되어 있을 것이라는 사실이다. 그래서 그 내용들이 지워지면 자신은 범죄혐의만을 뒤집어쓴 채 매도당할 것이 뻔하다. 두려운 나머지 절대로 핸드폰을 초기화하지 말라는 경고성 유언을 하였다고 추측된다.

거기에 검찰 비리 관련 모든 내용이 저장되어 있으니, 더 이상 가족들의 다른 별건 사항을 건드리지 말라는 메시지를 "배려해 달라"고 완곡하게 표현했을 것이다.

그러니 누구보다도 그 해당 검찰수사관을 잘 알고 직라인(直line)을 열어두고 있던 검찰로서는 당황하여 서초경찰서가 자살현장에서 수거 보관 중이던 고인의 핸드폰을 압수수색을 통해 압수해 가는 무리수를 둔 것이다.

김기현 전 울산시장 사건과 울산지검 검사의 압수한 고래고기 가환부 사건은 서로 다른 사건이다. 청와대는 후자 사건을 위해 고인이 울산에 출장 갔던 것이라며 고인이 작성한 출장보고서까지 제시하며 전자와 무관함을 강조하고 있다.

이에 대해 출장이 전자라고 주장하는 이들은 주장만 난무할 뿐 증거가 없다. 결과적으로 세 번째 사건에서도 조국 민정수석의 어두운 그림자는 발견되지 않고, 적법한 수사 이첩 사실임이 드러날 뿐이다.

결국 윤석열 총장이 여기까지 온 것은 조국 장관에 수사를 통해 검찰의 정치권 길들이기였다. 어떻게든 자신들의 목에 비수가 될 '고위공직자비리수사처'의 입법을 막고자 정치권에 대한 압박의 결과라고 요약할 수 있다.

하지만 자신들의 무리수만 밝혀져 국민적 비난이 가중되고 있을 뿐 결국 검찰개혁법안은 국회 본회의에 패스트트랙 과정을 통해 상정되었다. 이제 시간이 흐르면 공수처법은 통과될 것이다. 검찰이 그동안 누려왔던 독점적 수사권과 기소권은 더 이상 누릴 수 없게 된다. 자신들도 역시 타 수사기관의 수사 대상이 될 수 있다.

어디 그뿐인가, 검경수사권 분리에 의해 일정 범위로 수사권이 축소된다. 독점적 기소권도 예외가 생기게 된다.

윤석열 총장이 검찰개혁을 저지키 위해 조국 전 법무장관에 대한 무리한 수사가 '검란'이라고 보는 시각이 많다. 윤 총장은 검찰개혁법안이 통과되면 자진사퇴할 수밖에 없을 것이다.

2019.12.07. 시사플러스

공수처법 통과될까?

오늘(12.30)은 국회서 공수처법을 표결하는 날이다. 이미 민주당과 소수야당은 '4+1협력체'를 구성, 선거법을 통과시켰다. 그들은 이미 검찰개혁입법도 합의했다.

문제는 바른미래당 일부 의원들이 공수처법에 독소 조항이 있다며 수정안을 제시했다. 이를 무기명 비밀투표에 붙이잔다. 얼핏 보면 일리가 있다. 속을 들여다보면 배신을 때리는 것이다. 지금까지 그 난리를 치며 합의할 때는 언제고 이제 와서 선거법이 통과되니 볼일 다 봤다는 식이다. 그동안 몰랐던 독소 조항이 갑자기 생겼는가. 시행 후 문제가 있으면 개정하면 된다. 양아치들도 의리가 있지, 이런 짓은 하지 않는다. 그래서 국회의원을 국개의원이라고 사람들이 욕을 하는 것이다.

윗물이 맑아야 아랫물이 맑다. 공수처법은 고위공직자 7천 명 정도의 비리를 관리한다. 최소의 비용으로 공직사회를 청렴하게 만드는 '공직사회 개혁입법' 이다.

한마디로 청렴한 공직사회를 만들고 검찰의 횡포를 견제하는 법이다.

공수처법은 한나라당 집권 시절 이재오 의원 등도 추진했었다. 한국당은 집권당이 추진하면 무조건 반대하는 고질적인 야당의 그릇된 정치문화에서 벗어나야 한다. 한국당은 집권당을 오래한 경험이 있다. 또다시 집권당이 될 수도 있다. 야당이 됐으면 새로운 야당의 정치문화를 정착시켜 정치발전에 기여했으면 좋겠다. 그러면 또다시 집권할 시기도 앞당겨진다.

관중석에서 보면 선수들의 '일거수일투족'이 훤히 보인다. 한국당은 집권당을 보고 정치하지 말고 관중, 국민을 보고 정치하길 바란다.

고위공직자도 아니면서, 고위공직자가 될 가능성도 없으면서 공수처 신설을 반대하는 사람들이 있다. 도저히 이해할 수가 없다. 그럼 앞으로 공직자들의 비리를 나무라지 말아야 한다.

자유한국당은 국회선진화법 위반으로 검찰에 코가 꼬여 할 수 없이 검찰의 하수인 역할을 할 수밖에 없을 것이다. 하지만 아무 개념 없이 공수처법을 반대하는 사람들은 도저히 이해가 되지 않는다.

공수처 신설과 검찰개혁은 문재인 대통령 대선공약이다. 공약을 실천하겠다는데 이를 저지하는 것은 그를 선출한 국민을 무시하는 것이다.

공수처 신설 후 문제가 있으면 이의 시정을 공약으로 내걸고 총선 후 다수당이 되어 개정, 나아가 폐지하면 된다.

국회는 대한민국 회의의 모체가 돼야 한다. 한마디로 회의 진행의 교과서, 모범이 되어야 한다. 지금 국회는 민주의 기본인 '다수결의 원칙' 이 무슨 뜻인지도 모르는 것 같다. 한마디로 초등학교 학생들 회의 수준만도 못하다.

여와 야는 필리버스터를 통해 찬반 의견도 충분히 개진했다. 필리버스터가 묘하게 새로운 '무제한 토론' 방식으로 자리매김할지도 모른다. 하여튼 검찰개혁은 시대적 과제다. 검찰이 바로 서야 나라가 바로 선다. 검찰을 바로 세우고 공직사회를 청렴하게 하기 위한 공수처법은 반드시 통과돼야 한다.

검찰이 자기들이 그랬으니까 공수처도 권력의 하수인 역할을 할 것으로 착각한다. 그러면 국회가 특검을 하면 된다. 그래서 검찰은 개혁해야 된다는 것이다.

바른미래당이 합의를 져버리고 배신을 하면 이 땅에서 합의문화가 사라진다. 배신만 난무하게 된다.

아직도 늦지 않았다. 여야가 합의로 오늘 공수처법을 통과시키고 조속히 검찰개혁 입법을 마무리하길 바란다.

제발 국회는 닭싸움 그만하고 법대로 토론하고 차분하게 표결로 처리하라. 심판은 총선에서 국민들이 한다.

2019.12.30. 시사플러스

'고위공직자범죄수사처(공수처)' 개념 정리 확실히 해야

말도 많고 탈도 많은 공수처가 2021년에 드디어 설치된다. 공수처법 제정을 두고 온 나라가 시끄러웠다. 지난 총선은 공수처법 제정에 대해 국민들이 심판하는 선거였다.

국민들은 집권당인 더불어민주당의 손을 들어주었다. 민주당에 무려 180석을 안겨주었다. 민주당이 헌법개정을 제외하고 모든 법을 마음대로 제정(개정)을 할 수 있게 했다.

공수처장 임명을 두고 여와 야가 평행선을 달리며 지리멸렬하게 싸우다 민주당이 협치를 포기하고 공수처법을 개정했다. 여와 야의 합의를 포기하고 책임정치를 선언한 것이나 다름없다. 이제 공수처 설치와 이를 통해 발생하는 모든 문제는 집권당의 책임이다.

공수처는 고위공직자 7천 명 정도의 비리를 수사하고 관리한다. 최소의 비용으로 공직사회를 청렴하게 만들자는 것이다. 공수처법은 한나라당 집권 시절 이재오 의원 등도 추진했었다.

윗물이 맑아야 아랫물이 맑다. 공수처는 7천 명 정도의 고위공직자들의 비리를 관장한다. 일반 국민들과는 아무 상관이 없다. 국회의원, 판사, 검사들과 고위공직자들이 반대하는 것은 이해가 간다.

일반 국민들이 덩달아 반대하는 것은 이해할 수가 없다. 그러면 고위공직자들이 비리를 저질렀을 때 흥분하며 성토하지 말아야 한다. 한마디로 개념이 없다.

야당과 일부 검찰 관계자들은 문재인 대통령이 자기들의 비리를 보호하려는 음모가 숨어 있다고 비난한다. 검찰총장을 임명하고도 자기들 마음대로 못 하는 게 현실이다. 공수처장이라고 마음대로 할 수 있겠는가. 공수처가 문 대통령 비리를 보호하는 공수처가 되면 언론과 국회, 특히 야당이 가만히 있겠는가.

공수처 설치는 문재인 대통령의 대선공약이다. 대선공약은 지키는 게 문제가 아니다. 지키지 않는 게 문제다. 지난 총선에서 국민들이 민주당의 손을 들어준 의미를 정확히 알아야 한다.

우리나라 정치풍토는 협치가 되지 않는다. 야당은 반대를 위한 반대가 관례화됐다. 집권당이 하면 무조건 반대다. 아니 집권당이 망하도록 딴지를 건다. 그 피해는 고스란히 국민들이 입는데도 말이다.

예를 들어 한미 FTA 협정을 노무현 대통령이 추진하자 당시 야당인 한나라당이 결사반대했다. 정권이 바뀌어 이명박 정부가 한미 FTA 협정을 추진했다. 이번에는 민주당이 결사반대했다. 트럼프 대통령이 집권 후 한미 FTA 협정이 '불공정협정'이라고 개정을 요구하는데 여당과 야당은 꿀 먹은 벙어리였다.

우리나라 정치풍토는 여와 야의 협치는 자기들의 권익을 보호하는 거 외엔 거의 불가능하다. 그래서 국민들이 지난 총선에서 집권당에게 책임정치를 하라고 명령한 것이다.

그런데 집권당이 책임정치를 마다하고 협치를 주장하다 시일만 끌었다. 민주당이 무책임하고 무능하다는 소리를 들을 만하다. 드디어 공수처장을 집권당 마음대로 임명할 수 있게 공수처법 개정을 강행 처리했다. 이제 공은 문재인 정부로 넘어갔다. 법대로 공수처 설치하고 고위공직자들의 청렴한 분위기를 조성하고, 검찰의 횡포를 정말로 없애는지 국민들은 지켜볼 것이다. 다음 선거에서 심판은 혹독할 것이다.

관중석에서 보면 선수들의 '일거수일투족'이 훤히 보인다. 국민의힘은 집권당을 보고 정치하지 말고 관중, 국민을 보고 정치하길 바란다. 공수처 신설 후 문제가 있으면 이의 시정을 공약으로 내걸고 집권도 하고 총선에서 다수당이 되어 개정, 나아가 폐지하면 된다.

하여튼 검찰개혁은 시대적 과제다. 검찰이 바로 서야 나라가 바로 선다. 검찰을 바로 세우고 공직사회를 청렴하게 하기 위한 공수처를 설치할 거면 신속히 하라.

검찰은 공수처가 권력의 하수인 역할을 할 것이다. 라고 강변한다. 자기들이 그랬으니까 공수처도 그럴 거라고 착각하는 것이다. 그러면 국회가 특검을 하면 된다. 그래서 검찰은 개혁해야 된다는 것이다. 권력기관의 횡포는 또 다른 권력기관이 견제하는 게 마땅하다.

지금은 공수처 설치와 그들이 하는 행태를 지켜볼 때다. 개념없이 무턱대고 반대할 때가 아니다.

2020.12.16. 시사뉴스

대권후보에게 바란다
- 우리 법률체계 개방형으로 바꿔야

4차 산업혁명 시대가 곧 도래한다. 지금의 식민통치형(금지형) 법률체계로는 감당이 되지 않는다. 우리의 법률체계는 반드시 바꿔야 한다.

우리 사회의 인허가 문제가 그릇된 법률체계에서 비롯됐는데도 그런 사실을 아는 사람도, 문제를 제기하는 사람도 없다는 것이 참으로 신기하다.

기업의 발목 잡는 우리의 법률체계

미국은 법률체계가 개방적이다. 한마디로 법으로 금지하지 않으면 규제, 제한이 없다. 법으로 금지한 것을 제외하고는 무엇이든 마음대로 할 수 있다. 벤처기업이 신기술을 개발하여 사업성만 있으면 얼마든지 사업을 할 수가 있다. 그 기술로 문제가 생기면 그때 가서 법으로 규제한다. 그래도 늦지 않다. 가상화폐 비트코인을 보면 알 수 있다. 공직자들이 새로운 시대 흐름에 적응키 위해 노력하지 않을 수가 없다.

반면에 한국의 법률체계는 법으로 허용한 것 외에는 금지하고 있다. 법률체계가 금지형, 허가형이다. 정부의 허가를 받아야만 신기술이 빛을 본다. 기발한 기술을 개발했어도 법의 뒷받침이 없으면 사업을 할 수가 없다. 혁신기술업체들이 일을 할 수가 없다고 난리다. 해외로 빠져나간다. 한국이 놀라운 기술을 개발하고도 성공할 수 없는 이유가 바로 여기에 있다. 자연히 공직자들이 갑질을 하게 된다.

인공지능, 블록체인, 데이터베이스가 융복합되는 4차 산업혁명 시대에 적응하려면 법률체계부터 개방형으로 바꿔야 한다. 어떻게 공직자가 신기술을 선도하고 허가할 수 있겠는가? 국회의원과 공직자들이 욕을 먹을 수밖에 없다.

모처럼 한국이 IT 기술에서 선진국을 앞서갔다. 하지만 법률적 뒷받침이 늦어지는 사이에 미국 등 선진국에 또 다시 뒤쳐졌단다. 정부가 차라리 없었으면 좋겠다고 하소연한다.

적폐 중의 적폐가 우리의 법률체계

일제는 독립운동을 막고 조선인들을 효율적으로 통치하기 위해 모든 행위를 허가받도록 했다. 한마디로 한국인들을 꼭두각시로 만들기 위한 도구로 법을 이용했다.

광복이 된 지 70여 년이 지났다. 시대가 바뀌었는데 아직도 일제시대의 허가형 법률체계를 답습하고 있다는 것이 말이 되는가?

일제의 잔재는 청산돼야 한다. 정부의 규제는 최소화할수록 좋다. 모든 것을 국민 자율에 맡겨야 한다. 정부는 국가의 안전보장과 사회질서 유지를 위한 최소한의 규제만 하고 나머지는 국민들의 자율에 맡겨야 한다. 특히 기업 활동에 대해서는 국민들에게 해로움이 있는 것만 찾아 규제하면 된다. 나머지는 간섭할 일

이 아니다

문재인 정부는 적폐청산을 주장하기 전에 적폐의 개념정리부터 분명히 했어야 했다. 적폐청산을 한다기에 많은 국민들이 기대를 했다. 적폐는 청산하지 않고, 보수 세력을 적폐로 몰아 이념갈등만 심화시키고 있다.

민주당은 아직도 늦지 않았다

집권당인 더불어민주당은 지난 총선에서 국민들이 180석을 몰아준 의미를 깨달아야 한다. 아직도 늦지 않았다. 국회 내에 '법률체계 개정특위'를 설치하고 식민지형(금지형) 법률체계를 개방형으로 정비하라. 적폐청산을 주장하는 집권당에게 힘을 몰아줘도 제 역할을 못하면 무능하다는 비난을 면키 어렵다. 무능하면 정권은 교체된다.

윤석열 총장의 출마 선언과 민주당 경선 후보 등록으로 대선게임이 본격화됐다. 대권 후보자들이 최소한 우리의 법률체계를 정확히 알았으면 좋겠다. 국민들도 규제가 심하다고 불평만 하지 말고 근본적 문제가 '식민지형 법률체계'에 있다는 것을 깨달았으면 좋겠다.

우리의 법률체계가 바뀌지 않으면 국민과 기업은 항상 불편하다. 아무리 정권교체를 해도 국민적 불만은 사라지지 않는다.

대권후보에게 바란다.

대통령이 되면 일제강점기부터 내려온 식민통치형 법률체계를 개방형으로 바꾸겠다고 대선공약으로 제시하길 바란다.

2021.07.01. 시사뉴스

천기누설, 차기 대권 향방은?

우리나라의 대권은 본인이 잘해서가 아니다. 상대방의 실수로 반사이익을 얻어서 대권을 잡는다. 가깝게는 박근혜 대통령이 탄핵되지 않았다면 과연 문재인 대통령이 탄생됐을까?

요즘은 문재인 대통령과 각을 세웠던 사람들이 유력 대권 후보다.

여권에선 지난 대선 경선에서 문재인 후보를 비난했던 이재명 지사가 유력후보다.

야권에선 검찰개혁으로 문재인 정권과 격렬하게 투쟁한 윤석열 전 검찰총장이 지지율 1위다. 최재형 감사원장도 탈원전과 관련하여 문재인 대통령을 비난해서 대권후보 반열에 올랐다.

우리나라는 대통령 직선제 이후 집권한 대통령이 싫어서 야당이 반사이익을 얻어 정권이 교체되는 경향이 있다. 그래서 야권은 무조건 죽기살기식으로 현직 대통령을 비난하고 본다.

우리 정치풍토는 상대편 헐뜯는 게 선거운동처럼 됐다. 우리편 잘한 거 찾기보다는 상대편 잘못을 찾아내 클로즈업 시키는데 열을 올린다.

윤석열은 "장모 비리, 부인의 '줄리' 의혹", 이재명은 "형과 형수에게 욕했다"고 정적들의 추종자들은 집요하게 물고 늘어진다. 그들이 유력후보가 아니면 그런 게 문제가 되지 않는다. 재미있는 것은 욕을 가장 많이 얻어먹는 후보가 당선된다는 것이다.

문제는 지지율이 높다고 출마한 초보 후보들이 지지율이 떨어지면 못 견딘다. 대표적인 케이스가 반기문 전 유엔 사무총장과 고건 전 총리다. 지지율은 수시로 변한다. 투표 당일에 지지율이 가장 높아야 한다.

윤석열, 이재명 당내 경선 통과할까?

야권에선 윤석열 전 검찰총장이 지지율로 선두주자다. 야당은 정권교체 가능성이 높은 후보를 제일로 친다. 윤석열은 문재인 정부의 검찰개혁에 저항하면서 국민들의 시선을 모았다. 국민의 힘이 관심을 갖지 않을 수가 없다

최재형 전 감사원장도 원전 감사를 하면서 문재인 정부를 비난해 시선을 모았다. 야당 입장에서는 윤석열이 국민의힘 입당을 미루는 마당에 대타가 필요할 것이다. 특히 윤석열은 박근혜를 감옥에 보낸 검사이기에 싫어하는 보수층도 많다. 이들이 최재형을 옹립하고 나섰다. 윤석열의 최대 걸림돌은 최재형이 될 것이다.

국민의힘 당내에 홍준표, 유승민, 원희룡 지사 등도 거론된다. 나름대로 정치 경륜은 있지만 박근혜 대통령 탄핵과 정권을 뺏긴 데 대한 책임론이 남아 있다. 하지만 당내 경선에서 토론을 거듭할수록 이들은 오세훈 서울시장처럼 급부상할 것으로 믿는 것 같다. 윤석열이 과연 경선 토론에서 이들을 극복할 수 있을까?

여권에선 당내 경선에 이미 돌입했다. 당내 경선에서 이기는 후보가 당연히 집권 민주당 후보다. 중요한 것은 예비경선을 통

과한 6명의 후보가 나서는데 특정 후보가 과반수를 획득하기가 쉽지 않다. 결선투표에서 낙선자들이 똘똘 뭉쳐 2위 후보를 밀면 뒤집힐 수도 있다. 그럴 가능성이 높다. 문재인 대통령을 보호한다는 명분으로 말이다. 이재명은 불안할 것이다.

야권단일화가 과연 가능할까?

야당인 국민의힘이 야권통합으로 당내 경선을 치르면 정권교체 가능성이 높다. 윤석열을 중심으로 제3당이 출현하고 단일화가 되지 않으면 정권교체는 어렵다.

과거 6.29 선언으로 대통령직선제가 채택됐다. 이 당시 김영삼, 김대중 후보가 단일화했으면 노태우 대통령이 당선되기 힘들었다. 지금도 마찬가지다. 윤석열이 국민의힘에 들어가 경선을 못 한다는 사람들이 많다. 당내 경선이 본선보다도 더 어렵다. 경선 과정에서 만신창이가 될 것이다. 그래서 윤석열 전 총장이 장고에 장고를 거듭하는 것이다.

대선은 총 대신 표로 하는 전쟁이다. 양보란 쉽지가 않다. 힘 있는 자가 승리한다. 과거 김영삼, 김대중 대통령처럼 뚜렷한 지역 기반이 있는 것도 아니다. 대타가 나타나면 여론은 순식간에 바뀐다.

묘한 것은 이재명, 윤석열 공히 지지율로는 선두지만 당내 경선에서 후보로 선출되기가 만만찮다. 분명한 것은 정권교체 여론이 정권유지 여론보다 높다는 것이다. 하지만 과거 노태우 후보의 당선을 눈여겨볼 필요가 있다.

2021.07.15. 시사뉴스

정세균 총리 사퇴를 계기로 곁눈질한 차기 대권 경쟁

정세균 국무총리가 4월 16일 사퇴했다. 정 총리의 사퇴로 민주당은 사실상 대통령 후보 경선체제로 돌입한 것이나 다름없다. 이재명 지사, 이낙연 전대표, 김두관 의원은 이미 뛰고 있다. 양승조 충남지사도 경선을 준비 중이다.

4.7 보궐선거가 국민의힘 압승으로 끝나자 더불어민주당 당직자들은 보궐선거 참패에 대한 책임을 지고 총사퇴했다. 당대표 선거를 5월 2일로 앞당겼다. 당대표 선출이 대권후보자들의 보이지않는 대리전이 될 공산이 크다. 이미 짝짓기가 이루어졌을 가능성이 높다.

정세균 총리(이하 각후보 직책 생략)는 지지율 5%도 되지 않는데 왜, 총리직을 사퇴하고 대권출마를 강행했을까? 이미 여권 내부에선 대타기용론, 구원투수론의 카드를 뽑은 것이다. 보궐선거의 참패로 이낙연의 지지율 상승은 어렵다고 본 것이다. 이낙연을 포기할 수밖에 없다. 정세균은 성격상 단독으로 총리직을 사퇴하고 무모하게 대권에 도전할 사람이 아니다. 이미 여권내부에서 모종의 타협이 이루어졌을 것이다.

이재명을 싫어하는 여권 핵심세력들은 요즘 무척 답답할 것이다. 이재명이 대통령에 당선돼도 달갑지가 않다. 그렇다고 정권을 뺏기는 것은 생각조차 하기싫을 것이다. 여권에서 마지막 남은 카드는 정세균밖에 없다고 여겼을 것이다. 정 총리가 코로나를 어느정도 마무리하고 혜성처럼 구원투수로 등판하면 좋겠지만 어쩔수 없었을 것이다. 아쉬운대로 이란을 방문, 외치능력을 과시하고 대선레이스에 뛰어들게 한 것이다.

민주당의 핵심세력들은 지지율이 중요치 않다고 볼 수도 있다. 노무현 대통령도 초반에는 지지율이 1% 정도에 불과했다. 경선에서 승기를 잡으며 지지율이 급상승한 것이다. 민주당 핵심세력이 힘을 합쳐 밀면 정세균이 충분히 경선에서 이길 수 있다고 보는 것이다. 경선에서 승리하면 본선에선 정세균이 가장 경쟁력이 있다고 여길 것이다.

하지만 국민들 생각은 다르다. 이재명이 지지율이 높고, 윤석열이 뜨는 것은 문재인 대통령과 관계가 껄끄럽기 때문이다. 한마디로 중도층이 문재인 대통령을 움직이는 핵심세력을 싫어한다. 이를 알기에 그들은 직접 나서지 못하고 대리인(?)을 내세우는 것이다.

정세균은 갈 길이 멀다. 지금처럼 지지율이 계속 5% 아래면 여권 핵심세력은 이낙연 대신 정세균을 택하듯 새로운 대안을 모색할지도 모른다. 그렇다고 정세균이 느닷없이 문재인 대통령을 공박할 수도 없다. 이낙연이 이 시점에서 '문재인 대통령을 끝까지 지키겠다'고 했다. 그 신중한 분이 왜 그랬을까? 어찌 보면 이낙연과 정세균을 충성경쟁시키는지도 모른다.

민주당 핵심세력들은 이재명이 대통령 후보가 되는 걸 원치 않는다. 그렇다고 정권을 뺏기는 건 죽기보다 싫을 것이다. 대타를 기용해도 지지율이 저조하면 흔들리게 된다. 정권을 뺏기기보다는 이재명을 택할 수도 있다. 심지어 윤석열 옹립도 마다하지 않을 것이다. 문재인 대통령이 최근 윤석열을 문 정부 사람이라고 한 말을 곱씹어 볼 만하다. 정세균은 지지율을 끌어올리는 게 급선무다.

국민의힘은 압승을 거두었지만 야권 통합이 만만치가 않다. 김종인 비상대책위원장은 보궐선거 다음날 8일 위원장직을 사퇴했다. 그가 '윤석열을 만나보아 대통령감이 된다면 밀어준다. 하지만 먼저 만나자고 하지는 않겠다'고 한 말을 음미해 볼 필요가 있다. 쉬운 말로 양수겹장이다. 그의 말대로 국민의힘이 아싸리판이 되어 자기를 대표로 옹립하면 국민의힘 후보를, 아니면 윤석열을 밀겠다는 자만에 찬 협박성 발언이다. 중요한 건 이 말 속에 제3당 출현이 담겨있다. 다시 말해 윤석열의 국민의힘 입당은 곤란하다는 내부 속셈을 드러낸 것이다.

윤석열은 말이 없다. 제3지대 창당도 만만치가 않다. 윤석열의 선택에 따라 정치권이 또 한번 요동칠 것이다. 윤석열은 장고 끝에 악수를 둘 것만 같다.

국민의힘은 보궐선거는 승리했지만 안철수와 합당, 홍준표의 복당, 윤석열의 입당이 이루어지고 과연 아름다운 경선이 이루어질까? 아니면 서울시장 선거처럼 대권후보도 단일화가 가능할까? 국민의힘 당내 대권주자들은 또 어떻게 나올까? 지뢰밭이 한두 군데가 아니다. 보궐선거에서 이겨도 이긴 게 아니다.

대선과 지방선거가 어우러져 정치의 계절이 다가온다.

코로나19로 경제는 위기다. 국민들은 코로나로 생활도 불편하고 심기가 날카롭다. 화풀이를 선거 때 하게 된다. 정치인들, 특히 대권후보자는 국민들이 화가 나지 않도록 해야 한다. 유권자들이 심사가 뒤틀리면 공이 어디로 튈 지 모른다. 그 위력을 이번 보궐선거에서도 유권자들은 확실히 보여주었다.

이낙연에 가려 정세균은 지금까지 관심의 대상이 아니었다. 국민들은 당분간 정세균의 일거수일투족을 지켜볼 것이다. 정세균은 향후 한 달의 행보가 중요하다.

2021.04.16. 시사플러스

이낙연 前 총리, 과연 대권에 성공할까?

이낙연 의원은 차기 대권후보 1순위다. 여론조사에서 항상 1위를 차지한다. 하지만 차기 대통령이 되기 위해선 넘어야 할 산과 강이 너무 험하다.

이낙연 의원은 전남지사 출신이다. 또 동아일보 출신이다. 총리, 국회의원보다 먼저 보이는 경력이다.

대선 막바지에 가면 우리나라는 지역감정으로 '묻지마 투표'를 한다. 호남이 영남보다 수적으로 열세다. 이게 이낙연 아니 호남의 한계다. 그래서 김대중 대통령은 'DJP연합'으로 충청지역과 연대를 했다. 그 후로는 호남이 지지하는 민주당 후보는 부산 출신이다. 바로 노무현, 문재인 대통령이다.

이와 같은 지역적 한계가 이낙연 의원을 괴롭힌다. 여기에 동아일보 출신으로 보수성향의 사람들을 어떻게 포용할지 고심하지 않을 수가 없다.

진보와 보수 양진영은 도저히 타협이 되지 않는다. 타협이 되지 않는 데는 진보 집권 측의 문제가 많다. 적폐청산에 대한 개념 정립이 명확치가 않다. 보수 측을 토착왜구로 매도하며 청산대상으로 여긴다. 물론 보수 측이 여지껏 '종북 좌빨'이라며 진보 측에 대해 선제공격을 감행해 온 것도 사실이다. 그렇다고 보복으로 보수 측을 청산대상으로 적대시하며 '협치(協治)'를 주장하는 것도 모순이다.

자기들을 적폐로 여기고 청산하겠다는데 보수 측이 강력 반발하지 않을 수가 없다. 적폐청산이 검찰개혁과 맞물려 조중동(조선일보, 중앙일보, 동아일보)과 야당, 검찰이 한통속이 됐다. 결사항전으로 싸운다. 한마디로 양 진영이 이전투구 양상을 보이고 있다.

이낙연 의원은 친정인 동아일보 기자들과도 분위기가 서먹할 것이다. 자연히 말을 아낄 수밖에 없다. 이에 대해 과격한 진보 측 인사들은 또 불만일 것이다.

호남사람들은 티내지 않고 은근히 이낙연 의원을 지지했다. 지난 총선에서 민주당이 180석을 얻었다. 이낙연 의원이 여론조사에서 월등히 앞서 간다. 이는 호남사람들의 지지 덕분이라고 해도 과언이 아니다.

이낙연 의원은 당내기반이 취약하다. 당대표가 되어 당 조직을 장악하는 게 대권에 유리하다고 여겼을지도 모른다. 집권당인 민주당에 눈여겨볼 세력이 있다. 바로 586운동권 세력이다. 전대협 출신이 주축을 이룬 이들은 차기 대권을 물밑에서 준비하고 있다. 이들의 셈법은 다르다. 이낙연 의원이 당대표가 되면 야당의 견제로 자연스레 지지율이 하락할 것으로 보고, 그 이후를 치밀하게 준비했을지도 모른다.

그런데 박원순 시장의 갑작스런 죽음이 변수가 됐다. 이재명 지사가 살아났다. 이 지사의 혁신적 행정에 매료된 사람들이 많다. 이 지사는 경북 안동이 고향이다. 민주당의 지역적 한계를 극복할 수가 있다. 이재명 지사가 뜨기 시작했다. 이 지사도 586주류는 아니지만 586세대다.

하지만 전대협 출신 586운동권 당내 핵심세력들은 이재명을 탐탁치 않게 여긴다. 이재명 지사의 서울 부산시장 무공천 발언에 민주당이 집중포화를 날렸다. 이 지사가 하루 만에 이를 번복했다. 눈여겨 볼만한 사건이다.

결국 이재명이 이낙연을 살린 꼴이 됐다. '정치란 살아있는 생물과 같다'라는 말이 실감난다. 민주당은 이번 정기국회가 무척 중요하다. 민주당의 책임정치가 도마위에 오른다. 책임정치의 실패는 이낙연 의원이 대권후보가 돼도 당선을 장담할 수가 없다. 이 의원은 어차피 승부수를 던질 수밖에 없다. 위기는 곧 기회다. 이낙연 의원이 대표가 되어 중심을 잘 잡고 책임정치의 시범을 보여주면 내년 보궐선거는 물론 대권도 걱정할 게 없다. 이낙연 의원은 8월 29일 더불어민주당 당대표로 무난히 선출될 것으로 보인다.

재미있는 것은 이낙연 의원 대권후보 낙마는 곧바로 민주당의 대권후보 춘추전국시대를 의미한다. 이재명 지사가 다크호스로 등장하게 된다. 586운동권 세력은 답답할 것이다. 맞서 싸울 수도 없다. 당의 분열을 초래한다. 정권을 빼앗길 수도 있다. 그래서 586운동권 핵심세력은 물론 민주당은 이낙연 의원을 지킬 수밖에 없다. 나무 위에 올려놓고 흔들 수가 없다. 그래서 이재명이 이낙연을 살렸다는 것이다.

전북 출신의 정세균 총리는 이낙연 의원(전남)에 가려서, 경남 출신의 김두관 의원은 이재명 지사(경북)에 가려서 빛을 보지 못한다. 대권후보 여론조사조차도 하지 않는다. 대권후보 경선은 이낙연 前 총리와 이재명 경기지사의 양자 대결이 예상된다.

이재명 지사는 꽃놀이 패다. 당내 경선에서 승리하면 다크호스로 등장한다. 이낙연 의원이 대권후보가 되면 경기지사 재선에

도전하고 차차기를 노리면 된다. 대선과 맞물려 이재명을 공천하지 않을 수가 없다. 나이도 64년생 아직 젊다.

586운동권 핵심세력들은 이재명의 대권은 세대교체, 자신들의 퇴진을 의미한다. 도저히 용납하기가 힘들 것이다. 이들은 '이낙연 대통령 만들기'에 올인할 것이다. 그리고 차차기를 기약할 수밖에 없다.

이낙연 의원의 대권 성공은 중요한 시대적 의미가 있다. 호남 사람들이 지역적 컴플렉스에서 벗어나게 한다. 지역연합을 하지 않고도 집권할 수 있는 선례를 보여주게 된다. 진정한 의미의 지역감정 해소가 될 수 있다. 또 이낙연 의원은 언론인 출신이다. 아직 언론인이 대통령이 된 적이 없다. 언론인들도 관심이 높다. 조중동도 가능한 비판하지 않고 이낙연 의원을 지켜본다. 이낙연 의원의 대권 성공은 언론의 사회적 책임감의 변화를 가져올 것이다. 이낙연 대권은 한번은 거쳐야 할 '시대적 의미'를 분명히 담고 있다. 여기에 보수측과의 협치, 타협도 가능해 보인다. 그래서 지지율이 높은 것이다.

이낙연 의원이 당대표가 된 후 책임정치를 어떻게 할지? 코로나 이후 경제회복 방안은 무언지? '적폐청산과 보수측과의 협치' 사이에서 개념정립은 어떻게 할건지? 한마디로 넘어야 할 산과 강이 너무 많다. 이낙연 의원은 이에 대한 대책마련이 최선의 대선전략이나 다름없다. 대책이 시원찮으면 중도층은 등을 돌린다. 대권은 항상 험난하다.

우리나라는 아직 총리 출신이 대권에 성공한 적이 없다. 과연 이낙연 前 총리는 대권에 성공할까?

2020.08.12. 시사뉴스

요란한 대선,
뒤집어 보면 흥미롭고 길이 보여

대선은 여당인 더불어민주당과 야당인 국민의힘의 정권쟁탈전이다. 민주당은 호남, 과거 삼국시대 백제가 뿌리다. 국힘당은 영남, 신라가 뿌리다. 신라가 외세 당나라를 끌어들여 삼국통일을 한 것이 역사의 비극이다. 고구려가 지배하던 만주 땅만 중국에 빼앗겼다. 삼국통일이 역사의 한으로 남는다.

안타까운 일이다. 통일이 무조건 좋은 것만이 아니다. 외세를 끌어들인 통일이라 백제는 패배를 인정치 않는다. 영호남이 하나가 되지 못하는 뿌리 깊은 이유다. 여하튼 삼국통일 이후 우리나라는 신라, 영남 세력이 집권해 왔다.

민주 시대를 맞이하여 호남은 김대중 대통령이 DJP연합으로 처음으로 집권했다. 호남사람들의 한을 풀어 주었다. 호남은 독자세력으로 집권이 어렵다는 것을 알고 그 이후 노무현, 문재인 다시 말해 부산 출신을 후보로 내세워 재집권에 성공했다. 한마디로 양자(養子)를 들인 셈이다.

더불어민주당은 치열한 당내 경선을 통해 이재명 경기지사를

50.29%의 과반득표로 10월 10일 대통령 후보로 선출했다. 이번에는 경북 안동 출신인 이재명 경기지사를 양자(養子)로 선택한 것이다.

호남 출신의 이낙연 전 대표로는 정권 재창출이 어렵다고 본 것이다. 아무리 대장동 개발로 비난해도 대안이 없다고 본 것이다.

이 지사 말대로 1원도 받지 않았다면 대장동 특혜의혹 시비가 오히려 전화위복이 된다고 여긴 것이다. 이낙연 후보 측 주장대로 결선투표를 해도 결과는 마찬가지일 것이다.

영남도 양자(養子) 들일까?

영남 사람들도 자존심을 버리고 정권 탈환을 위해 호남처럼 양자를 들이려고 한다.

윤석열 전 검찰총장은 충남 출신이다. 비록 윤 총장이 보수의 원조 박정희 대통령의 딸인 박근혜 대통령을 감옥에 집어넣고, 문재인 정권서 벼락출세하여 검찰총장이 되었지만 검찰개혁에 맞서 문재인 대통령과 각을 세워 싸웠다는 이유로 '적의 적은 아군'이라고 양자로 들여 정권 탈환을 모색하려는 것이다. 정권탈환을 위해선 자존심이고 뭐고 수단과 방법을 가리지 않겠다는 것이다.

문제는 윤석열 총장이 국민의힘에 입당 후 보여 온 일련의 언행이 무지와 실수의 연속으로 비쳐졌다는 것이다. 영남 세력이 흔들리는 것 같다. 홍준표 의원을 내세워야 이재명 민주당 후보를 이길 수 있다고 생각하는 사람들이 많아졌다.

홍준표의 막말이 이재명의 쌍욕보다는 낫다고 여긴 것이다. '사이다 잡을 사람은 콜라밖에 없다'는 것이다. 무엇보다 영남의 자존심을 잃지 않고 정권교체가 가능하다고 여기는 것이다. 특히 2030세대가 홍준표에게로 돌아섰다.

역사상 보기 드문 진흙탕 선거

이번 대선은 역사상 보기 드문 진흙탕 선거다. 여야는 물론 당내 경선이 네거티브로 점철돼 있다. 그들의 주장대로라면 유력 대권 후보자들이 쌍욕과 막말, 배신을 일삼는 범죄자들로 천하에 몹쓸 사람들이다.

대통령은커녕 자녀들 보기에 부끄러운 존재들이다. 그런 사람들을 좇아다니며 상대 후보를 헐뜯는 정치인과 추종자들은 강아지만도 못해 보인다. 이게 대선 경선과정에서 보여준 여야 경선 캠프의 정치행태다.

더불어민주당은 당내 경선을 통해 이재명 경기지사를 결선투표 없이 대통령 후보로 선출했다. 경북 안동 출신의 이 지사를 주저 없이 양자로 들인 것이다. 이제 국민의힘과 영남은 11월 5일 충남 출신의 윤석열을 선택하여 양자로 들일 것인지, 영남출신 후보를 선택해 자존심을 지킬 것인지를 두고 고민할 것이다.

어떤 선택을 하던 이번 대선은 이전투구로 간다. 요즘은 영남과 호남의 정권쟁탈전을 보수와 진보로 포장했다. 호박에 금 긋는다고 수박이 되지 않는다.

유권자가 이성적 투표해야

호남과 영남의 집권 다툼은 끝이 보이질 않는다. 우리 대선이 영호남 정권 쟁탈전을 탈피하지 않는 한 우리 정치의 발전은 요원하다. 이제 유권자가 정신 차려야 한다. 감성이 아니라 이성적 투표를 해야 한다.

우리 국민에게 최대 이익을 가져다 줄 유능한 사람을 선택해야 한다. 영호남 이외의 지역에서 부화뇌동할 필요가 없다. 특히 영호남의 수도권 거주 제2세대가 아버지 고향에 연연할 필요가 없다.

언제까지 우리가 지역감정으로 대통령을 선택하고 무능하다고 비난만 할 것인가? 콩 심은데 콩 나고 팥 심은데 팥 난다.

2021.10.13. 시사뉴스

자신이 뭘 잘못했는지도 모르는 화제의 인물 - 박근혜, 윤석열

박근혜와 김건희가 성탄 연휴에 화제로 등장했다. 박근혜 전 대통령과 윤석열 전 검찰총장은 아직도 본인이 뭘 잘못했는지 본질을 모르고 있는 것 같다.

박근혜 전 대통령

성탄절을 맞아 박근혜 전 대통령이 사면 복권됐다. 그런데 아직도 본인은 물론 추종자들조차도 뭘 잘못했는지 모르고 탄압받고 있다고 여긴다. 박근혜(이하 전 직책 생략)가 현직 대통령 시절 누가 탄압할 수 있겠는가?

대통령이 탄압했다는 말은 들어봤어도 대통령이 탄압받고 하야하여 감옥에 갔다는 말은 처음 들어 본다.

박근혜는 검증되지 않은 최순실에게 놀아난 것으로 국민의 자존심을 상하게 하고 화나게 만든 것이다. 우병우나 김기춘에게 놀아났어도 그렇게 화가 나지 않았을 것이다.

박근혜를 탄핵한 것은 야당이 아니다. 촛불시위가 당시 야당인 민주당의 사주로 일어난 것도 아니다. 탄핵에 참여한 당시 여당인 새누리당 의원 62명을 야당이 포섭한 것도 아니다. 당시에는 최초의 여성 대통령이라 웬만한 실수는 다 용납했다.

그런데 최태민과 그의 딸 최순실을 교주처럼 받들며 자문을 받아 개성공단 폐지 등 중요 국책사업을 결정했다는데 아연실색하지 않을 수 없다. 그렇다고 현직 대통령이 이들과 국정을 논의하고 통치행위를 했다고 처벌할 수가 없다. 느닷없이 '국정농단'이란 죄명이 생겨났다.

박근혜가 최순실을 교주처럼 받들며 믿고 있다는 사실을 아는 사람들이 거의 없었다. 재미있는 것은 정보력이 뛰어난 삼성이 이를 눈치채고 최순실의 딸 정유라를 스폰했다. 결국 이재용 부회장이 박근혜와 더불어 옥고를 치루었다. 정보력이 뛰어난 게 오히려 화근이 됐다.

박근혜는 뇌물을 받은 것도 아니고 아무 죄도 없는데 왜 자기를 나무라고 감옥에 넣었는지 모른다며 아직도 억울해하는 것 같다. 사실 국정농단, 국정원 특활비 사용, 공천개입의 죄명은 그냥 감옥에 넣기 위한 구실에 불과하다.

박근혜는 국민들이 화가 난 이유를 깨달았어야 했다. 보통 사람들도 딸이 사이비 무당이나 양아치랑 놀아나면 화가 치미는 이치와 비슷하다.

박근혜는 아직도 본인이 뭘 잘못했는지 모르는 것 같다. 감옥에 넣은 윤석열 당시 수사팀장과 문재인 정부만 원망하는 거 같다.

윤석열 전 검찰총장

윤석열 부인 김건희가 성탄절 다음날 대국민 사과를 했다. 허위 경력을 시인하고 용서를 구했다. 허위 경력을 자백한 것이다. 문제는 정경심과의 형평성 문제다. 검찰의 사법처리가 주목된다. 정경심과 김건희는 누가 봐도 공정하게 같은 잣대로 다뤄야 한다. 상식이다.

국민들은 '사과'가 아니라 정경심과 김건희에게 들이대는 법의 잣대가 공정하길 바란다. 아니 모든 국민들에게 법의 잣대가 공정하길 바란다. 검찰의 자의적 판단, 불공정을 시정키 위해 검찰개혁도 하자는 것이다. 검찰총장 출신 윤석열은 국민이 원하는 문제의 본질을 모르는 것 같다.

윤석열은 국정원 댓글 사건 수사로 이름을 날렸다. 박근혜 국정농단 수사팀장으로 박근혜를 기소하여 45년을 구형하여 정의로운 검사로 여겨졌다. 문재인 정부가 발탁하여 중앙지검장과 검찰총장을 시켰다. 한마디로 벼락출세를 했다.

살아있는 권력의 비리도 수사한다며 직속상관인 조국 법무장관을 70여 차려 압수수색했다. 표창장을 위조해 딸에게 주었다고 부인 정경심을 무리하게 구속기소했다. 법을 집행하는 잣대가 누가 봐도 지나쳤다.

문제는 윤석열이 부인 김건희의 학력위조와 장모의 비리에 대해선 상식적으로 이해가 되는 건데 왜 이렇게 난리냐는 것이다. 대선을 앞두고 흑색선전이라고 억울해한다.

국민들은 '내로남불', 내가 하면 로맨스고 남이 하면 불륜이냐는 것이다. 그가 주장하는 "공정과 상식"이 코미디처럼 들린다. 요즘 많은 사람들이 개그 프로보다 뉴스 보는 게 더 재미있단다. 윤석열의 요즘 한마디 한마디와 행보가 완전 코미디란다.

누구나 잘못을 할 수 있다. 문제는 잘못의 본질을 정확히 알고 진정으로 사과하고 시정하면 국민들은 이해한다. 하지만 무엇을 잘못했는지도 모르고 변명만 늘어놓으면 국민들은 화가 난다. 우리 사회를 움직이는 중요 인사들의 개념 없는 처사를 보고 국민들 특히 청년들이 무척 화가 났다. 제1야당인 국민의힘 대표에 36세의 미혼 청년 이준석을 왜, 선출했을까?

공직자가 아니래도 다른 사람들이 나무라면 본인이 뭘 잘못했는지 정확히 알고 사과해야 한다. 호미로 막을 걸 가래로, 아니 불도저로 막고 있으니 안타까운 일이다.

2021.12.27. 시사뉴스

30대 이준석 태풍이 주는 교훈

우리나라 정당사상 최초로 지난 6월 11일 제1야당 대표로 30대의 청년이 선출됐다.

우리나라는 비교적 보수적인 나라다. 특히 국민의힘은 보수를 표방하는 정당이다. 103명의 국회의원이 소속된 제1야당에서 다선 중진의원을 제치고 만 36세의 국회의원도 아닌 무선의 청년이 압도적인 표차로 당 대표에 선출된 것은 돌풍이 아니라 태풍이다.

이 대표는 85년생이다. 하지만 나이는 문제될 게 없다. 유교에서도 장유유서(長幼有序)보다 관직서열이 상위개념이다. 특히 민주정치를 한다면서 경선을 통해 선출된 대표에게 '나이'를 들먹이며 폄하하면 '꼰대' 소리나 듣는다.

문제는 이준석 대표가 국민들의 바람을 제대로 파악하고 실행하느냐는 것이다.

국민들은 현재 정치권, 특히 국회의원들에 대해 실망이 너무 크다. 다선이라는 것이 무능과 무정의, 무원칙의 별칭처럼 느껴진다. 이준석 대표가 다선 의원들의 눈치를 보며 우왕좌왕하면 이번 대표가 막차다.

하지만 원칙과 소신을 갖고 대차게 밀고 나가면 이준석 대표가 리드하는 국민의힘이 정권교체를 하여 집권당이 될 가능성이 높다. 이 대표가 자만심과 교만심을 갖지 않으면 차차기 대권은 영순위다.

이준석 대표는 특정 대권후보 눈치를 볼 필요가 없다. 특정후보 편을 들면 야권은 분열된다. 야권 단일화는 물 건너간다. 물론 이 대표의 정치생명도 거기까지다. 본인의 정치생명은 둘째고 20~30대의 정치적 기회마저 앗아가 버린다.

박근혜 전 대통령이 최초의 여성 대통령으로 탄핵되어 감옥에 가는 바람에 당분간 우리나라에서 여성 대통령이 나오기는 쉽지 않다. 여성뿐만 아니라 청년도 상황이 비슷하다. 이런 천재일우의 기회를 이 대표가 살리지 못하면 청년들에게 돌팔매를 맞을지도 모른다.

이준석 대표에게 몇 가지 충고한다.

첫째, 국민의힘 대선 주요 일정을 당론을 모아 신속히 공개하라. 그 일정에 맞춰 입당이든 복당이든 국민의힘에 들어오려는 사람들을 막지 마라. 억지로 특정 후보를 영입하려 할 필요도 없고, 막을 필요도 없다. 대한민국 법에 저촉되지 않는 한 누구나 당원이 될 수 있는 것이다. 입당을 거부하는 정당은 정당도 아니다.

유력 후보들이 들어올 수밖에 없는 공정한 경선 룰이 마련되면 윤석열 전 검찰총장을 비롯하여 야권 대선 후보들이 입당하지 말래도 입당한다.

둘째, 대통령 후보경선을 '완전국민경선제'로 실시하라. 미국의 예비 선거처럼 말이다. 현재의 당원은 당협위원장의 사조직이나 다름없다. 대표 경선처럼 당원 70%, 국민선거인단 30%는 민심이 정확하게 반영되지 못한다. 이런 함정 때문에 윤석열 전 총장도 입당을 망설일 것이다.

셋째, 구태를 답습하지 마라. 원칙과 정의에 입각하여 당을 운영하라. 구태의연한 진영 싸움과 쇼맨십 정치에서 탈피하라. 국민들이 원하는 정의로운 원칙을 제시하고 그냥 뚜벅뚜벅 걸어가면 국민들은 이 대표를 밀어 줄 준비가 되어있다. 어설프게 통합한다고 야합하지 마라. 모처럼 국민들이 이 대표에게 희망을 걸었다. 대표경선에서 당원이 아닌 국민여론조사에서 58.76%의 지지가 곧 민심이다.

국민의힘에 청년 이준석 대표가 잘 난 척한다고 비아냥거리는 못난 국회의원과 당직자들이 너무 많다. 정확히 말해 이준석은 남들이 부러워하는 하버드대 출신으로 잘난 거지, 잘난 척하는 것이 아니다. 사실 정치는 잘난 사람이 해야 된다.

국힘당 중진의원들은 부끄러운 줄 알아야 한다. 중진의원들이 이준석 대표를 어린 애(?) 취급하고 딴지를 걸면 20~30세대는 물론 국민들의 준엄한 심판을 면키 어려울 것이다.

이준석 대표는 국민들이 본인이 훌륭해서 지지했다고 착각해서는 곤란하다. 현 정치권에 대한 국민들의 불만이 태풍이 되어 잠시 이준석 대표에게 쏠린 것이다.

이준석 대표는 국민을 바라보고 뚝심 있는 정치를 하길 바란다. 국민들은 쓰레기 같은 구태정치를 이준석 태풍이 쓸어가길 바란다. 그리고 그 자리에 새로운 정치가 싹트길 기대한다.

2021.06.14. 시사뉴스

지금은 애국(愛國), 애민(愛民)을 생각할 때

애국(愛國), 애민(愛民)하면 제일 먼저 독립운동을 연상한다. 적어도 지도자들한테나 해당되는 거창한 활동으로 여긴다.

인생은, 세상은 한 편의 연극이나 다름없다. 자기가 맡은 배역에 감사하며 최선을 다해 연기를 해야 한다. 자기가 맡은 배역이 보잘것없다고 실망할 필요가 없다. 물론 연극에서 주연배우의 역할이 중요한 것은 사실이다. 무대에 자주 등장하기 때문에 주인공의 연기가 연극의 흥망을 좌우한다. 그렇다고 조연배우나 스태프가 중요치 않은 것도 아니다. 때론 조연배우의 재치 있는 연기가 관중들을 사로잡는다. 주연보다 인기가 더 좋은 경우가 많다.

문제는 조연배우는 연기를 잘못하면 교체할 수가 있다. 하지만 주연배우는 교체가 힘들다. 그래서 주연배우를 선정할 때 감독은 심사숙고하는 것이다.

세상사도 마찬가지다. 대통령이나 정치인 등 주요 지도자 역을 맡은 인사들이 올바로 잘해야 한다. 주연배우가 연기를 제대로 못 하면 연극을 망치듯이 주요 공직자들이 제 역할을 못 하면 나라가 망한다. 우선적으로 대통령을 비롯하여 주요 정치인과 공직자들이 잘해줘야 한다. 물론 일반 공직자나 국민들도 자기가 맡은 배역을 잘 소화해야 한다. 자기가 맡은 직책에 충실한 것이 바로 애민(愛民)이다.

음식을 맛있게 하는 음식점은 주위 사람들에게 행복감을 안겨준다. 이발사가 이발을 잘하는 것도 애민이다. 건축사가 설계를 잘하는 것도 애민이다. 변호사가 변론을 잘하는 것도 애민이다. 자기 일에 최선을 다하고 착한 가격을 받아 고객에게 행복감을 주는 것이 바로 애민인 것이다.

인간은 사회적 동물이다. 자기 혼자 모든 걸 해결할 수는 없다. 각자는 자기가 맡은 한 가지 일밖에 할 수가 없다. 나머지는 다른 사람의 도움을 받아야 한다. 내가 내 일에 최선을 다하는 것이 애민이다. 자기 소질에 맞는 일을 선택해야 남다르게 실력 발휘를 할 수가 있다. 주위 사람들이 좋아할 정도로 맡은 일을 성실히 잘하는 것이 바로 애민이다.

건축설계사나 건설사가 건물을 대충 지으면 도시 건물이 흉물스럽다. 동네에 하나밖에 없는 목욕탕이 시설이 엉망이고 서비스가 엉터리면 주민들이 스트레스를 받는다. 자기가 맡은 일을 대충 엉터리로 하면 국민들은 고통스럽다.

반면에 자기 일에 최선을 다하는 사람들은 주위 사람들을 행복하게 한다. 맛있는 음식을 값싸게 제공하며 손님들에게 친절한 음식점이 고맙다. 음식을 사 먹기 위해 손님이 줄을 선다. 이런 음식점은 주위 사람들을 행복하게 하며 돈도 번다. 일석이조다. 자기 맡은 일에 성심을 다하는 사람이 바로 애국자다.

현재 우리나라는 대통령이 제 역할을 못 해서 난리다. 국회의원들이 제 역할을 못 해 국민들이 피곤하다. 지도자가 무능한 것은 죄악이다.

우리가 뽑은 대통령이 제 역할을 못 하고 엉뚱한 선무당의 지시대로 국정을 운영했다니 말이 되는가. 제대로 할 자신이 없으면 그 자리를 탐내지 말았어야 했다. 욕심이 화를 불렀다. 결국 부친(박정희)의 명예마저 추락시켰다. 불효막심하다.

어떻게 우리가 뽑은 정치인들은 하나같이 무능하고 욕심만 많은지 답답할 뿐이다.

우리가 먼저 지도자를 잘못 선출한 것에 대해 뼈저린 반성부터 해야 한다. 우리는 실력보다 지역감정과 진보, 보수 진영논리에 입각해 당(黨) 보고 '묻지 마 투표'를 했다. 누가 누구 탓을 하겠는가.

올바른 투표, 실력 있는 정치인을 선출하는 것도 애국이다. 앞으로 애국(愛國), 애민(愛民) 좀 합시다.

2016.11.28. 시사플러스

양극화, 정치에도 노하우가 있다

우리나라처럼 양극화된 나라도 없다. 양극화의 근저(根底)엔 남한과 북한이 있다. 남한에는 호남과 영남이 있다. 역사적으로는 고구려, 신라, 백제 삼국시대가 있다.

우리나라 정치세력도 양극화되어 있다.

집권세력과 야권세력이 보수와 진보를 표방하며 확연히 갈라섰다.

여권세력은 야권세력을 빨갱이, 종북 세력으로 매도한다. 반대로 야권세력은 여권세력을 일제시대 잔존 세력, 수구골통으로 매도한다.

양극화의 뿌리는 광복 후 정부수립 과정에서부터 이미 시작됐다고 해도 과언이 아니다.

사회계층도 양극화 현상을 보인다.

기득권층과 소외계층, 사용자와 노동자, 노년세대와 청년세대, 가진 자와 못가진 자, 다시 말해 금수저와 흙수저가 양극화되어 있다. 사회적 양극화가 정치적으로 연결되어 선거 때만 되면 위력을 발휘하기도 한다.

우리나라 사람들은 성격이 비교적 급하다.

외국에 나가면 한국 사람들을 보고 "빨리 빨리"하며 웃는다. 좋게 말하면 화끈한 것이다.

우리의 성급한 성격이 국가발전에 기여도 많이 했다. 경제발전도 "빨리 빨리"가 크게 한 몫을 했다.

문제는 화끈한 성격 때문인지 정치투쟁도 중간 지대를 용납치 않고 극렬하다는 것이다. 중간 지대는 회색분자로 여겨 양쪽에서 다 배척한다. 정치가 아니라 전쟁이나 다름없다.

정치는 타협이다. 정적과 함께 살아가는 방법을 모색하는 게 정치다. 우리는 오로지 적을 섬멸하려고만 한다. 적을 섬멸하는 것은 전쟁이다. 양 진영이 극단적일 수밖에 없다.

우리나라 유권자의 60% 정도는 이미 양극화에 함몰돼 있다. 정치를 하려면 우선 양 진영 중에 어느 한 쪽의 지지를 받아야 한다.

하지만 본선에서 캐스팅 보트는 중간지대 40% 사람들이 쥐고 있다. 이들은 양극화를 싫어한다. 그렇다고 독자세력을 형성하지도 못한다. 시대상황에 따라 어느 한편의 손을 들어 줄 수밖에 없다. 이들은 여론조사에 응답도 회피한다. 투표할 때 기권도 많이 한다.

양 진영 중에 한 진영이 세가 불리할 때 중간지대의 저명한 인사를 영입하려 한다. 이때 정치신인들은 한결같이 중간 지대 사람들이 캐스팅 보트를 쥐고 있다는 것을 알고 중도 대통합을 주창한다.

극단적인 양 진영에서는 색깔을 분명히 하라며 못마땅해 한다. 기대했던 양 진영의 지지자들이 기회주의자라며 이탈한다. 지지율이 떨어질 수밖에 없다. 결국 후보등록도 못하고 중도에 포기한다. 정치에도 수순이 있다는 것을 간과한 것이다.

우리나라에선 초반에 중도 대통합을 주창한 정치인이 성공한 사례가 없다. 과거 이철승 후보가 대표적인 예라 할 수 있다. 먼저 양진영의 지지를 얻어 후보가 되고 난 후에 중도 대통합을 주창해야 한다.

국민적 인기는 없어도 정치를 오래 한 사람은 안다. 먼저 극단적인 양진영, 쉽게 말해 집토끼를 먼저 잡고 중간지대로 나아가야 한다는 것을.

정치 신인과 정치적 수순이 다르다. 수순을 잘못 두면 바둑에서도 대마가 죽듯이 정치에서도 살아남지 못한다.

고건 총리가 낙마하고, 반기문 총장이 고전하는 이유도 바로 여기 있다.

정치를 하려면 최소한 집토끼와 산토끼, 어느 토끼를 먼저 잡아야 하는지는 알고 시작해야 한다.

정치도 나름대로 노하우가 있다.

2017.01.31. 시사플러스

4.15 총선에 담긴 민심, 집권당에 국난 극복 전권 맡겨

우리 국민은 참 절묘하게 투표한다. 투표 결과를 보면 '신의 한 수'다.

집권당인 더불어민주당 180석, 제1야당인 미래통합당 103석이다. 위성정당인 더불어시민당 17석과 미래한국당 19석 포함해서 말이다. 약속이라도 한 듯 말도 많고 탈도 많던 의원들을 거의 모두 낙선시켰다.

지난 1년을 돌이켜보면 국회에 정치가 없었다. 전쟁과 전투만 있었다. 패스트트랙 법안 처리, 의원 불법감금, 무제한 필리버스터, 4+1협력체, 비례대표연동제 도입 등 희한한 일의 연속이었다. 광화문에선 집회가 끊이질 않았다.

그런 와중에 코로나 역병이 터져 국민들이 죽어나간다. 정치권은 코로나 역병마저도 상대편 죽이기에 이용했다. 여기에 종교까지 가담해 가관도 아니다. 대구에서 신천지 집회로 코로나가 확 퍼지는데도 대구와 경북 지자체장은 방관하는 자세다. 마치 코로나 역병이 확 퍼져 문 정권이 무너지라는 듯이 말이다. 야당의 무조건 반대, 집권당의 정치력 부재를 탓하기도 지쳤다. 답답한 건 국민이다. 국민은 표로 말하는 수밖에 없다.

코로나 역병과 무너지는 경제에 위기의식을 느낀 국민들은 집권당인 민주당에 힘을 몰아줬다. 개헌만 빼고 마음대로 하라고 말이다. 제1야당에겐 개헌을 저지할 수 있는 최소의석만 확보해 줬다. 집권당 마음대로 혁신을 하되 국가체제는 현행대로 유지하라는 것이다. 위성정당도 독자적으로 교섭단체를 구성하지 못하게 했다. 만약에 한편이 꼼수를 써 교섭단체를 구성하면 상대편도 가능케 했다. 그야말로 위성정당으로 남아 있으라는 말이다.

이번엔 견제와 균형이 아닌 집권당 소신대로 국정을 운영하라고 힘을 몰아 준 것이다. 국회, 야당 심판부터 먼저 한 것이다. 정권 심판은 2년 뒤 대선에서 할 것으로 보인다.

이제 집권당인 민주당이 좌고우면, 눈치 보지 말고 소신껏 국정을 운영하면 된다. 야당도 어쩔 수 없는 올바른 정책을 당당하게 제시해 집행하면 된다. 협치에 응하면 응하는 대로, 응하지 않으면 법대로 하면 된다. 국회선진화법이 의미가 없다. 법이 잘못됐으면 개정하면 된다. 단, 헌법 개정은 야당의 동의를 받아야 한다.

이제 모든 책임은 집권당인 민주당에 있다. 야당 탓을 할 수도 없다. 한마디로 국난 극복의 전권을 민주당에 맡긴 것이다. 국정 운영의 모든 주도권은 집권당인 민주당에 있는 것이다

조속히 코로나 역병을 해결하고 경제를 안정시켜 국민들이 편안히 살 수 있게 해야 한다. 국회를 좌지우지 할 수 있는 힘을 믿고 교만에 빠져서는 곤란하다. 포용의 리더십을 발휘하며 넉넉한 정치를 해야 한다. 검찰개혁 등 개혁할 일이 있으면 주저 없이 하라. 힘을 몰아줘도 제대로 국정 운영을 못 하면 그 무능은 바로 2년 뒤 준엄한 심판을 받게 된다.

민심은 천심이다. 우리 국민은 참으로 위대하다. 정치권만 잘하면 최 선진국이 되는 것은 시간문제다.

2020.04.19. 시사플러스

이해찬 대표에게 바란다

집권 여당인 더불어민주당의 새 대표에 이해찬 의원이 선출됐다. 축하한다.

집권 여당이 중심을 제대로 잡으면 정부가 허튼짓을 할 수가 없다.

이해찬 대표는 소위 친문, 친노의 좌장 격이기도 하다. 민주당에서 그를 가볍게 볼 사람은 아무도 없다. 이 대표의 생각과 정치 행보에 따라 민주당은 물론 현 정권 아니 나라가 한 단계 업그레이드될 수도 있고, 나락으로 떨어질 수도 있다.

이 대표가 차기 대권주자의 한 사람이 되어 대권경쟁에 뛰어들면 집권당을 바로 잡고 현 정권에 쓴소리할 사람이 없다. 온통 이전투구를 하게 된다.

이 대표가 마음을 비우고 집권여당과 문재인 정부가 올바로 나아가도록 선도적 역할을 해주었으면 한다. 그야말로 '좌장역할' 말이다.

문재인 정부가 한반도 평화에 크게 기여한 것은 누구도 부인할 수 없다. 전쟁 일보직전까지 치닫던 한반도에 남북정상회담과 북미정상회담을 이끌어 냈다. 중국과의 불편한 관계도 해소했다.

하지만 경제는 위험 수위에 이르렀다. 경제는 아마추어에게 맡겨 놓은 기분이다. 경제는 함부로 손대는 게 아니다. 웬만하면 시장경제원리에 맡겨두는 것이 좋다. 부득이 선도적 역할을 하려면 실물경제를 잘 아는 전문가에게 맡겨야 한다. 한마디로 정치 논리로 경제를 풀려고 하지 말라는 것이다.

적폐 청산도 철학이 없어 보인다. 정적 청산으로 비친다. 그릇된 관습과 관행을 바로잡는 데 주력해야 한다. 그 과정에서 범법행위를 저지른 사람을 처벌하는 것은 어쩔 수 없다. 내가 하면 로맨스고, 남이 하면 불륜이 돼선 곤란하다.

대통령은 행정부의 수반이다. 공직사회를 개혁하고 세금을 올바로 집행할 책무가 있다. 공직사회에 만연한 복지부동과 무사안일 풍토를 바꾸려고 애쓰는 흔적을 찾아보기 힘들다.

문재인 정부에 새로운 에너지가 필요하다. 그 에너지 역할을 이 대표께서 해주어야 한다.

이해찬 대표께 거는 기대가 크다. 대한민국에도 존경받는 정치인이 나오길 바란다. 정치인에게 권력보다 소중한 것은 국민적 존경심이다.

이 대표의 말대로 더불어민주당이 20년 집권의 기틀을 마련하기 위해선 이 대표께서 먼저 대권 욕심을 버리고 해납백천(海納百川)의 자세를 가져야 한다.

많은 국민들이 통도 크고, 올바른 지도자가 나타나길 바란다.

2018.08.27. 시사플러스

PART

III

우리의 소원은 통일

대북정책, 무엇이 문제인가?

짖는 개는 물지 않는다.

상대방이 공격할까 두려워 짖는 것이다. 겁이 날수록 더욱 크게 짖는다. 전쟁할 때도 공격한다고 요란을 떨고 공격하는 법은 없다.

북한이 핵실험을 감행했다. 장거리 미사일 발사실험도 했다. 미국을 박살내겠다고 한다.

과연 북한이 한국이나 미국을 공격할 의지나 힘이 있을까?

공격과 동시에 북한은 초토화된다는 것을 그들도 잘 알고 있을 것이다. 그럼 북한은 왜, 이와 같은 초강수를 둘까?

김정은의 북한체제가 불안정하다는 뜻이다.

리영길 북한 인민군 총참모장이 전격 처형된 것을 보면 알 수 있다. 국제적으로는 그토록 믿어왔던 중국마저도 한국과 경제교류를 확대하며 친밀하게 지내는 데 소외감을 느꼈을 것이다.

국제적으로 고립되고 내부 체제가 불안정할 때 통상적으로 북한이 써온 술책이 바로 대남 도발이다. 급기야 핵실험과 장거리 미사일 발사실험을 하기에 이르렀다.

짖는 개를 다루는 방법은 간단하다.

그냥 내버려 두는 것이다. 아니면 못 짖게 없애 버리는 것이다.

우리가 북한 정권을 없애버릴 수 있을까? 중국과 러시아가 가만히 있을 리가 없다.

한미 양국이 북한을 공격하면 '3차 세계대전'이 발생할 수도 있다. 우리나 북한이나 공히 전면전을 감행할 수는 없다. 하지만 남북한의 긴장 관계는 미국, 중국, 일본 등 주변 국가들이 좋아한다. 특히 미국은 한국에 무기를 팔아 엄청난 이익을 챙길 수가 있다.

한국만 이래저래 손해다. 선거철에는 다르다. 긴장 관계가 여당에 절대적으로 유리하다. 선거철에 특히 정부가 강경대응하는 이유도 여기 있다고 본다.

이번 개성공단 폐쇄는 아주 잘못된 선택이다.

북한이 3년 전에 써먹었던 카드다. 개성공단을 폐쇄하면 한국이 수십 배 더 손해를 보기 때문이다. 북한은 잘못된 선택이라는 것을 깨닫고 꼬랑지를 내렸다. 이제 역으로 한국이 감정적으로 북한에 불이익을 주기 위해 자해행위를 하고 있다.

징기스칸은 "분개하여 판단하면 반드시 패한다."고 했다.

북한은 핵실험을 하며 몽니를 부리는 것이다. 북한의 생존을 위협하지 말라고 애원하는 것이다.

그냥 내버려 두는 것이 상책이지만 국민정서상 그럴 수는 없다. 내가 대통령이라면 핵개발 선언을 하겠다.

그러면 미국과 중국은 어떻게 할까?

우리에게 핵개발을 용인할 수는 없을 것이다. 북한보다 오히려 한국을 달래려고 애쓸 것이다. 북한의 핵개발 대비책을 미국과 중국이 앞장서 마련할 것이다.

돈 한 푼 안들이고 꿩 먹고 알 먹을 수 있는 절호의 찬스를 놓쳤다.

개성공단 폐쇄는 가뜩이나 경제도 어려운데 황금알 낳는 거위를 스스로 없앤 것이나 다름없다. 안타까운 일이다.

감정적으로 개성공단을 폐쇄하고 중국에 대해 삐쳐봐야 우리만 손해다.

아직도 늦지 않았다. 남북통일 주장은 북한을 더 자극할 뿐이다.

평화협정(남북한 상호 불가침, 내정 불간섭 협정)을 체결하여 북한의 생존권을 보장해주어야 한다. 불안한 건 북한이다.

2016.02.14. 시사플러스

안보는 정쟁의 대상이 아니다

북한과 미국이 핵으로 기싸움을 하고 있다. 하지만 우리는 안다. 북한이 미국과 한국 핵공격 못한다. 미국도 한국서 발 못 뺀다. 한마디로 전쟁 못 한다.

북한 뒤에는 중국이 있다. 한국 뒤에는 미국이 있다. 중국은 한국을 활용할 필요가 있었다. 경제발전에 한국을 이용했다. 일본이나 미국서 이전을 꺼리는 첨단기술을 한국을 적절히 활용해 도입했다. 한국도 중국 시장을 이용했다. 한국과 중국은 나름대로 재미를 봤다.

상대적으로 손해를 본 건 북한이다. 북한은 미국을 활용하고 싶을 것이다. 하지만 미국은 북한을 이용할 게 별로 없다. 북한은 중국이 한국과 경제교류를 하듯 미국과 경제교류를 하고 싶은 것이다. 핵과 미사일 개발은 미국에 자국의 안전을 보장하고 경제협력을 하라고 몽니를 부리는 것이다.

이 과정에서 한국이 멍청한 짓을 했다. 어설프게 외교적 대응을 했다. 우선 안보를 정치적으로 이용한 게 결정적 패착이다.

사드 도입을 두고 지난 대선 전에 공방을 벌일 일이 아니다. 그 바람에 중국이 대북 핵 저지 공조에서 손을 뗄 명분만 주었다.

우리는 그토록 미워하는 일본에게 한 수 배워야 한다. 일본은 안보를 여와 야가 정치적으로 이용하지 않는다. 오히려 협력을 한다.

미국은 보수정당이, 중국은 진보정당이 커버를 해야 한다. 우리는 왜 대통령 특사를 야당 당수를 활용치 못하는가.

냉엄한 국제관계 속에서 믿을 나라는 하나도 없다. 모두가 자국의 이익을 위해 혈안이 돼 있다. 장사꾼 출신 트럼프가 대통령이 된 후 미국은 동맹관계보다는 자국의 이익을 우선시한다.

한국의 대통령은 통이 커야 한다. 그래야 손해를 덜 본다. 미국과 중국, 북한의 공갈협박에 흔들려선 곤란하다.

공갈은 북한과 미국, 중국만 치는 게 아니다. 우리도 핵 개발한다고 공갈쳐라. 전작권 환수하고 자주국방한다고 목소리를 높여라.

통일 안 해도 된다고 해라. 남북한 서로 인정하고 협력하라. 남북한 갈라놓고 즐기는 미국과 중국, 일본과 러시아를 역으로 이용해야 한다. 왜 그들에게 우리가 휘둘려야 하는가.

남북통일, 주변 4강이 원치 않는다. 이들이 통일을 반대하는 한 통일은 불가능하다. 우리 안보도 우리 마음대로 안 된다. 미국과 중국 손에 달렸다.

통일을 주장해야만 민족주의자가 아니다. 우리 민족이 함께 잘 사는 방법은 서로를 인정하는 것이다. 그리고 교류하는 것이다.

평화와 통일은 함께 할 수가 없다. 저절로 될 때가 온다. 통 크게 기다려야 한다.

역설적이긴 하나 우리 민족이 가장 왕성한 시기는 삼국시대인 것 같다. 통일만이 능사가 아니다.

북한 핵, 안보는 정쟁의 대상이 아니다. 여권과 야권이 협력해야 한다. 협력은 고도의 정치기술이다.

2017.09.18. 시사플러스

한반도 평화, 4개국 평화협정 맺어야

아직도 휴전상태다. 한반도 평화를 위해선 남북 불가침조약, 평화협정을 맺어야 한다.

북한은 군사, 경제적으로 남한에 크게 뒤떨어져 있다. 한국은 매년 한미 연합훈련을 실시한다. 북한은 불안할 것이다. 우리의 통일 주장이 북한에게는 북침으로 들릴 것이다. 고육지책으로 북한은 핵을 개발했는지도 모른다.

북한의 불안감을 해소해 줘야 북핵 문제가 해결된다. 남한과 북한이 평화협정을 맺어야 한다.

문제는 평화협정 당사자, 누구와 협정을 체결하느냐는 것이다.

우리 입장에서는 당연히 남북당국이 맺는 것이다. 북한은 미국과 맺자는 것이다.

북한 입장에서는 휴전협정을 미국과 맺었는데 평화협정도 당연히 미국과 맺어야 한다는 것이다.

한국의 군사작전권이 아직도 미국에 있다. 미국의 동의 없이 군대를 움직일 수가 없다. 북한이 북미평화협정을 줄기차게 고집하는 이유도 여기 있다. 핵과 미사일 개발도 한국이 아닌 미국을 겨냥한 거란다

그렇다고 미국이 한국을 제쳐두고 북한과 단독으로 평화협정을 체결할 리도 없다. 북한이 이를 계속 고집하는 한 평화협정 체결은 사실상 불가능하다.

남한과 북한이 생각을 한번 바꿔볼 필요가 있다.

중국도 한국전쟁에 참여했다. 북한에 중국보다 크게 영향을 미치는 국가도 없다. 중국과 미국을 제외한 평화협정은 실효성도 없다.

한국과 북한, 미국과 중국이 함께 참여하는 4개국 평화협정을 맺어야 한다.

4개국이 평화협정을 체결하면 미국과 중국의 불편한 관계도 자연히 해소된다. 북한이 핵을 보유할 이유도 없다. 사드를 굳이 배치할 필요도 없다.

한국과 중국의 경제교류도 보다 활발할 것이다. 한반도가 평화로워질 것이다. 한반도를 둘러싸고 벌어지는 안보와 경제문제를 모두 해결할 수 있다.

평화협정은 남·북간도 아니고, 미·북간도 아니다. 한국과 북한, 미국과 중국이 함께 참여하는 4개국 평화협정이어야 한다.

한반도 평화는 4개국 평화협정에 달려있다고 해도 과언이 아니다.

4개국 평화협정을 이끌어 낼 사람이 바로 차기 대통령이어야 한다.

· 2017.02.09. 시사플러스

'격랑의 한반도' 남북·한미관계 개념 정립 분명히 해야

북한을 어떻게 볼 것인가? 우리의 '대북관'에 대해 개념 정립을 분명히 해 볼 필요가 있다.

"북한을 적으로 간주하고 섬멸의 대상으로 여기느냐, 북한을 나라로 인정하고 평화공존의 대상으로 여기느냐"다.

현재 우리나라는 이것도 저것도 아니다. 그래서 국민적 갈등이 끊이질 않는다. 한반도 평화를 이룰 수가 없다. 주변 강대국에 이용만 당한다.

헌법 제3조에 "대한민국의 영토는 한반도와 그 부속도서로 한다"고 규정하고 있다. 북한을 나라로 인정치 않는다. 한마디로 전쟁(휴전)상태다. 서로 흡수통일할 기회만 엿보고 있다.

그러면서도 남과 북의 전쟁은 원치 않는다. 평화가 유지되길 바란다. 그럼 힘의 균형을 유지해야 한다.

힘의 균형이 깨지면 위험하다. 한국의 경제력이 북한보다 월등히 앞섰다. 한중 국교 정상화에도 불구하고, 북한은 미국과 국교를 수립하지 못했다. 한중 경제교역이 확대될수록 북한은 고립감에 휩싸이고, 체제 유지에 위협을 느낄 것이다. 결국 북한은 핵을 개발하고 말았다. 한국이 안보의 사각지대에 놓이게 됐다. 우리도 핵개발을 해야 한다. 하지만 미국이 용납하지 않는다.

그럼 어떻게 할 것인가?

전쟁 없는 평화를 원한다면 우리의 대북관과 한미관계를 재검토해 볼 필요가 있다.

북한도 유엔에 가입했다. 전 세계가 나라로 인정한다. 남과 북이 헌법을 개정해 서로 나라로 인정해야 한다. 그리고 남북 상호 불가침과 내정 불간섭협정을 맺어야 한다. 그럼 군축 협상도 가능하다. 다른 나라들처럼 활발한 교류도 가능하다. 우리를 침략한 일본과 중공, 베트남과도 교류하면서 남과 북이 교류를 못 할 일이 무엇인가?

북한을 나라로 인정하면 '분단이 고착화된다'고 우려를 많이 한다. 남북이 서로 나라로 인정하든 안 하든 결과는 마찬가지다. 오히려 나라로 인정하면 쓸데없이 북에 퍼줄 일이 없다. 지금은 헌법상 북한 주민도 우리 국민이다. 어려우면 당연히 지원해야 한다. 나라로 인정하고 다른 나라처럼 교류하면 경제적 이익도 엄청나게 클 뿐 아니라 평화통일도 앞당길 수 있다.

시대가 바뀌었다. 이제 종전 선언하고 휴전상태를 종료해야 한다. 반세기 이상 휴전이 말이 되는가?

설사 김정은이 사망하고 북한 체제가 붕괴되면 통일이 될 것으로 착각하는 사람들이 있다. 휴전 당사자인 중국과 러시아가 진군해 북한을 분할 통치하게 된다. 우리의 영토만 줄어든다.

종전 선언하고 남북한이 서로 나라로 인정하면 그럴 수가 없다. 미국이 방위비를 요구할 수도 없다.

트럼프도 방위비 인상으로 옥신각신할 일이 아니다. 생각을 바꿔 한국을 군사적으로도 독립국가로 인정하고 자율적 방어능력을 향상시키는 것이 동북아 패권 유지에 유리하다. 한국에 전시작전권을 이양하고, 종전선언을 해야 한다. 그리고 한미동맹을 굳건히 유지하면 된다. 한국 스스로 자주국방을 하게 하는 것이 미국의 패권 유지비용도 적게 들이고 효율적이란 뜻이다.

우리의 대북관과 한미관계의 개념 정립을 다시 해볼 필요가 있다. 진정한 평화는 남이 가져다주지 않는다. 우리 스스로 찾아야 한다.

2020.07.21. 시사뉴스

文정부는 북한에 왜, 그렇게 유화적일까? 골드만삭스의 예측을 주시하라!

한국의 A씨가 서해안 상에서 월경해 북한으로 갔다. 북한군이 사살하고 불태워 버렸다. 한국의 대응을 두고 야권의 공세가 심하다. 대통령은 말을 아낀다. 문재인 정부는 북한에 왜, 그렇게 유화적일까? 그럴 수밖에 없는 숨은 이유가 있다.

미국의 골드만삭스 투자은행의 몇 년 전 예측이 생각난다.

골드만삭스는 "한반도 통합경제체제가 이뤄지면 2040년도에는 한국이 세계 제2의 경제대국이 된다."고 예측했다.

세계적인 투자 왕 짐 로저스도 "남북경협이 이뤄지면 자신의 모든 재산을 북한에 투자하겠다"고 했다. 짐 로저스는 "남북경협이 이뤄지면 북한의 경제성장률이 세계서 가장 높을 것이고, 북한이 투자가치가 가장 높은 나라"라며 북한의 경제성장 혜택을 가장 많이 보는 나라는 바로 '한국'이라고 지적했다.

북한은 고학력, 저임금의 인력과 막대한 천연자원이 있어 한국의 기술과 자본이 합쳐지면 시너지 효과가 매우 커 빠르게 발전한다는 것이다.

한국은 북한에 막혀 일본과 같이 섬나라나 마찬가지다. 북한으로 기찻길이 열리면 육로를 통해 대륙으로 연결돼 수출입 운송비가 확연히 줄어든다. 기차로 대륙여행도 할 수 있다. 대륙과 하나가 된다.

남북의 평화로 인해 막강한 군비경쟁이 사라져 상호 국방예산이 대폭 절감된다. 인구에 비해 지나치게 많은 군인 수를 대폭 줄여 생산 활동에 투입할 수 있다. 절감된 예산을 복지와 경제발전에 투자할 수 있다. 한국은 매년 50조 원 가까이 국방예산이 들어간다. 이 중에서 3분의 1만 줄여도 매년 16조 원 이상을 복지와 경제발전에 쓸 수 있다.

어디 이뿐인가?

러시아의 가스가 북한을 통과하는 가스관을 통해 한국에 공급되면 가격이 현재보다 5분의 1로 저렴해진다. 기찻길뿐만 아니라 북한의 하늘길이 열리면 운항비가 절감된다. 지구상에서 유일하게 사람이 들어가지 못해 천혜의 자연이 그대로 보존된 DMZ를 관광지로 활용하면 수많은 관광객을 불러 모을 수 있다.

경제전문가들은 통합경제가 이뤄지면 북한의 경제성장률은 연 7%에서 20%까지 성장할 수 있다고 예측한다. 고속으로 발전하는 북한에 우리가 수출도, 수입도 하게 된다. 남북경협은 엄청난 시너지 효과가 있다. 우리가 베트남을 오가듯 북한도 자유롭게 여행할 수 있게 된다. 남북통합 인구가 8천만이다. 서로 왕래만 해도 내수시장이 크게 활성화된다.

골드만삭스의 예측 때문인지 세계인들이 한국에 부쩍 관심이 높아졌다. K-pop은 아시아를 넘어 중동, 남미, 유럽 이제는 미국까지 점령했다. 특히 방탄소년단의 인기는 절정에 이르렀다.

이들이 벌어들이는 외화보다도 파생되는 부수 효과가 엄청나다. 문화침투는 경제적 침투나 다름없다.

방탄소년단이나 K-pop을 좋아하는 사람들이 한국말을 배운다. 한국 음식, 제품, 관광 등에도 관심이 높다. 그 수가 가파르게 늘고 있다. 한류열풍이 불기 시작한 것이다. 한반도가 세계인들의 관심 지역으로 떠오른 것이다.

현 정부는 골드만삭스의 예측을 확실히 믿는 것 같다. 문제는 한반도 통합경제를 어떻게 이루냐는 것이다. 남북이 평화적으로 통일되면 더할 나위 없이 좋다. 북한은 흡수통일 위협을 느꼈다. 핵을 개발했다. 흡수통일은 이제 거의 불가능하다.

그러면 어떻게 해야 할까?

종전선언과 평화협정을 하루빨리 체결해야 한다. 서로 나라로 인정하고 남북경협을 해야 한다. 경제교류, 경제협력만이 남북이 함께 사는 길이다.

문재인 정부는 하루빨리 남북긴장관계를 종식시키고 경제교류를 하고 싶을 것이다.

정부가 북한의 도발에 강력 대응하지 못하는 이유가 여기 있다. 하지만 보수진영은 긴장관계 종식을 원치 않는다. 정부의 강력한 대응을 원한다. 미국은 긴장관계는 바라지만 전쟁은 원치 않는다. 고차원적으로 외교 수위를 조절한다. 문재인 대통령과 정부는 답답할 것이다. 진퇴양난일 수밖에 없다. 문재인 대통령은 말을 아낄 수밖에 없다.

그렇다고 국가안보를 담보로 정쟁은 곤란하다. 국민들은 정파를 초월해 국익을 우선시하는 정치인과 정당을 좋아하고 지지한다.

2020.09.28. 시사뉴스

남북 서로 나라로 인정해야
- 이는 분단고착화가 아닌 평화통일 前 단계

청와대 김의겸 대변인이 며칠 전 "북한은 국가가 아니다"고 말한 것은 잘못된 것이다.

남과 북은 이제 서로 국가로 인정해야 한다. 종전선언도 하고 평화협정(상호 불가침조약과 내정불간섭 협정)을 맺어야 한다.

남과 북은 모두 UN에 가입했다. 국가가 아니면 UN에 가입할 수 없다. 우리만 빼고 온 세계가 이미 다 국가로 인정했다.

남과 북이 서로 나라로 인정하고 베트남이나 중국처럼 교류하고 경제협력을 하는 것이 최상책이다. 그러다보면 자연스레 유럽연합이나 英연방처럼 통합이 될 수도 있다. 독일처럼 전쟁 없이 평화통일을 이룰 수도 있다.

미국의 골드만삭스 투자은행은 한반도 통합경제체제가 이뤄지면 2040년도에는 한국이 세계 제2의 경제대국이 된다고 예측했다. 세계 2위는 아니라도 5위권 정도의 경제대국은 될 수 있다고 본다.

세계적인 투자왕 짐 로저스도 남북경협이 이뤄지면 자신의 모든 재산을 북한에 투자한다고 했다.

투자왕 짐 로저스는 남북경협이 이뤄지면 북한의 경제성장률이 세계에서 가장 빠를 것이다. 북한은 투자가치가 매우 높다. 북한 경제성장의 가장 큰 수혜국은 바로 한국이라고 했다.

남북경협이 이뤄지면 북한의 경제성장률은 연 7%에서 20%로 급속히 성장할 수 있다고 경제전문가들은 예측한다.

북한은 고학력, 저임금의 인력과 개발되지 않은 천연자원이 너무 많다. 한국의 기술과 자본이 합쳐지면 시너지 효과를 일으켜 급속히 발전한다는 것이다.

한국은 북한에 막혀 일본과 같이 섬나라나 마찬가지다. 북한으로 기찻길이 열리면 육로를 통해 대륙으로 연결돼 수출입 운송비가 대폭 줄어든다. 특히 원자재 운송비가 줄어들어 수출 경쟁력이 좋아진다.

기찻길이 열리면 기차로 대륙여행도 가능하다. 오고 가는 유동인구가 대폭 증가해 관광산업에도 큰 도움이 된다. 기찻길 뿐만 아니라 북한의 하늘길과 바닷길이 열리면 비행기나 배의 운행시간이 단축되어 운항비가 줄어든다.

남북이 서로 나라로 인정하고 평화로워지면 군비경쟁을 할 필요가 없다. 국방예산을 대폭 줄여도 된다. 군인수를 대폭 줄여 생산 활동에 투입할 수 있다. 절감된 예산을 복지와 경제발전에 투자할 수 있다. 한국은 매년 45조 원의 국방예산이 투입된다. 이 중 3분의 1만 줄여도 매년 15조 원을 절약, 복지와 경제발전에 쓸 수 있다.

남북을 가로막은 휴전선을 잘 활용하면 엄청난 부가가치를 창출할 수 있다. 지구상에서 유일하게 사람이 들어가지 못해 천혜의 자연 상태가 그대로 보존된 곳이 바로 DMZ이다. 이를 생태관광지 등으로 활용하면 수많은 관광객을 불러 모을 수 있다.

한국의 어려운 중소기업들이 고학력 저임금에 언어도 같은 북한에 투자해 큰 이익을 얻을 수 있다. 한마디로 중소기업의 활로가 트인다. 굳이 말도 통하지 않는 먼 나라 외국까지 갈 필요가 없다. 우리는 이미 개성공단에서 경험을 했다.

러시아의 가스를 북한을 경유하는 가스관을 설치, 수입하면 가격을 5분의 1로 낮출 수 있다.

철광석은 주로 호주에서 들여온다. 북한에서 수입하면 안성맞춤이다. 포항제철 등 철광업계가 막대한 혜택을 보게 된다.

또한 낙후된 북한의 도로와 각종 시설물 건설에 우리 건설회사가 참여하게 된다. 수십 년의 일거리가 생긴다.

건설뿐만 아니라 모든 산업 분야에 우리 기업들이 진출해 큰 이익을 볼 수 있다. 남북 8천만 인구가 서로 왕래만 해도 내수시장이 활기를 띠게 된다.

이렇게 남북경협은 시너지효과가 엄청나다. 종전선언과 평화협정은 남북경협의 시발점이다. 남북교류와 경제협력은 곧 한반도평화를 의미한다.

통일을 지나치게 주장하면 상대방만 자극한다. 서로 불신만 초래하고 긴장관계만 지속된다. 남과 북이 다 같이 잘 살 수 있는 길은 적대관계를 청산하고, 서로 나라로 인정하고 교류와 경제협력을 강화하는 것이다.

진정으로 평화통일을 원한다면 교류와 경제협력이 가능하게 서로 나라로 인정해야 한다. 이는 분단고착화가 아니다. 평화통일 전(前)단계다. 통일비용, 남한의 희생 없이 서로 윈윈하며 평화통일의 길로 나아가는 것이다.

생각을 바꾸면 평화통일도 앞당길 수 있다.

2018.10.30. 시사플러스

한반도 평화, '통일' 주장하면 오히려 역효과 - 서로 나라로 인정하고 교류해야

같은 민족끼리 전쟁을 하지 않고 평화적으로 통일할 수만 있다면 얼마나 좋을까? 하지만 이상에 불과하다.

과거 한민족 최초 통일은 삼국통일이다. 삼국이 통일되지 않고 고구려, 백제, 신라가 현재까지 지속됐다면 어찌 됐을까?

한민족의 땅덩어리가 한반도에 국한되지 않았을 것이다. 한민족 삼국이 연합하면 미, 일, 중, 러의 틈바구니에 낀 약소국이 아니라 5대 강국이 됐을 것이다. 피는 물보다 진하다고 서로 연합해 일제가 우리를 점령, 36년이나 지배하게 내버려두지도 않았을 것이다.

신라가 당나라를 끌어들여 삼국통일 후 통일신라는 한수(漢水) 이남(以南)의 땅만 겨우 차지했다. 신라가 백제를 차지하고 고구려는 당나라가 차지하는 꼴이 됐다. 통일이 우리 민족에게 엄청난 손실을 가져온 것이다. 역사를 재평가해 볼 필요가 있다.

외세가 개입하여 통일하면 반드시 땅을 내주게 된다. 통일은 추구하되 외세가 개입된 통일을 해서는 안 되는 이유가 바로 여기에 있다.

남북한의 통일도 외세가 개입한 무력 통일은 한민족을 쪼그라들게 만들 뿐이다.

남북한의 해결책은 간단하다.

서로가 나라로 인정하고 함께 잘사는 방법을 모색하는 것이다. 지방자치시대에 굳이 통일하겠다고 전쟁할 필요가 없다. 헌법을 개정해 서로 나라로 인정하고 상호불가침조약과 내정불간섭 협정을 맺으면 된다. 그러면 비핵화를 포함해 군축협상도 가능하다.

그리고 다른 나라처럼 국교를 정상화하고 교류하면 된다. 비자받아 평양 방문하고 금강산이나 백두산 구경 가면 된다. 그러다보면 자연히 연방이나 연합을 논의하게 되고 평화통일도 가능하다.

대한민국헌법 제3조에 "대한민국의 영토는 한반도와 그 부속도서로 한다."고 명시돼 있다. 헌법상 북한은 우리 영토고 북한 주민은 우리 국민이다. 그러기에 북한 주민들도 우리 정부가 보호할 의무가 있다.

북한에 재난이 발생하면 지원할 의무가 있다. 북한 주민들에게 재난이 발생하여 지원하는 것을 '퍼준다'고 비난하는 것은 모순이다. 서로 나라로 인정하면 재난이 발생해도 퍼줄 이유가 없다.

온 세계가 남과 북을 나라로 인정하여 동시에 UN가입도 했는데 우리만 서로 나라로 인정치 않는다. 우리나라는 헌법부터 일상생활에 이르기까지 개념 정리가 제대로 되어있지 않다. 모순투성이다.

지금까지 많은 사람들이 통일을 주창하지만 막연히 흡수통일하길 바랄 뿐이다. 오히려 평화 공존을 주창하면 빨갱이 취급을 한다. 서로 나라로 인정하자면 분단고착화라고 비난한다.

통일을 주창하면서도 전쟁은 싫단다. '통일'을 내치의 수단으로 이용할 뿐이다. 그것도 '평화통일', 구호로는 그럴듯하다. 진정 한반도의 평화, 한민족의 번영을 원한다면 통일의 환상에서 벗어나야 한다.

아직도 늦지 않았다.

생각을 바꿔 남과 북이 흡수 통일할 생각만 버리면 새로운 길이 열린다. 남과 북이 서로 헌법을 개정하고 서로 나라로 인정하면 모든 문제가 풀리게 된다. 지방자치제를 실현하면서 분권시대로 나가는 것이 세계적 추세다. 억지로 남과 북이 흡수 통일할 필요가 없다.

진정으로 남과 북이 평화를 원한다면 서로 나라로 인정하고 교류부터 해야 된다. 적대국인 일본, 중공과도 교류하면서 동족끼리 교류를 못할 것이 뭐가 있겠는가?

통일부도 명칭이 적절치 못하다. '남북교류협력부'로 명칭을 바꿔야 한다.

'평화'는 구호제창으로 이뤄지는 것이 아니다. 서로 나라로 인정하는 데서 비롯된다.

2021.08.31. 시사뉴스

PART

Ⅳ

사드 배치와 주변국 정세

북핵, 사드, 중국 관계 해결책이 있다

1. 박근혜 정권의 안보정책과 외교 너무 무능했다.

우리나라는 안보와 경제, 미국과 중국 어느 것도 포기할 수 없다. 박 정권은 초반기에는 중국 전승절에 참석, 중국과의 관계를 개선하는 등 국익에 기여를 했다. 북한이 위기의식을 느껴 서둘러 핵을 개발했다. 하지만 북핵 제지 과정에서 박정권은 외교적 무능을 드러냈다.

우선 미국과 중국, 특히 중국에 북핵 제지를 강력히 요구했어야 했다. 중국이 대비책을 마련해주지 못하면 우리도 핵개발을 서두르겠다고 경고했어야 했다. 사드 배치를 대중국 압박용으로 활용했어야 했다.

미국의 압박으로 사드를 배치할 수밖에 없다면 극비리에 추진했어야 했다. 공개적으로 서둘러 사드 배치를 선언한 것은 중국만 자극하는 꼴이 됐다. 북핵 제지에 중국이 발을 뺄 명분을 줬다. 결국 북핵 제지 국제적 공조체제만 무너트리고 중국과 불편한 관계만 초래했다. 이로 인해 경제적 손실이 엄청나다. 박 정권의 무능으로 안보와 경제가 송두리째 날아갈 판이다.

사드 배치를 국회와 국민의 동의를 받을 것도 아니면서 공개적으로 추진한 것이 이상하지 않은가. 대선을 앞두고 사드를 이념논쟁 유발 수단으로 이용한 것이다. 이것이 미국의 국익추구와 맞아떨어졌다. 안보를 정권 연장에 이용하려는 박 정권의 욕심과 무능이 오늘의 사태를 빚은 것이다.

2. 북핵 해결책을 제시한다.

우선 안보를 대선에 이용하려는 발상을 버려야 한다.

사드 배치는 1급 아니 초특급 군사기밀이다. 이를 공개적으로 추진하는 게 말이 되는가. 대선을 앞두고 안보논쟁, 이념논쟁을 유발키 위한 꼼수로 볼 수밖에 없다. 안보를, 국민의 생명을 정쟁에 이용해선 곤란하다. 사드 배치는 대선 후로 미루는 것이 바람직하다.

새로 선출된 대통령은 한미 간의 약속, 한미동맹 관계를 소중히 해야 한다. 필요하면 사드 배치 하라. 사드 배치 서두르지 말고 대중국 외교 압박 카드로 이용하는 편이 훨씬 유리하다. 북핵은 중국이 협조를 해야 해결이 가능하다.

대통령 후보들은 북한을 적으로 간주하여 섬멸할 대상으로 여기는지, 아니면 나라로 인정하여 평화와 협력관계를 유지할 것인지 대북관을 확실히 밝힐 필요가 있다.

정부의 대북관에 따라 대북정책은 달라질 수밖에 없다. 우리는 이것도 저것도 아니다. 북을 섬멸하고 통일할 것이면 간단하다. 군비확장을 해야 한다.

평화공존을 하려면 북한을 나라로 인정하고 남북 상호불가침과 내정불간섭 협정을 맺어야 한다. 남과 북이 흡수통일을 고집하면 평화는 없다. 나아가 한국과 미국, 북한과 중국 4개국이 참여하는 한반도 평화협정을 맺어야 한다. 그러면 북한이 핵을 포기할 것이다. 북한이 핵을 포기하지 않으면 우리도 핵개발을 해야 한다. 한마디로 안보주권국가를 만들어야 한다.

외세로부터 국민의 생명을 보호하는 안보에 여와 야가 있을 수 없다. 효과적이고 합리적인 대책을 찾아내는 경쟁만이 있을 뿐이다.

사드를 계기로 미국과 중국이 냉전 상태로 돌입하는 것은 바람직하지 못하다. 결국 전쟁터는 한반도가 되기 때문이다.

중국도 대국다운 면모를 보여주기 바란다. 미국에게는 감히 경제적 보복을 엄두도 못 내면서 한국에게만 경제 제재를 가해서야 되겠는가. 한국이 그리도 만만한가?

2017.03.11. 시사플러스

사드 배치에 정치적 꼼수가 없길 바란다

사드는 물론 각급 미사일 기지를 어디에 배치하는가는 일급 군사기밀이다. 일반 국민들은 군사시설을 어디에 배치하는지 그 군사시설에서 군인들이 무엇을 하는지 알 수가 없다.

심지어 거기에 근무하는 군인들이 통신을 통해 부대 위치나 하는 일이 외부에 알려지지 않도록 통신보안이 철저하다. 군대 다녀온 사람은 다 안다.

그런데 사드 배치를 국회비준이나 국민적 동의를 받을 것도 아니면서 요란을 떨고 한미 양국이 공동발표까지 하고 나섰다. 정말 이해하기 힘들다.

마치 사드 배치 지역 주민들과 야권세력의 반대를 유도하는 것처럼 말이다.

아니나 다를까 경북 성주 군민들과 야권세력, 언론이 벌집을 쑤셔놓은 것처럼 반대를 하고 나섰다. 극우 집권세력은 기다렸다는 듯이 반대 세력을 종북 세력으로 매도를 한다. 내년 대선을 앞두고 또다시 이념 논쟁에 불을 붙이고 있는 것이다.

더더욱 이해되지 않는 일이 있다. 사드 배치 반대 세력을 종북 세력이라고 매도하는데 북한은 왜, 자기들을 추종(?)하는 종북 세력을 도와주지 않을까?

북한당국은 오히려 미사일 발사로 응대하며 긴장국면을 조성하고 있다. 사드를 서둘러 배치하라는 듯이 말이다. 남북 긴장국면이 조성되면 덕 보는 것은 집권 세력이다.

선거 때만 되면 북한의 도발이 있었다.

뒤집어 말하면 야권세력이 종북 세력이 아니고, 집권세력이 북한 집권세력과 서로 집권 연장을 위해 야합한 것처럼 보인다.

국토방위를 위해 진실로 사드가 필요했다면 극비리에 추진했을 것이다. 우리 국민은 바보가 아니다. 이제 정치적 꼼수가 통하지 않는다.

이번 사드 성주 배치 발표로 집권세력의 안방인 경북마저도 민심이 떠나고 있다. 꼼수부리다가 집토끼마저 잃는다.

왜, 국민들의 안보개념이 약화되고 전쟁불감증이 생겼을까? 남북 긴장관계를 조성해 이념논쟁으로 선거에서 이겨 보려는 집권세력의 정치적 꼼수 때문이다.

'늑대와 소년' 이야기가 생각난다.

이제 정치도 권모술수가 아닌 정정당당하게 정책으로 승부를 걸었으면 좋겠다. 제발 우리 국민을 더 이상 개·돼지 취급하지 말길 바란다.

2016.07.24. 시사플러스

사드 배치와 반대, 우리 국민의 절묘한 역할 분담 - 결국 우리도 핵 개발해야

말도 많고 탈도 많은 사드(고고도미사일 방어체제)를 7월 13일 경북 성주로 배치키로 발표했다. 성주군민은 물론이고 야권과 언론이 벌집을 쑤셔놓은 듯하다.

표면상으로는 한미 양국이 북한의 핵미사일을 방어하기 위해 사드를 배치한다는 것이다. 실제로는 미국이 중국과 러시아를 견제하기 위해 사드를 한국에 배치하는 것을 모르는 사람은 없다.

문제는 한국이 국토방위를 미국에 의존하고 있다는 것이다. 전시작전권도 미국에 있다. 반면에 경제는 중국에 의존해 있는 상태다. 우리는 국방과 경제, 어느 것도 포기할 수 없다. 사드를 배치하면 중국이 삐칠 것이고, 사드 배치를 반대하면 미국이 가만히 있을 리가 만무하다. 이럴 수도 없고, 저럴 수도 없다.

정부가 일단 미국의 손을 들어주어 한미 양국이 경북 성주에 사드를 배치키로 했다. 성주 군민들과 야당, 국민들의 반대가 거세다. 언론은 연일 대서특필하고 있다. 한국 국민들의 사드 배치 반대 여론이 거센데 중국이 선불리 한국에 대해 경제적 보복조치를 취할 수가 없다. 중국도 막대한 경제적 손실을 입는다.

일단 한국 국민들의 반대 여론과 한국 정부의 대응책을 주시할 수밖에 없다. 한국 국민들의 위대함이 여기 있다. 정부가 못하는 것을 대신해주고 있다. 정부가 미국과 중국의 냉전 상태에서 현재의 정치력과 외교능력으로 두 마리 토끼를 다 잡기란 불가능하다.

정부가 악착같이 사드 배치를 강행하면 내년 선거에서 정권교체가 이루어지는 것은 불을 보듯 뻔하다. 미국 정부도 정권 교체가 되는 것을 원치 않을 것이다. 내년 사드 배치 강행하기가 쉽지 않을 것이다.

결과적으로 정부와 우리 국민이 절묘하게 역할 분담을 한 셈이 됐다. 정부는 미국 손을 들어주고 국민은 중국 손을 들어준 셈이다.

사드 배치를 하는 것도 아니고, 안 하는 것도 아닌 엉거주춤한 상태가 지속될 수밖에 없다. 그러는 과정에서 미국과 중국의 냉전 상태가 조속히 해소되길 바랄 뿐이다.

중요한 것은 북한의 핵 공격을 피하는 것이다.

사실 사드 배치로 북한의 공격으로부터 우리 국토의 3분의 2밖에 방어할 수밖에 없다고 한다. 북한의 핵 공격을 막기 위해선 우리도 핵 개발을 해야 한다. 우리도 핵을 보유하면 북한이 함부로 핵을 사용할 수가 없다. 공멸하기 때문이다. 방어적 차원의 사드 배치가 아니라 우리도 적극적으로 핵개발을 모색해야 한다.

정부는 중국에게 북한의 핵무장 해제를 강력히 촉구해야 한다. 중국이 북한의 핵 위협으로부터 한국을 보호해주지 못하면 핵 개발을 하겠다고 선언해야 한다. 똑같이 미국에도 북한의 핵 공격을 막아주지 못하면 한국도 핵 개발을 할 수밖에 없다고 주창해야 한다. 미국이나 중국이 북한 핵위협으로부터 한국을 보호해주지도 못하면서 한국의 핵개발을 막을 명분이 없다. 핵 개발만이 국방비도 줄이고, 진정으로 자주국방을 이룩하는 길이다.

2016.07.17. 시사플러스

사드 배치와 차이나캐슬(中國城) 건설

우리나라에서 안보는 미군기지가 상징적 의미가 있다. 반면에 경제는 중국이 차지하는 비중이 너무 크다.

평택에서 묘한 일이 벌어지고 있다.

주한미군 기지가 평택으로 이전한다. 동북아 기지 최대 규모다. 한·미연합사령부를 필두로 미8군사령부, 동두천, 의정부 미2사단 병력 등 전국 50여 곳 미군기지 중 90% 이상의 주한미군 4만 5천여 명이 2018년까지 평택으로 이전한다.

또 중국인을 위한, 중국자본이 대거 참여하는 경제특구 '차이나캐슬(中國城)'도 평택 황해경제자유구역 현덕지구에 건설된다.

미군기지와 중국의 경제특구가 평택에 동시에 건설되는 것이다.

우리는 안보와 경제, 어느 것도 포기할 수가 없다.

요즘 사드 배치로 정국이 시끄럽다. 북한 핵을 저지하기 위해 사드를 배치한다는 것이다. 하지만 중국도 사드 레이더망을 통해 샅샅이 들여다볼 수 있기 때문에 중국이 가만히 있을 리가 만무하다. 중국이 사드 배치를 반대하며 한중관계가 불편해졌다. 대북 핵 개발 저지 공조 체제도 무너졌다. 중국을 달랠 필요가 있다.

중국친화형 경제특구인 차이나캐슬을 잘만 활용하면 한중관계를 원만하게 만드는 효자 역할을 할 수 있다. 정부가 적극적으로 나서 중국과 협의하여 과거 영국이 홍콩을 경제특구로 만들 듯 차이나캐슬을 중국의 경제자치특구로 만들 필요가 있다.

평택에 미군기지와 중국의 경제자치특구가 공존하면 평택은 안보와 경제를 아우르는 환상적인 완충지대가 될 것이다. 굳이 사드를 배치하지 않아도 서로 방패 역할을 해주게 된다.

현재 황해경제자유구역 차이나캐슬은 중국성개발주식회사가 중국의 역근 그룹을 끌어들여 시행을 추진하고 있다. 차이나캐슬은 평택항 인근 평택시 현덕면 장수리, 권관리 일원 232만 ㎡에 조성된다. 미국, 일본, 한국 등 전 세계 55곳에 조성된 차이나타운을 합친 면적보다 크다.

차이나캐슬은 쇼핑경제자유구역으로 호텔 속의 면세점이 아닌 면세점 내의 호텔 개념으로 건설된다. 세계최대규모의 면세 쇼핑몰과 슈퍼아울렛단지, 6천 실 규모의 레지던스 호텔과 4천 실 규모의 특급호텔이 건축된다. 위락시설 및 국제회의장, 상설 케이팝 공연장, 카지노, 경희대 한방병원(피부, 미용) 등도 들어선다. 중국 최고 국제학교와 중국관련 관광·서비스·물류산업을 집결시켜 중화권 관련 모든 사업이 원스톱으로 이뤄진다. 한마디로 중국문화를 앞세운 중국인을 위한 쇼핑경제자유구역이다.

차이나캐슬이 한중교역의 교두보 역할을 톡톡히 하게 될 것이다. 중국 상무부에서도 차이나캐슬에 관심이 지대하다. 중국에서 맛볼 수 없는 면세점과 위락시설이 들어서면 중국 관광객들이 즐겨 찾는 명소가 될 것이 분명하다. 정부에서 적극적인 뒷받침을 해줄 필요가 있다. 정부는 사드 배치로 어수선한 한·중 관계를 차이나캐슬로 새로운 돌파구를 찾아볼 필요가 있다. 평택을 미국과 중국이 공존하는 도시, 안보와 경제를 아우르는 상징적인 완충지대로 만들면 된다.

2016.09.08. 시사플러스

북미회담, 뒤집어 보기

북미정상회담을 뒤집어서 바라볼 필요가 있다.

트럼프 미국 대통령이 북한 보고 베트남의 경제발전을 보고 배우란다. 트럼프가 북미정상회담 장소를 베트남으로 선정한 이유도 여기 있다. 외형적으로는 핵무기를 포기하고 베트남처럼 경제발전의 길을 택하라는 것이다. 시쳇말로 북한을 꼬시는 것이다.

하지만 베트남은 미국이 월남을 포기해서 월맹이 통일하여 세운 나라다. 미국은 아무래도 상관없다. 한반도에서도 베트남처럼 미국의 역 선택도 가능하다. 그러니 한국에 대해 "까불지 말고 말 잘 들어라"라는 협박도 섞여 있다. '양수겹장'이다

트럼프 대통령이 신났다. 북미회담으로 손해 볼 게 없다. 한마디로 꽃놀이 패다.

평창동계올림픽 전·후에는 긴박했다. 시리아에 북한제 핵폭탄이 들어왔다는 이스라엘 정보당국의 첩보로 '이스라엘과 한국 중에 양자택일하라'는 유태계의 압박에 북한을 공격할 준비를 했다. 이때 나온 말이 '코피 작전'이다. 코피만 나오게 살짝 때릴 테니 북한보고 저항하지 말라는 것이다.

하지만 북한제 핵폭탄이 시리아에 넘어가지 않았다는 것이 확인되자 미국은 시리아를 초토화시켰다. 이로써 미국은 유태계의 압력에서 벗어났다. 이제 미국이 몸 달 것이 없다. 북한이 핵을 보유한들 핵보유국 하나 더 늘은 것에 불과하다.

북한이 핵을 진짜 포기하면 대박이다. 손 안 대고 코 푸는 것이다. 경제협력은 한국과 일본에 떠넘기면 된다. 그럼 트럼프는 차기대선에서 재선은 따 놓은 당상이다. 노벨평화상도 받을 수 있다.

북한이 상응조치(경제제재해제, 선지원)를 요구하며 비핵화를 미뤄도 손해 볼 게 없다. 계속 경제제재를 가하며 북한을 압박하면서 일본과 한국을 핵우산을 명분으로 손쉽게 요리할 수 있다. 경제적 이득이 더 크다.

김정은 위원장은 먼저 핵무기를 포기할 수가 없다. 먼저 상응조치를 계속 요구할 것이다. 서로 믿지 못하기 때문이다.

북한이 미국으로부터 자국의 체제를 보장받고 상생하는 전제조건이 있다. 바로 남북한이 서로 나라로 인정하는 것이다.

우리 헌법 제3조에 "대한민국의 영토는 한반도와 그 부속도서로 한다."고 명시되어 있다. 북한을 나라로 인정하지 않는다. 불법 괴뢰집단이다. 북한도 마찬가지다. 서로 섬멸과 퇴출의 대상이다. 남과 북이 서로 나라로 인정하려면 헌법부터 바꿔야 한다.

남북한이 먼저 '헌법 개정 합의'를 해야 한다. 그리고 국교를 정상화해야 한다. 남북이 서로 나라가 아닌 괴뢰집단으로 보는 한 평화는 없다. 휴전상태일 뿐이다.

헌법 개정에 보수 세력의 반대가 만만치 않을 것이다. 미국의 역할이 중요하다. 남과 북이 종전선언과 동시에 서로 나라로 인정, 헌법 개정을 약속하고 남북한과 미국, 중국이 참여하는 평화협정을 맺어야 한다. 그리고 경제협력을 구체적으로 추진하면 북한은 단계적으로 핵을 포기할 것이다.

서로 믿음과 진정성이 없는 정상회담은 쇼에 불과하다. 회담을 거듭하며 세월만 흐른다. 그러는 사이에 북한은 자연스레 핵보유국의 지위만 확보하게 된다.

한국이 정신 바짝 차려야 한다. 냉엄한 국제사회에서 모든 나라가 자국의 이익을 추구한다. 남북통일에 너무 연연하지 마라. 북한을 통일의 대상이 아닌 상생과 협력의 대상으로 인식을 전환해야 한다. 그래야 북한의 비핵화가 이뤄진다. 아니면 우리도 똑같이 핵을 개발해야 한다. 힘의 균형을 이뤄야 평화가 유지된다.

2019.02.28. 시사플러스

북미회담 결렬된 게 아니라 미뤄진 것, 정치논쟁 적절치 않아

북미회담이 결렬되고, 마치 문재인 정부가 대북정책을 실패한 것처럼 호들갑을 떠는 사람들이 있다. 이것도 아닌 것 같다.

평창동계올림픽 전·후를 생각해보라. 북한 핵개발과 장거리 미사일 실험과 더불어 시리아에 북한 제 핵폭탄이 들어왔다는 이스라엘 정보당국의 첩보로 '이스라엘과 한국 중에 양자택일 하라'는 유태계의 압박에 미국은 실제로 북한을 공격할 준비를 했다. 이때 나온 말이 '코피작전' 이다. 코피만 나오게 살짝 때릴테니 북한보고 저항하지 말라는 것이다. 전쟁 일보 직전이었다.

이 당시 문재인 대통령의 중재 역할이 아니었다면 전쟁이 터졌을지도 모른다.

북한제 핵폭탄이 시리아에 넘어가지 않은 것이 확인되자 미국과 이스라엘은 시리아를 초토화시켰다. 이로써 미국이 유태계의 압박에서 벗어났다.

이제 북한의 비핵화를 어떻게 실현하느냐가 관건이다.

미국은 북한이 비핵화 할 때까지 경제제재를 가할 것이다. 북한은 자기들의 체제보장과 그에 상응하는 경제적 지원을 요구할 것이다. 협상이 쉽게 끝날 리가 없다.

미국의 국내 상황도 복잡하다. 차기대선과 맞물려 북미회담에 예민하다. 북한이 원하는 대로 단계적 비핵화(스몰딜)에 합의하면 미국이 손해 보는 합의로 여긴다. 북한입장에선 일괄타결(빅딜)을 받아들이기엔 위험부담이 크다. 미국이 약속을 어겼을 때 대책이 없다. 신뢰관계 구축이 시급하다.

이런 상황에서 베트남 북미회담 당일 미국의회서 트럼프 개인 변호사였던 코언의 폭로가 미국언론의 톱기사로 등장했다. 북미회담 성과를 미국이 손해 보는 합의로 이미 결론을 냈다. 그리고 하노이 선언을 기다리고 있는 상태였다. 자연히 합의, 아니 합의 발표를 미룰 수밖에 없었을 것이다. 숨고르기를 할 수밖에 없다.

북미회담으로 북한과 미국은 물론 우리도 손해 본 게 없다.

미국입장에선 북한이 핵을 보유한들 핵보유국 하나 더 늘은 것에 불과하다. 북한이 핵을 진짜 포기하면 대박이다. 손안대고 코 푸는 것이다. 경제협력은 한국과 일본에 떠넘기면 된다.

북한이 상응조치(경제제재 해제, 선 지원)를 요구하며 비핵화를 미뤄도 손해 볼 게 없다. 계속 경제제재를 가하며 북한을 압박하면서 일본과 한국을 핵우산을 명분으로 손쉽게 요리할 수 있다. 경제적 이득이 더 크다. '양수겸장'이다.

김정은 위원장도 핵무기를 먼저 포기할 수가 없다. 먼저 '상응조치'를 계속 요구할 것이다. 믿지 못하기 때문이다. 하지만 북한은 핵보유국의 지위를 확보했다.

한국도 손해 본 게 없다. 전쟁의 위험에서 벗어났다. 미국은 중국 때문에 한국을 절대 포기 못한다. 그렇다고 북한도 한국을 공격 못한다. 북한의 핵과 남한의 경제력, 한미동맹이 묘하게 힘의 균형을 이뤘다.

문재인 정부는 미국의 대북경제제재로 북한을 도와주고 싶어도 도와줄 수가 없다. 북한에 퍼준다는 오해를 살 리도 없다.

북미, 대북관계는 장기전으로 돌입할 수밖에 없다.

이제 우리도 차분하게 대북정책을 재점검해봐야 한다. 냉엄한 국제사회에서 모든 나라가 자국의 이익을 추구한다. 미국과 북한도 마찬가지다. 미국에 너무 의존해서도 곤란하다. 자력갱생만이 살길이다.

남북통일에 너무 연연할 필요도 없다. 북한을 흡수통일의 대상이 아닌 상생과 협력의 대상으로 인식을 전환해야 한다.

국가의 존망이 달려있는 외교 관계에선 여야는 물론, 진보 보수 양 진영이 국익을 우선 시 했으면 좋겠다. 이런 것은 일본한테 좀 배워라. 무조건 대통령을 폄하할 것이 아니라 국익을 위해 도와줄 땐 도와줘야 차기 선거에서 표가 더 나온다.

2019.03.03. 시사플러스

문재인 대통령과 김정은 위원장의 고민

김정은 북한 국무위원장이 심란할 것 같다.

북한이 시리아에 핵무기를 제공했다는 이스라엘 정보기관의 첩보로 유태계의 압력을 받아 미국은 북한을 선제공격 하려했다. 평창올림픽 직전의 '코피 작전'이 바로 그것이다. 이를 눈치챈 문재인 정부의 중재로 선제공격은 피했다.

이 과정에서 북한이 시리아에 핵무기를 제공하지 않았다는 것이 확인되자 미국과 이스라엘은 시리아를 초토화시켰다. 트럼프 대통령이 유태계의 압력에서 벗어났다.

미국 트럼프 대통령은 중간선거가 큰 부담이었다. 북한을 선거용으로 이용하려 했다. 이제 선거도 끝났다. 선거는 이긴 것도, 진 것도 아니다. 북한의 덕을 크게 본 것이 없다.

이제 북한은 안중에도 없는 것 같다. 중국 시진핑과의 기(氣)싸움, 무역전쟁에 관심이 더 크다. 그래서 북한이 핵을 폐기하면 지원하겠다는 원론적인 말만 되풀이하는 것 같다. 북미정상회담도 서두를 필요가 없다는 식이다. 하지만 대북제재는 계속된다. 장기전으로 가겠다는 것이다.

그렇다고 김정은이 확실한 보장도 없이 핵을 포기할 수도 없다. 김정은이 진퇴양난이다. 갑갑해졌다.

북한은 문재인 정부에 하소연, 닦달할 수밖에 없다. 문재인 대통령이 바빠졌다. 대북제재를 해소하고 북미정상회담으로 조기에 핵문제를 해결하고 싶을 것이다. 하지만 트럼프 대통령은 철저한 장사꾼이다. 우방, 의리 이런 명분은 그에게 통하지 않는다.

그렇다고 미국과 주고받을 것도 마땅찮다. 문재인 대통령도 답답하긴 마찬가지다.

정부는 물론 국민들도 정신 바짝 차려야 한다. '남북 평화통일' 서두르면 패가 꼬인다. 지금은 서로 나라로 인정하고 각자 독립국가로 자생해야 한다. 대북 통일정책은 장기전으로 가야 한다.

사실 미국 입장에선 북한의 핵, 대수롭지가 않다. 대북제재 장기전으로 돌입하면 스스로 무너질 것으로 본다. 그렇다고 북한도 핵사용 못한다. 자멸일 뿐이다. 한국에 대해 협박용으로 사용할 뿐이다.

해결책이 없는 것도 아니다.

우선 남북한이 서로를 국가로 인정하고 일본이나 중국, 베트남처럼 외교관계 수립부터 해야 한다. 그리고 상호불가침과 내정불간섭을 선언하는 평화협정을 맺어야 한다. 이는 미국의 대북 경제제재와는 별개의 문제다. 외교적인 문제다.

이것은 남북 고착화가 아니다. 평화통일 전(前)단계다. 그러면 모든 문제가 스스로 풀리기 시작할 것이다.

하륜이 이방원에게 한 말이 생각난다.

"힘도 없으면서 성급히 서두르면 죽음 뿐이다."

2018.11.17. 시사플러스

한반도 주변 정세 심각, 혹시 전쟁?

지금은 평창올림픽에 가려 잠시 한반도 위기상황이 커튼 뒤로 가려진 듯하다.

북한의 핵실험과 장거리 미사일 발사, 미국 트럼프 대통령의 강도 높은 비난이 벌써 옛이야기처럼 들린다.

하지만 한반도 주변 정세가 심상찮다.

임종석 비서실장을 문재인 대통령 방중 시 왜 중동으로 급파했을까. 북한은 또 왜 평창올림픽에 참석키로 급선회했을까. 남북한이 단일팀을 만들며 오버하는 것도 이상하다. 북한은 왜 느닷없이 유엔 사무총장에게 미국이 북한을 공격치 않게 해달라고 서신을 보냈을까?

미국은 북한을 때릴 만반의 태세를 갖추고 있다. 그런데 느닷없이 코피 작전을 흘린다. 코피만 터트릴 테니 반발하지 말고 가만히 있으라는 것처럼 들린다. 뒤집어 말하면 어쩔 수 없이 공격을 하기는 한다는 것이다.

미국이 북한을 코피라도 나게 때리는 시늉이라도 해야 하는 이유는 또 무얼까?

단순히 비핵화를 요구하는 원론적 이유만은 아닌 것 같다.

이스라엘의 첩보망은 대단하다. 시리아에 북한제 소형 핵폭탄이 들어왔다는 첩보를 이스라엘 정보기관이 입수했다는 것이다. 북한이 우려했던 대로 벌써 핵폭탄을 팔아먹었단 말인가. 이스라엘에 비상이 걸릴 수밖에 없다. 소형 핵폭탄 하나만으로도 이스라엘은 초토화될 수 있다.

미국은 유태계의 영향력이 지대하다. 재계는 물론 정관계를 유태계가 좌지우지한다고 해도 과언이 아니다.

유태계가 일치단결하여 트럼프 대통령에게 북한을 선제공격하라고 압력을 가하면 트럼프도 진짜 어쩔수 없다.

미국 입장에선 일본과 한국이 2차대전 후 점령한 국가 중에 성공한 나라다. 절대 공산국가에 내주거나 초토화되게 내버려 두지 않을 것이다. 하지만 한국과 이스라엘 중에 양자택일하라면 이스라엘을 택할 수밖에 없을 것이다.

북한을 공격 시 반발로 한국을 역공격하더라도 미국이 북한을 공격할 수밖에 없는 이유가 여기 있다. '코리아 패싱'이 괜히 나온 말이 아니다. 우리 의사와는 상관없다.

북한이라면 코피만 터지고 가만히 있을까?

북한도 겁나고, 한국도 겁나고, 미국도 트럼프도 사실 겁날 것이다. 현재 핵은 히로시마 원폭의 수백 배의 위력을 갖고 있다. 한마디로 한반도가 초토화된다.

평창 동계올림픽이 구세주 역할을 할지, 전쟁 전에 굿판이 될지 알 만한 사람들은 불안하다.

평창 동계올림픽이 일단 시간은 벌어줬다. 올림픽 기간 중에 진짜 선수들끼리 담판을 벌여 전쟁만은 피했으면 좋겠다.

급박한 상황 속에서도 아무 일 없다는 듯이 살아가는 한국민이 대단하고 존경스러울 뿐이다.

2018.02.08. 시사플러스

PART
V

공짜로 정책 제안

쓰레기에 대한 개념 정립 확실히 해야

쓰레기는 더 이상 쓰레기가 아닙니다. 폐자원입니다. 쓰레기는 더 이상 버릴 데도 없습니다. 그동안 쓰레기, 폐기물을 바다에 버리거나 땅에 묻어 해결했습니다.

이제 지구 환경오염 방지를 위해 폐기물을 해양 투척하는 것을 원천적으로 금지하고 있습니다. 쓰레기를 매립하는 것도 인근 주민들의 반대와 쓰레기 매립장을 혐오시설로 여기는 국민적 분위기 때문에 매립장 건설도 한계에 부닥쳤습니다. 쓰레기를 소각하는 것도 악취와 대기오염을 이유로 국민들이 혐오시설 중의 혐오시설로 여깁니다. 민원이 극심합니다.

쓰레기 처리는 이제 지방정부의 사업에서 벗어나 국가와 지방자치단체가 협력하여 국가적 사업으로 해결해야 합니다.

첫째, 국민 계몽을 통해 쓰레기를 원천적으로 줄여야 합니다.

둘째, 철저한 쓰레기 분리수거로 최소의 비용으로 쓰레기를 재활용해야 합니다.

셋째, 수거한 쓰레기를 철저한 재분류를 통해 산업용으로 재생해야 합니다.

넷째, 고도화된 열처리 기술로 쓰레기를 농축하여 재생에너지로 활용해야 합니다. 고도화된 열처리 기술개발을 국가적 차원에서 적극 지원해야 합니다.

다섯째, 매립 쓰레기는 압축하여 매립량을 극소화해야 합니다.

여섯째, 쓰레기 매립지는 철저한 사후관리로 환상적인 테마파크로 거듭나게 해야 합니다.

앞으로 환경문제는 국가의 문제이고, 온 지구의 문제이기도 합니다. 쓰레기, 폐기물의 철저한 관리가 필요합니다. 쓰레기를 환경오염 없이 재활용, 재생에너지로 만들어야 합니다. 쓰레기 관리는 고도의 과학입니다. 깨끗한 생활환경은 쓰레기 관리에서 비롯됩니다.

화장실 문화는 그 나라의 생활 수준입니다. 쓰레기 관리 문화는 곧 그 나라의 문화 수준이고, 쓰레기 처리 기술은 그 나라의 기술 수준이나 다름없습니다.

쓰레기에 대한 개념을 다시 정립해 볼 필요가 있습니다. 쓰레기를 처리하는 숨은 일꾼들을 존중하고 존경하는 사회적 분위기가 조성돼야 합니다. 쓰레기 처리는 자연 순환의 한 과정입니다. 쓰레기는 재생을 위한 폐자원입니다. 생각을 바꾸면 쓰레기도 아름답습니다.

2020.04.27. 시사플러스

한국의 뉴딜정책은 산업기술에서 찾아야

문재인 대통령이 미국의 루즈벨트 대통령이 뉴딜정책으로 불황을 타개하듯 코로나 이후의 경제 불황을 타개할 한국형 뉴딜정책을 모색하고 있다. 문재인 대통령이 '그린 뉴딜정책'을 관계 주요 부처와 협력해 환경부가 총괄하여 좋은 프로젝트를 마련해 보라고 지시도 했다.

우선 한국형 뉴딜정책의 개념 정립부터 확실히 해야 한다. 그리고 방향을 정확히 잡아야 한다.

대한민국은 기술 강국이다. 각 방향의 기술이 세계적 수준이다. 걸림돌이 있다. 기술의 사대주의와 권위주의다. 기술은 누가 개발했던 기술만 탁월하면 된다. 우리는 선진국 기술이라면 무조건 신뢰한다. 거액의 로열티를 주고 수입한다. 국내 기술개발은 권위있는 연구소에서 개발해야 신뢰한다. 중소벤처기업에서 개발하면 무시한다. 이들은 자금이 없어 신기술을 개발해도 시범사업도 하기 힘들다. 엔지니어 출신의 중소기업가들이 신기술을 개발하면 금융기관, 심지어 기술신용보증기금도 인정하려 하지 않는다. 대출을 원하면 담보나 판매실적부터 요구한다. 신기술이 빛을 보기가 힘들다.

정부에서 대학 연구소나 KAIST 등에는 연구개발비를 엄청나게 지원한다. 기술 공모와 시범사업 실시로 신기술을 검증, 발굴하는 것이 예산도 훨씬 적게 드는데 말이다.

이번 정부의 뉴딜정책은 생각을 바꾸어 잠재된 신산업기술을 발굴하는 데서 찾아야 한다. 빠른 시일 안에 효과를 볼 수 있다. 시의적절하다. 기업과 국민들에게 꼭 필요한 산업분야를 골라 기술 공모와 시범사업을 먼저 실시해 볼 필요가 있다. 그리고 시범사업을 통해 검증된 기술을 육성하면 된다. 기술의 중요도에 따라 국영기업으로 육성하든 사업자금을 저리로 융자해 주면 된다.

수도권매립지관리공사는 기술 공모와 시범사업을 통해 슬러지 열풍건조시설을 채택했다. 대표적인 성공사례다. 앞으로 슬러지나 음식물 쓰레기는 매립지공사가 발굴한 열풍건조방식을 이용하면 해결할 수 있다.

그린 뉴딜정책은 쓰레기(폐기물)를 종합적으로 처리할 수 있는 종합폐기물 관리방안에서 찾아야 한다. 첨단기술을 이용해 매립이 필요 없는 폐기물 제로화 시대를 열어야 한다. 특히 재생과 소각, 열병합 발전(發電)에 첨단기술을 융·복합하여 폐기물을 제로화 하고 재생에너지로 활용해야 한다.

신도시를 건설할 때 경기 하남시의 '유니온 타워'처럼 재생에너지 시설을 먼저 건설해야 한다. 화장실을 안방에 두듯 시내 한복판에 쓰레기 처리시설을 건설하는 것이다. 폐기물도 자연 순환의 한 과정이다. 화장실에 이어 폐기물처리시설에 대한 개념도 바꿔볼 필요가 있다.

정부가 기술 공모와 시범사업을 통해 이미 개발된 기술부터 먼저 활용하라. 그리고 부족한 기술은 이들에게 R&D 자금을 융자해 줘 업그레이드시키면 된다.

환경과는 별개의 문제지만 원천뿌리기술을 개발하고도 빛을 보지 못하는 중소벤처기업이 있다.

첨단세라믹이 좋다는 것은 누구나 다 안다. 우리나라도 첨단세라믹 시장이 20조 이상이나 된다. 문제는 가격이 비싸다는 것이다. 세라믹을 성형사출로 생산하면 가격을 1/2~1/10로 대폭 낮출 수 있다. 각 분야에 세라믹 수요가 많아 일자리를 수만 개 창출할 수 있다. 미국의 실리콘 밸리를 능가하는 10만 명 이상의 '세라믹 시티' 탄생이 가능하다. 시범사업을 통해 검증 후 확대하면 된다. 시범사업, 검증에 정부가 뉴딜정책의 일환으로 마중물 투자를 하면 된다.

한국의 뉴딜정책은 산업기술에서 찾아야 한다. 기술의 사대주의와 권위주의를 뛰어넘으면 된다. 기술의 민주화, 정신적 민주주의가 필요하다. 세종대왕이 장영실을 우대하듯 정부가 산업기술자들을 우대해야 한다. 기술 검증을 통해 신(新) 기술자로 선정되면 로또복권 당첨되는 사회적 분위기가 조성돼야 한다.

요즘은 글로벌 시대다. 국내에서 개발된 신기술은 정부가 조금만 뒷받침해주면 전 세계가 시장이다. 기술개발로 외국시장을 공략하면 양질의 일자리가 엄청나게 창출된다.

생각을 바꾸면 코로나 이후 경제 불황을 타개할 수 있다. 한국이 기술을 통해 코로나 방역뿐만 아니라 코로나 이후 경제극복에서도 모범국이 될 수 있다. 위기는 찬스다.

2020.06.04. 시사뉴스

상수도 그린뉴딜정책에 'BTL자동검침시스템' 도입해야

정부가 '한국판 그린 뉴딜정책'을 추진한다. 포스트 코로나 경기 부양책이다. 환경부는 상수도 그린 뉴딜정책을 추진하며 '상수도 자동(원격)검침시스템'도 도입해야 한다.

지금은 검침원이 가가호호를 방문, 일일이 검침을 한다. 일부 지역에선 도수(盜水) 사건, 검침원 사칭 도난 사건, 여(女)검침원 성폭행 사건 등이 발생해 사회 문제화 되기도 했다. 자동검침시스템을 도입하고 중앙관제탑에서 IOT(사물인터넷)를 이용, 자동검침을 실시하면 이런 문제점과 누수를 미리 찾아내 예방할 수 있다.

문제는 예산부족이다. 정부나 지자체가 예산이 부족하여 신기술을 도입하여 행정혁신을 못하는 경우가 많다.

이때 BTL(Build-Transfer-Lease, 임대형민간투자사업)나 BTO(Build-Transfer-Operate, 수익형 민간투자 사업) 방식을 도입한다. 요즘은 사업자가 운영상 리스크가 있는 BTO 방식보다 적정수익을 보장받는 BTL 방식을 선호하는 경향이 있다.

민간업체가 BTL 방식으로 먼저 막대한 예산을 투입하여 상수도 자동검침시스템을 설치한다. 시범운영하여 이상이 없으면 준공 승인 후 소유권이 지자체로 이전된다. 운영권은 사업자가 갖게 되는데 지자체가 다시 임차하는 방식이다.

지자체는 아무 리스크 없이 상수도 자동검침시스템을 새로 도입하게 된다. 설치 기간은 10개월 정도 소요되며 리스 기간은 8년이다. 리스비(분담금)가 절감된 예산에 비해 훨씬 적게 들어 경제적 효과도 엄청 크다. 예산도 절감되고, 포스트 코로나 비대면 시대에 적합할 뿐 아니라 검침원 방문 시 문제점 해결, 누수 사전 탐지, 데이터 베이스 구축으로 상수도를 효율적으로 운영할 수 있는 4차원 시대의 IOT 시스템이다. 반드시 설치해야 하는 혁신 시스템 중의 하나다.

인천시를 비롯하여 많은 지자체가 재정사업으로 연차적으로 예산을 투입, 자동검침시스템을 도입하고 있다. 설치가 전부 완료되면 상수도 운용이 효율적으로 이뤄지게 된다. 문제는 재정사업으로 한 번에 예산을 투입하면 편익효과가 크다. 그러나 예산 부족으로 연차적으로 예산을 투입할 바엔 BTL 방식을 이용하는 것이 훨씬 효율적이다.

전북 고창군은 BTL 방식으로 상수도 원격(자동)검침시스템을 도입했다. 이로 인해 혁신우수상을 받기도 했다.

BTL 사업을 채택하면 새로운 시스템 도입에서 발생되는 예상치 못한 리스크는 민간업체가 떠안게 된다. 예산확보의 어려움을 겪지 않아도 된다. 지역 경제 활성화에 기여도 하여 도랑치고 가재 잡는 격이다.

환경부가 한국판 그린뉴딜정책의 일환으로 상수도 공급 시스템에 많은 예산을 투입한다. 정수시설 현대화와 ICT(정보통신기술)시스템 도입으로 유수율(수돗물 공급대비 요금 징수비율)을 높이자는 것이다. 하지만 예산 부족으로 수용자를 위한 자동(원격)검침시스템은 10%의 시범사업 밖에 하지 못한다.

해결책이 있다. BTL 사업으로 수용자에게 필요한 자동검침시스템을 도입하는 것이다. 민간업체가 BTL 방식으로 3조 원을 투입할 준비가 되어있다. 자동검침시스템이 도입돼야 환경부의 스마트 상수도관망 관리 사업이 시너지효과를 보게 된다. 동맥만 스마트화 된다고 스마트한 게 아니다. 모세혈관도 스마트화 돼야 한다. 그래야 빅데이터로 물의 수급량을 권역별, 상권별로 측정하여 적정한 물을 생산하여 공급할 수 있다.

스몰데이터로 가정에서 독거노인들의 고독사도 찾아낼 수 있다. 대민 서비스의 질이 높아진다. 무엇보다 3조 원의 민간자본이 투입되어 단기간(설치기간)이나마 일자리가 대폭 늘어난다. 단기 경기부양책으론 최고다. 그린 뉴딜정책의 참뜻과도 부합된다. 국가적 차원에선 보면 일반세금으로 경기부양책을 꾀하는 것보다 민간자본이 참여하는 것이 경기부양에 훨씬 더 효과적이다. 예산투입보다 수용자 부담원칙이 형평성에도 걸맞는다.

시행상의 문제점은 검침원 20~40명의 대책이다. 이들도 검침 대신 스마트 물관리 대민서비스 업무로 대체하면 된다. '상수도 검침'도 전기처럼 결국은 자동검침시스템을 도입해야 한다. 그래야 불감율(수돗물 사용을 감지 못하는 비율)을 낮출 수 있다. 유수율을 높이고 불감율을 낮추면 예산이 절감되고, 일반 수용가의 수도요금을 낮출 수 있다.

과거 IMF로 경제가 어려울 때 BTL방식을 도입했다. 또다시 코로나19로 경제위기다. BTL(임대형민간투자사업) 도입이 필요한 시기다.

정부는 광역시나 지자체가 '상수도자동검침 BTL사업'을 적극 이용토록 권장할 필요가 있다. 코로나 역병 극복과 경제 활성화는 민(民)과 관(官)이 함께 노력해야 이루어진다. 생각을 바꾸면 행정은 혁신되고, 경제는 활기를 띠고, 국민은 편리하게 된다.

2020.10.21. 시사뉴스

개념 정립을 분명히 해야 올바른 복지정책이 나온다

복지에는 보편적 복지와 선택적 복지가 있다. 보편적 복지는 우리 국민이면 누구나 똑같이 주는 혜택이다. 일종의 국민특권이다.

아이를 키워주고, 노후 안정된 생활을 보장하는 것이 보편적 복지의 근간이다. 보편적 복지는 차별을 두지 않는다. 서울시에서 65세 이상 노인에게 지하철 요금을 무료화하는 것이 대표적인 예다. 재벌그룹 회장도 65세가 넘으면 무료다.

기왕에 국가가 제공하는 특권이면 지역 차별을 두어선 곤란하다. 서울 경기지역은 신용카드도 교통카드처럼 사용이 가능하다. 수도권을 제외한 지역 노인은 일일이 승차카드 구입 후 환급받는 번거로움을 감내해야 한다. 형평에도 어긋난다.

특권은 대한민국 국민임을 자랑스럽게 만든다. 한마디로 자긍심을 고취시킨다. 대한민국 국민이면 누구나 65세가 되면 매달 30만 원씩이 아니라 열 배인 매달 300만 원씩 기초노령연금을 받는다고 가정해보자. 대한민국 국민을 전 세계인이 부러워할 것이다.

보편적 복지는 곧 국력의 상징이다. 문제는 예산이다. 국가가 재정이 튼튼하면 특권은 늘릴수록 좋다. 선택적 복지는 특수한 사회적 약자를 보호하기 위해 선별하여 혜택을 주는 것이다. 함께 더불어 잘 살자는 취지다. 장애인이나 독거노인, 국가유공자들에게 주는 혜택 등이 여기에 속한다.

복지정책을 공약하고 실시할 때는 보편적 복지 즉 모든 국민에게 골고루 혜택을 줄 것이냐, 아니면 특수한 사회적 약자 계층을 대상으로 할 것이냐 개념 정립부터 분명히 해야 한다.

결식아동을 위한 무상급식이면 선택적 복지, 전체 아동에게 급식을 제공하면 보편적 복지다. 예산이나 모든 상황을 고려하여 신중히 선택해야 한다.

국가가 재정이 풍부하면 모든 사람에게 혜택을 많이 줄수록 좋다. 중동의 산유국에서는 국가가 벌어들인 돈으로 무상급식은 물론 무상교육도 실시한다.

세금을 징수하여 복지정책을 실시할 경우에는 보편적 복지보다는 선택적 복지가 적절하다. 납세자 입장에서는 세금을 가장 적게 내는 것이 최상의 복지다. 보편적 복지는 줄이고 사회적 약자들에 대한 선택적 복지는 늘리는 정책이 바람직하다. 한마디로 정부가 예산을 효율적으로 사용하여 국민들의 세부담을 줄여달라는 것이다.

노인들의 시내버스 할인제도를 없애고 기초노령연금제도를 도입했다. 그럼 기초노령연금은 보편적 복지가 마땅하다. 현행제도는 개념 정립이 불분명하다.

세금은 누진과세가 맞다. 그렇다고 세금 많이 낸 사람을 우대는 못할망정 특권에서 제외하는 것은 옳지 않다. 차라리 대중교통 할인제를 그냥 두고 선택적 복지 개념의 기초노령연금을 도입하는 것이 적절했다. 부자도 세금은 누진과세로 많이 납부할망정 국가가 제공하는 특권은 향유하고 싶다. 자긍심의 문제다. 개념 정립을 분명히 해야 한다.

출산율이 저조한 것은 아이를 낳기 싫어서가 아니다. 키울 능력이 없기 때문이다. 근본적인 대책을 마련하지 않고는 출산율 증가는 어렵다. 부부가 맞벌이하는 것도 먹고 살기 힘들기 때문이다. 노후 거동이 불편하면 요양원에 입원하는 것이 일반화됐다. 가족이 부모를 돌볼 수 없기 때문이다.

복지는 가족이 해결 못하는 것을 국가가 대행하는 것이다. 국민특권, 보편적 복지가 다양하다는 것은 국가가 부유하다는 것이다. 아이들 키우기가 부담스럽지 않고 노후 생활이 겁나지 않는 대한민국, 우리 모두의 꿈이다.

개념 정립을 분명히 하면 올바른 정책의 방향이 보인다. 특히 복지정책은 정책을 수립하기 전에 보편적 복지(국민특권)인지, 선택적 복지인지 개념 정립부터 분명히 해야 한다. 개념 없는 선심성 복지정책은 국민들의 갈등만 부추긴다.

2020.11.09. 시사뉴스

노인복지, 어떻게 할 것인가? 실버노임제도와 십일조 효도헌금 검토해 볼만

누구나 노인이 된다. 노인의 수명이 엄청 늘어났다. 바야흐로 100세 시대가 됐다.

퇴직연령이 교수가 가장 길다. 교수도 65세면 퇴직한다. 공무원은 60세면 퇴직한다. 일반회사는 50대 후반에 퇴직한다. 퇴직 후 남은 기간이 너무 길다. 퇴직이, 노인이 되는 것이 두렵다. 할 일이 없다.

퇴직 후 대책이 마련돼 있지 않기 때문이다. 경제적으로 여유가 있는 사람들도 답답하기는 마찬가지다. 여가생활을 즐기는 것도 한두 달이다. 새로운 일을 찾아 제2인생을 살아야 한다.

현재 노인들은 70세 시대를 염두에 두고 살아온 세대다. 100세 시대를 대비해 제2인생에 대한 대책이 마련돼 있지 못하다. 경제력도 넉넉지 못하다. 자식들의 도움을 받기도 힘들다. 요즘은 부부가 맞벌이를 해야 살 수 있다. 자식이 부모를 부양할 수가 없다. 자식들도 안타깝다.

부모와 자식, 아니 온 국민이 심각하게 노인복지에 대해 개념정리를 할 필요가 있다.

먼저 가족에게 한 가지 제안을 한다.

부모에게 십일조 효도헌금을 자동이체 해드려라. 그것으로 부모에 대한 도리는 다한 것이다. 부모는 십일조 효도헌금을 통해 자식의 어려움을 알 수 있다. 이보다 좋은 소통이 없다.

교회에 가면 십일조 헌금을 한다. 하나님 아버지께 드리는 것이다. 하늘에 계신 아버지보다 살아있는 아버지께 드리는 것이 먼저다. 부모님이 천국에 가시면 그 다음에 하늘에 계신 아버지께 십일조 헌금을 드리면 된다.

교회가 앞장서서 캠페인을 전개해야 한다. 그것이 십일조 헌금을 일반화시켜 교회 수익에도 훨씬 도움이 된다.

십일조 효도헌금은 부부가 합산한 수입의 1/10을 양가 부모님께 절반씩 똑같이 나눠 드려라. 효도는 그것으로 족하다. 부모가 돌아가시면 교인들은 십일조 헌금을, 일반인들은 주변에 어려운 사람들을 돕는 데 사용하면 열 배, 백 배로 복이 되어 되돌아온다. 십일조 효도헌금을 사회운동으로 전개할 필요가 있다. 직장과 사회에서 십일조 효도헌금을 드리는 사람들을 우대해주면 더욱 좋다.

그 다음은 정부가 나서야 한다. 노인들의 수입과 국민연금 등을 합산해 1인당 필요한 기초생활자금을 통계적으로 비교 분석해 합리적으로 기초노령연금을 산출해 지급해야 한다.

노인문제는 노인들이 제일 잘 안다. 대한노인회를 중심으로 노인들이 스스로 해결토록 법률적 제도적 뒷받침을 해줘야 한다. 대한노인회가 사단법인이다. 이를 법정단체로 격상해야 한다. 그리고 노인대책을 스스로 수립토록 해야 한다. 노인회를 중심으로 건강한 노인들을 위해 일자리를 많이 만들어야 한다. 일자리를 마련해주는 것보다 더 큰 복지는 없다.

요즘 60대는 노인도 아니다. 사회적 경륜이 풍부하다. 건강과 열정도 있다. 이들을 효율적으로 활용할 필요가 있다.

'실버노임제도'를 도입하면 된다. 정규직과 임금체계를 이원화하면 된다. 60세가 넘으면 비정규직으로 전환, 1년 단위로 계약경신을 하는 실버노임제도를 도입하는 것이다. 연봉은 정규직의 절반 정도 수준이면 된다.

기업은 최소의 비용으로 최대의 효과를 거둘 수 있다. 기업이 생각을 바꾸면 양질의 실버 노동력은 얼마든지 있다. 사회적 통념만 바꾸면 된다. 사회적 통념을 바꾸는데 대한노인회가 앞장서야 한다.

그 다음은 노인들의 건강증진센터를 대폭 확충해 노인들이 건강하게 여가활동을 즐기게 해야 한다. 의료보험비용 절감효과도 있다. 국민건강보험공단이 적극적으로 나서야 한다.

노인 누구나 최후엔 거동이 불편하게 돼 있다. 노인들은 요양원시설 입원을 현대판 고려장으로 여긴다. 그런 기분이 들지 않도록 요양원 시설을 고급화하고 대폭 늘릴 필요가 있다. 요즘은 친구나 가족끼리 요양원을 함께 이용하는 것이 유행이다. 외롭지 않고 서로 의지할 수 있어 좋다.

65세 이상 노인이 8백만 명이다. 누구나 노인이 된다. 노인이 되는 게 두렵지 않도록 노인복지정책에 대해 사려 깊게 고려해 볼 때가 됐다.

2021.03.03. 시사뉴스

서울에 위치한 대학 지방이전 시 그 부지에 아파트 짓도록 허용해야

서울에 아파트 지을 곳이 없다고 한다. 그렇다고 그린벨트를 풀 수도 없다. 정책관계자들이 생각만 바꾸면 해결책이 있다. 대학을 지방으로 이전할 경우 그 부지에 아파트를 지을 수 있도록 허용하는 것이다.

서울시는 오세훈 서울시장 시절인 2007년에서 2008년 사이에 서울에 위치한 대학의 지방 이전 시 부지 이적지에 대해 기반시설 부족, 주변주택 일조권 침해 등을 이유로 아파트가 아닌 공원, 복지시설로만 사용토록 조례를 제정했다. 지방이전을 희망하는 학교가 기존의 학교 부지를 매각치 못하게 만든 것이다. 따라서 대학이 지방 이전을 원해도 기존의 부지를 매각치 못해 이전이 사실상 불가능하다. 서울시가 조례를 통해 지방 이전을 원하는 대학의 발목을 잡은 것이다. 이는 국가의 수도권 인구분산 정책과 배치되는 것이다.

서울이 복잡한 것은 대학이 주로 서울시내에 몰려있기 때문이다. 이로 인해 주택난과 교통난 등 각종 문제가 발생한다. 이들 대학들이 지방으로 이전할 경우 그 이적 지에 아파트를 지을 수 있도록 '서울특별시 도시계획조례 제54조'를 개정하면 모든 문제가 해결된다.

서울에 학교부지가 기준 면적 이하의 대학이 37개나 된다. 이들 대학들이 기준 면적을 늘리기는 불가능하다. 재정형편이 열악한 사립대학들이 주변지역 주택을 매입할 수가 없다. 따라서 대학의 교육환경이 열악하다. 그렇다고 지방으로 이전하자니 학교부지를 매각할 수가 없다. 서울시 조례가 걸림돌이다. 이런 사실을 알고 있는 사람들도 거의 없다.

서울은 공공주택을 지을 부지가 턱없이 부족하다. 아파트 값이 치솟아 정부가 몸살을 앓고 있다. 방법이 분명히 있다. 대학이 지방으로 이전할 경우 그 학교부지에 아파트를 지을 수 있도록 허용하면 된다. 그렇다고 사립대학을 강제로 지방으로 이전하자는 것이 아니다.

대학의 자율경영을 존중해야 한다. 대학의 지방이전이 재정 상태를 건전하게 만들고, 교육의 질을 높이고, 학교경영에 도움이 되면 지방으로 가지 말래도 간다. 지방에 특성화된 학교끼리 연대하여 교육도시가 탄생할 수도 있다.

서울시가 조례만 개정하면 일석삼조의 효과를 거둘 수 있다. 우선 부족한 아파트를 지을 부지를 대량으로 확보할 수 있어 주택가격 안정에 큰 도움이 된다. 뿐만 아니라 서울에 집중되는 인구를 분산시키는 효과를 가져온다. 사립대학이 열악한 재정상태를 벗어나 교육의 질을 높일 수 있다. 한마디로 도랑치고 가재 잡는 것이다. 서울시가 조례를 개정해 아파트를 지을 수 있도록 허용하면 대다수의 사립대학들은 지방으로 이전할 것으로 보인다. 굳이 땅값이 비싼 서울에 있을 필요가 없다.

서울시 조례는 서울시장이 누가 당선되든 집권당인 더불어민주당이 마음만 먹으면 언제든 개정이 가능하다. 서울시의회는 의원 2/3 이상을 민주당이 차지하고 있다. 민주당이 정책적으로 조례를 개정할 수 있다.

민주당과 서울시의회는 대학 지방 이전 시 부지 이적지에 대해 자율적으로 개발할 수 있도록 하루속히 조례를 개정해야 한다. 그러면 아파트 지을 부지는 대량으로 확보할 수 있다. 대학의 지방 이전은 노무현 정부 이후 국가가 추진하는 수도권 인구분산 정책의 핵심이기도 하다.

대학이 지방으로 이전 못하는 것은 바로 서울시 조례 때문이다. 조례 개정으로 대학이 이전할 경우 그 부지에 공원이나 공익시설로 밖에 사용할 수 없게 만들어 학교부지 가격은 인근 주거지역의 1/10 수준에 불과하다. 용도변경이 되지 않아 매각이 불가능하다. 대학의 지방이전을 원천봉쇄하는 '정치적 꼼수'가 서울시 조례에 담겨 있는 것이다.

집권당 정책관계자들이 정신을 바짝 차리고 허심탄회하게 바라보면 서울의 주택가격 안정은 물론 서울의 인구집중을 막을 수 있다.

국회의석 180석을 몰아줘도, 서울시의회 106석 95%를 몰아줘도 부조리한 조례가 있는지도 모르는 집권 민주당을 어찌하오리까? 교육부는 교육의 질을 높이기 위해 사립대학을 지원하고, 서울시는 사립대학을 서울에 묶어두기 위해 발목을 잡는 엇박자 행정을 어찌하오리까?

2021.04.06. 시사뉴스

비트코인 광풍, 또 규제할 명분 찾나?

우리나라에서 비트코인 광풍이 불고 있단다. 이를 불법투기로 간주, 정부에서 거래소를 폐지하고 거래를 중단시키려고 한다. 한마디로 무지한 공직자들이 네티즌들을 관리해 보겠다는 발상이다.

비트코인을 가상화폐라고 한다. 가상화폐는 쉬운 말로 가짜 화폐다. 번역이 잘못된 것 같다.

온라인상에 재산가치가 있는 것이 너무 많다. 페이스북에 글을 올리는 사람들이 많기 때문에 페이스북 회사가 엄청난 돈을 번다. 구글도, 카톡도 마찬가지다. 하지만 정작 글을 올리는 사람들은 돈을 벌지 못한다. 이들에게 글을 올리는 빈도수나 글의 영향력 수준에 따라 신용카드 회사에서 사용량에 비례하여 포인트를 적립해주고 물건으로 교환해 주듯 일정량의 포인트를 주고 이를 재산 가치로 인정해 가상화폐로 교환해 줄 수 있다. 온라인상에서도 물물교환 대신 화폐가 필요하다. 온라인상의 화폐가 바로 가상화폐(?)다. 온라인상에서 재산 가치를 찾아내는 것이 바로 '채굴'이다.

온라인상에서 이루어지는 것을 정부에서 막을 수가 없다. 전 세계 모든 정부가 합의해 막으면 가능할지도 모른다. 싱가폴이나 미국은 오히려 자기 나라로 오길 권한다.

정부가 규제를 하면 이들은 외국으로 간다. 모처럼 블럭체인 업체가 생겨나고, 우리의 젊은 네티즌들이 온라인상에서 주도권을 잡아가는데 도와주지는 못할망정 그들을 외국으로 추방해서야 되겠는가?

우리는 무슨 일만 생기면 관료들은 규제조항을 만들어 관리하려고 한다. 이른바 '규제 공화국(?)'이란다.

사업하는 사람들이 국내서 사업을 못하겠다고 아우성이다. 규제와 관리로 특권의식을 누리는 공직자들을 개혁하는 것이야말로 적폐청산이다.

적폐청산은 공직자들의 그릇된 관행과 관습을 시정하는 데서 비롯돼야 한다.

경제는 규제보다 웬만하면 시장경제원리에 맡겨두는 것이 상책이다. 굳이 규제를 하려면 미국이나 일본 등에서 규제하는 것을 참작하여 한 발짝 늦게 하는 게 좋다.

다른 건 느리면서 규제는 동작이 빠른 우리 공직자들, 어떻게 생각하십니까?

2018.01.16. 시사플러스

코레일과 (주)SR은 통합, 개혁해야 한다

한국철도공사(코레일)와 수서고속철도(SRT) 운영사인 (주)SR은 통합해야 한다.

2016년 12월 한국철도공사는 경쟁체제를 도입하여 생산성을 향상시켜 철도산업의 적자구조를 개선하고 철도서비스의 질을 향상시킨다는 명목으로 한국철도공사가 41%의 지분을 투자하여 자회사 (주)SR을 탄생시켰다.

지난 2년 간 운영해 본 결과 예상은 빗나갔다. 코레일은 수익이 나지 않는 일반열차와 화물열차 등을 함께 운영하는 반면, (주)SR은 수익성 높은 고속철도만 운행하고 있어 정상적 경쟁관계는 성립되지 못했다. 코레일(KORAIL)만 적자가 더 심해졌다. 쉬운 말로 알짜만 (주)SR이 빼간 셈이 됐다.

한국철도공사가 경쟁력을 확보하기 위해 자회사 (주)SR을 만들어 형식적인 개혁을 할 것이 아니라 차라리 완전 민영화했으면 좋았을 뻔했다. 지금은 이것도 저것도 아니다. 한국철도공사의 개선방안이 오히려 개악을 초래한 꼴이 됐다. 그럴 바엔 차라리 통합하고 철도공사 내부개혁방안에 역점을 두는 것이 옳다고 본다.

요즘은 도시와 도시를 잇는 대중교통수단으로 고속도로도 한계에 부딪혔다. 이제 철도로 대체하자는 것이 우리나라뿐 아니라 세계적 추세다. 철도가 주요도시의 중심부를 지하로 통과하면 된다. 부지를 매입할 필요가 없어 예산도 크게 더 들지 않는다. 예를 들어 강릉은 철도를 지하화했다.

새로 건설되는 중부내륙선철도 부터 주요 도심을 지하로 통과하게 건설할 필요가 있다. 예산이 부족하면 철도건설 몇 년 더 늦춰도 된다. 기왕에 늦은 내륙선철도 좀 늦더라도 국가백년대계를 위해 제대로 건설했으면 한다. 그러면 수도권과 지방 주요 도시가 동일 생활권이 된다. 인구분산정책에도 도움이 된다. 지방도시에 지하철을 건설해주는 효과도 가져온다.

서울도 처음엔 한국철도공사가 지하철 1호선을 건설한 게 서울을 지하철 시대로 여는 계기가 됐다. 기존의 지방주요도시를 통과하는 철도도 점차적으로 시내중심부를 관통해 지하화해야 한다. 지상철도는 30m 성곽을 쌓은 것과 같다. 교통은 편리하지만 도시발전의 저해요인이 된다. 이 같은 지방도시의 문제점도 해결할 수 있다.

벽지 철도역은 지자체와 협력하여 지역 특색에 맞는 역사문화역사로 탈바꿈해 관광자원화할 필요가 있다.

한국철도공사가 전형적인 공직자들의 무사안일과 복지부동의 자세만 탈피하면 굳이 민영화를 주창할 필요도 없다. 철도공사뿐 아니라 공사개혁방안으로 민영화를 주장하는 것은 공직자들의 근무 자세에 문제가 있기 때문이다.

한국철도가 남북철도를 잇고 유라시아로 뻗어나가야 한다. 지방 주요도시의 철도도 지하화해야 한다. 그러기 위해선 통합된 강력한 힘이 필요하다. 웬만하면 세금 투입하지 않고 자체적으로 해결했으면 좋겠다. 이제 눈 감고 아웅하는 개혁이 아닌 근본적이고 원천적인 개혁이 필요하다. 그러기 위해선 코레일과 (주)SR이 통합해 체계적으로 혁신을 거듭해야 한다.

철도는 국민의 발이다. 발이 편해야 몸이, 국민이 편안하다.

2018.07.01. 시사플러스

PART

VI

코로나 대책,
이게 뭐야?

코로나19 관리 무엇이 문제인가?

우리나라의 코로나 선별검사와 문자통신, 격리는 한마디로 세계적 수준이다. 코로나 백신 예방주사도 우리나라처럼 효율적으로 시행하는 나라도 없다. 심지어 외국에서 유통기한이 임박한 백신을 공수해 와 우리가 사용했다.

뒤집어 보면 외국에선 백신이 있어도 행정력 미비와 국민의 호응이 없어 제대로 사용치 못하고, 우리는 백신이 없어서 사용 못하는 꼴이다.

문제는 정부가 개념정리 없이 코로나 대책을 시행한다는 것이다.

정부는 코로나19 전염병이 발생했을 때 코로나19의 특성을 정확히 분석하고 국민들이 어떻게 예방하는 것이 효율적인지를 먼저 홍보하고 국민들의 협조를 구했어야 했다. 그다음에 제약회사와 의학계의 협조를 얻어 백신 및 치료약 개발에 예산을 과감히 투입했어야 했다. 백신 개발이 어려우면 미국 등으로부터 백신 확보 계획을 치밀하게 세웠어야 했다.

우리 국민들은 국가적 위기상황에서는 정부의 지침을 잘 따른다. 코로나19에 대응하여 전 세계에서 우리 국민처럼 정부가 제시한 방역수칙을 철저히 준수하는 국민도 없다.

정부는 위반 시 벌금을 부과하기 때문에 국민들이 방역수칙을 철저히 준수한다고 착각하는 것 같다. 국민들이 아무 말 없이 방역수칙을 준수하는 것은 정부단속이 무서워서가 아니다. 코로나를 퇴치하려는 수준 높은 국민의식 때문이다. 위반하면 다른 사람들의 눈총이 따갑다.

문제는 사회적 거리두기다. 물론 마스크를 쓰고 접촉을 피해야 한다. 하지만 일상생활을 하면서 대면접촉을 하지 않을 수가 없다. 대면접촉에 대한 정부의 개념정리가 불분명하다. 행정 편의적이다.

비말의 특성에 대한 정확한 분석도 없다. 왜, 2m이상 거리를 두어야 하는지 설명이 없다. 비말은 2m 이상을 가지 않으니 가급적 2m 이상의 거리를 두고 대화를 하라면 이해가 간다. 모임 제한도 마찬가지다. 왜 집회 시 49명으로 제한하고, 사적 모임을 2명, 4명으로 제한하는 근거가 분명치 않다. 전철을 타면 출퇴근 시간에는 수백 수천 명이 빼곡히 서서 이동하는데 말이다.

가급적 단체모임을 피하고 굳이 모일 수밖에 없을 경우 꼭 마스크를 쓰고 대화를 자제하라면 이해가 간다. 또 시간대별 제한도 그렇다. 저녁 6시 이후 야간에는 코로나균의 활동이 왕성하단 말인가. 도대체 정부의 사회적 거리두기 기준이 무엇인지 모르겠다.

그래서 정부가 코로나 방역을 핑계 삼아 정치적 집회를 원천봉쇄하려는 저의가 숨어 있다고 많은 사람들이 비난하는 것이다.

죽어나는 것은 자영업자와 서민들이다. 이들의 불만이 이만저만이 아니다. 정부가 마치 이들의 불만을 잠재우기 위해 재난지원금을 지급하는 것처럼 느껴진다. 재난지원금 지급도 개념정리가 분명치 않다. 하위 70%, 88% 기준이 도대체 무엇인가? 또 경기도는 전 도민들에게 지급한다. 경기도는 대한민국이 아니고 특별공화국인가?

재난지원금은 재난을 극복하고 재난으로 피해를 당한 사람들에게 피해를 보상하는 것이다. 하위 소득자에게 주는 시혜(施惠)가 아니다. 그러니 국민들이 화가 나는 것이다.

어정쩡한 코로나 백신 공급

정부는 임상실험의 요건 부족으로 백신을 개발하기 힘들다고 판단되면 미국 등 선진국과 백신공급 계약에 심혈을 기울였어야 했다. 아니 일반제약회사에 코로나 백신 수입을 허용하고, 일반병원에서 자율적으로 백신주사를 맞도록 권장했으면 훨씬 효율적이었을 것이다

일반병원에서 백신 주사를 못 맞는 국민들에게 보건소에서 무료로 백신주사를 놓아주면 된다. 정부가 백신 구입을 독점적으로 시행할 일이 아니다.

코로나 전염병의 치사율이 낮아지고 장기화됨에 따라 위드 코로나(With Corona), 코로나를 감기처럼 여기고 일상생활을 정상화하자는 움직임이 거세다. 정은경 질병관리청장이 10월 말경에 '위드 코로나'를 검토해 보겠단다.

정부는 아직도 늦지 않았다. 치료제 개발에 힘쓰는 한편 코로나에 대해 확실하게 개념정리부터 하고 대책을 강구하길 바란다.

2021.09.16. 시사뉴스

코로나19 대책, 방역수칙 준수밖에 없는가?

코로나19로 인해 전국의 경로당 문이 굳게 닫혔다. 노인들이 갈 곳이 없다. 어르신들이 집에만 머무르는 것도 이제 지쳤다. 우울증에 시달리는 노인들이 너무 많다.

교회도 집회금지 명령이 내려 예배 등 각종 모임을 갖지 못한다. 종교탄압이라고 아우성이다. 학원, 식당 등 실내 밀집 영업시설도 못 살겠다고 난리도 아니다.

대책은 없는 것일까?

정부는 코로나19 퇴치를 오로지 방역수칙 준수에만 의존하는 듯하다. 사회적 거리두기 2.5단계로 갔다가 2단계로 내려갔다. 그럼에도 불구하고 사회경제활동이 거의 마비 상태다. 왠지 식약청과 질병관리본부를 비롯해 정부가 무능해 보인다.

식약청은 벌써 코로나19가 창궐한 지 7개월이 넘었는데 백신 개발을 엄두도 못 내고 있다. 권위적인 자세를 버리고 좀더 적극적으로 백신 개발에 나서라.

중앙재해대책본부는 마스크 쓰고, 사회적 거리두기만 강조할 일이 아니다. 실내 폐쇄된 공간은 속수무책이면서 실외에서나 적합한 방역수칙만 강조하고 있으니 답답하다.

공기청정기 전문업체인 벤처기업 (주)다우코리아 배준형 대표와 (주)세이프티랩 김진식 대표를 만났다. 실내에 '플라즈마 공기살균기'를 설치하면 전염을 예방할 수 있다고 주장한다. 실내에 에어컨처럼 설치하여 가동하면 바이러스 살균은 물론 공기를 청정하게 하고 각종 냄새도 없애준단다. 고려대에 의뢰해 실험한 결과통보서도 보여준다. 조달청 우수제품으로 등록되어 국립병원 수술실 등에 설치했단다. 그렇다면 중대본은 이를 시범적으로 설치해 운용해보고, 그 결과에 따라 확대 실시 여부를 결정하면 된다.

119구급차량과 국립병원 수술실에서 사용하면 이미 검증된 '공기살균기'다. 이를 코로나 예방을 위해 전철, 식당 등에 이용하지 않을 이유가 없다. 실내에 '플라즈마 공기살균기'를 설치하면 전염의 공포에서 벗어날 수 있다.

우리나라는 곳곳에 천재들이 너무 많다. 이들의 기술을 활용하면 코로나19 역병을 충분히 잡을 수 있다. 정부가 이들의 기술을 점검하고 신속히 현장 배치하는 적극적인 자세가 필요하다.

필자는 일전에 음압병실이 모자라면 캠핑 캐러밴에 음압기를 장착하여 음압병실로 활용하면 된다고 주장했다. 벌써 음압캐러밴을 이용하는 의료원도 생겨났다. 이제 음압병실이 모자라 코로나 환자를 치료 못하는 일은 없게 됐다.

정부에 강력히 권고한다.

코로나 2차 재난지원금으로 휴대폰 통신요금 2만 원씩을 지원해줄 일이 아니다. 국민들에게 별로 도움도 되지 않는다. 차라리 그 예산으로 '공기살균기'를 집합시설에 설치해 시범운용해 보라. 국민들에게 필요한 것은 몇만 원의 지원금보다 자유로운 경제 사회활동 보장이다.

배준형 대표 말대로 '플라즈마 공기살균기'가 확실한 살균효과가 있길 바란다. 정부는 공기살균기 기술 공모를 통해 사업자를 선정, 시범사업부터 신속히 실시하라. 지금은 살균소독기를 개발한 특정 벤처사업가의 성공여부가 중요한 게 아니다. 살균소독기가 제 기능을 발휘하여 자영업자가 자유로이 영업을 재개하고, 교회가 정상적인 예배모임을 갖고, 노인들이 경로당을 자유롭게 이용하는 등 정상적인 사회 경제활동이 중요한 것이다.

보건복지부가 좀더 적극적이고 능동적이고 창의적으로 코로나19 대책을 강구했으면 좋겠다. 생각을 바꾸면 사회, 경제활동에 제약을 최소화하며 코로나19를 극복할 수 있다.

2020.09.18. 시사뉴스

코로나균보다 경제 붕괴가 더 무서워… 코로나 관련 개념 정리 확실히 해야

코로나19 대책과 관련하여 정부는 1년간 고생을 많이 하고도 비난을 면치 못하는 이유가 있다. 바로 개념정리가 분명치 않기 때문이다.

정부는 코로나 대책과 관련하여 개념정리부터 분명히 해야 한다. 그리고 대책을 강구해야 한다. 국민들 눈에는 정부가 하는 일이 확진자 현황만 매일 발표하고, 방역수칙 준수와 사회적 거리두기 문자나 매일 보내는 게 고작인 것처럼 보인다. 이상한 것은 확진자가 양성 판정되어 병원에 입원하면 치료제가 없다면서 거의가 완치되어 퇴원한다. 뭐가 뭔 말인지 모르겠다.

중요한 것은 최선진국인 미국은 코로나 사망자가 50만 명이나 된다. 전 세계 사망자가 240만 명이 넘었다. 우리나라는 1,500 명 정도에 불과하다(2월 15일 통계). 그러니 정부 대책이 상대적으로 우수해 보여 뭐라고 탓할 수도 없다.

그러나 정부는 코로나 대책을 4개 유형으로 분류, 그 대책을 신속히 강구하라. 그리고 그 진척 상황을 수시로 국민들에게 보고하라.

첫째, 코로나 백신 및 치료제 개발에 총력을 기울여야 한다. 우리나라 기술진은 우수하다. 그들의 기술개발에 자금을 투입하고 임상실험에 정부가 적극적으로 협조하라. 우리나라가 백신을 개발 못한 이유를 국민들이 납득할 수 있게 설명하라. 또 코로나 치료제 개발 진척 상황도 궁금하다. 식약청은 국민들이 궁금하지 않게 수시로 확진자 발표하듯 중간 보고를 하라.

둘째, 코로나가 어떻게 전염되고 효율적인 방역체계가 무엇인지 명확히 규명해 홍보해야 한다. 특히 사회적 거리두기의 개념정리를 분명하게 하라. 시간대별로 전염이 다른 것인지, 4인과 5인의 차이가 무엇인지, 음식점과 찻집 등 업소별로 거리두기 기준이 다른 이유도 궁금하다. 전철과 버스는 아무 대책도 없이 사각지대다. 정부가 개념정리를 분명히 하지 않고 자의적으로 거리두기를 시행하니 코로나 역병을 정치적으로 이용한다고 말이 많은 것이다.

기존의 소독제는 인체에 해롭다고 한다. 인체에 무해한 소독제가 개발되고, 공기 중의 코로나 균을 살균할 '플라즈마 코로나 공기 살균기'가 개발되었다. 코로나 비상사태에 관계당국은 신속히 검증해봐야 한다. 관계당국의 복지부동 행정에 개발업체가 불만을 터트린다. 심지어 동부구치소에 확진자가 1천 명 이상이 발생하여 순복음교회와 온누리교회가 '코로나 공기살균기' 100대(3억 원 상당)를 기증하겠다는 데도 싫단다. 법무부가 가둬놓고 관리하는 감옥에서 확진자가 그렇게 많이 발생했다는 게 말이 되는가. 119 구급대와 국립병원 수술실에도 납품하는 코로나 공기살균기를 동부구치소가 거부하는 진짜 이유가 무엇인가?

실내에 코로나 공기살균기를 설치하면 저녁 9시 영업제한이나 5

인 이상 모임 금지조치를 완화해도 된다고 한다. 자영업자들의 경제활동을 제한하지 않아도 효율적으로 방역할 수 있다는 것이다.

셋째, 코로나는 사람을 통해 전염된다고 한다. 전염을 막기 위해 국민들의 사적모임을 자제토록 호소하는 것이 먼저다. 정부는 납득할 만한 개념 정의도 없이 5인 이상 모임을 금지하고, 마스크를 쓰지 않으면 벌금을 물리겠다고 겁박하지 마라. 지금까지 자발적으로 방역수칙을 준수해 전염을 최소화시킨 국민들의 자존심만 상하게 한다. 정부가 일제강점기부터 내려온 강압적 통치, 한마디로 적폐청산을 주장하며 적폐통치에서 벗어나지 못하는 모순을 범하고 있다.

넷째, 재난지원금 지원 시 피해가 극심한데 혜택을 받지 못하는 억울한 사람이 없어야 한다. 코로나 전염방지를 위해 부득이 영업시간을 제한하여 소득이 줄어든 소상공인들을 지원하는 것은 어쩔 수 없다. 고통은 분담해야 한다. 문제는 소상공인들보다 코로나로 인해 더 힘들어진 근로자, 실업자들이 너무 많다는 것이다. 미국은 이들을 방치해서 사망자가 그리 많은 것이다.

경기도는 전 도민들에게 10만 원씩 재난지원금을 지급한다. 경기도는 특별공화국인가. 국민의 세금, 재난지원금을 형평에 맞게 효율적으로 사용하라.

코로나 바이러스 보다 더 무서운 것이 바로 그로 인한 경제 붕괴다. 병에 걸려 죽으나 굶어 죽으나 마찬가지라고 울먹이는 사람들을 어떻게 할 것인가?

2021.02.05. 시사뉴스

재난지원금도 세금, 곧 불어 닥칠 세금태풍이 걱정

코로나로 온 세상이 난리도 아니다. 5인 이상 사적 모임 금지와 저녁 9시 영업제한으로 자영업자들은 죽을 맛이다. 재난지원금도 반갑지 않다. 폭풍전야나 다름없다. 곧이어 불어 닥칠 세금태풍이 걱정된다.

어떤 정책이 올바른 정책인지 판단 기준은 간단하다. 그 정책을 시행하기 위해 별도로 세금을 징수한다고 할 때 국민들이 찬성하면 바람직한 정책인 것이다.

요즘 정책을 보면 정책이 아니라 무책임하게 예산을 생색내며 퍼준다는 느낌이 든다. '재난지원금, 복지, 일자리' 명목으로 세금을 물 쓰듯 한다. 마중물을 붓듯 생산 유발적 정책 사업을 하는 게 아니라 돈을 여기저기 그냥 나눠주고 있다.

의회가 영국에서 처음 생길 때 탄생 배경을 상기해 볼 필요가 있다. 왕의 입장에서는 전쟁비용을 징수하면서 국민의 원성을 피해갈 방패가 필요했다. 국민적 입장에서는 왕이 마음대로 세금을 징수하고 법령을 제정하는데 대한 견제가 필요했다. 적절한 타협 수단으로 생긴 기구가 바로 의회다.

의회의 주요업무는 바로 최소한의 세금징수와 알뜰한 집행, 합리적인 법을 만드는 데 있다. 한마디로 의회는 세금을 줄이고, 정부의 폭정을 막기 위해 존재하는 것이다.

우리나라 의원들은 의회가 뭐 하는 곳인지도 모르고 의원을 하고 있다는 느낌이 든다. 예산을 자기 지역구에 많이 끌어오는 데만 혈안이 되어있다. 마치 그것이 베스트의원인 양 착각하고 있다.

납세 부담을 줄이기 위한 노력을 찾아볼 수가 없다.

보편적 복지, 재난지원. 좋은 말이다. 이상은 좋다. 전 국민에게 골고루 혜택을 주고 어려운 사람들 도와준다는데 반대할 사람이 어디 있겠는가. 그런데 그 자금은 어디서 나오는가? 세금 징수하여 일률적으로 나눠주는 것은 정책도 아니다. 번거롭게 세금 징수하느라고 비용만 낭비할 뿐이다. 세금을 적게 징수하면 된다. 보편적 복지, 재난지원금, 공공일자리 창출이 마치 선거용 생색내기로 비친다.

사람들이 세금 때문에 못 살겠다고 한다. 특히 자영업자들의 세율은 반드시 조정되어야 한다. 지금의 세율은 아날로그 시대에 책정된 것이다. 세원 포착이 정확하지 못할 때, 징수 못하는 세수에 대비하여 세율을 실제보다 높게 책정했다. 시대가 바뀌었다. 금융실명제가 시행됐다. 디지털 시대, IT 시대에 신용카드가 일반화됐다.

세원이 정확히 포착되어 세수가 엄청나게 늘어났다. 하지만 늘어난 세수로 인해 세율을 낮추었다는 말을 들어본 적이 없다.

한때는 정권에서 미운 기업들 손보는 방법이 바로 세무사찰이었다. 기업가 입장에서는 절세요, 국세청 입장에서는 탈세가 어느 기업에나 다 있었다. 기업은 세무사찰이 무서웠다. 요즘은 탈세가 거의 불가능하다. 일반화된 신용카드 사용과 전산시스템이 세원 포착을 투명하게 만들었다. 결과적으로 기업, 특히 자영업자들이 자기도 모르는 사이에 세금을 2~3배 더 납부하고 있는 셈이다.

카드 수수료율도 대형할인매점 등 대기업보다 자영업자가 훨씬 높다. 이래저래 자영업자들은 경쟁력이 떨어져 어려울 수밖에 없다. 여기에 코로나로 영업시간은 단축됐다. 방역수칙 시키는 대로 다 할 테니 제발 10시까지 연장해 달라고 아우성이다.

우리 국민은 참 착하다. 아무리 힘들어도 세금고지서만 날아오면 빚을 내서라도 납부한다. 정부의 말을 잘 듣는다. 조세저항도 거의 없다. 하지만 세금체계는 아주 복잡하다. 기업가는 물론 보통사람도 세무사를 이용하는 실정이다. 세무공직자는 퇴직 후 새로운 일자리가 마련돼서 좋을지 모르지만 일반국민은 이래저래 착취당하는 느낌이다.

국회에서 우리나라의 세율체계를 다시 점검했으면 좋겠다. 우리 국민도 정치인에게 무엇을 해달라고 요구하기 전에 그 돈이 바로 우리가 납부하는 세금이라는 것을 명심해야 한다.

가능한 세금을 적게 징수하여 꼭 필요한 정책만 실시하는 알뜰한 정부를 국민들은 바라고 있다. 정부는 재난지원금과 복지를 말하기 전에 세금을 납부하는 국민들의 심정을 헤아려 주었으면 한다. 정부가 지원하는 재난지원금도 국민이 납부하는 세금이다. 밑의 돌 빼서 위에 고이는 일은 없었으면 좋겠다.

2021.01.27. 시사뉴스

캠핑 캐러밴과 원자수소를 합친 '원자수소캐러밴'이 음압병실로 코로나 치료에 효자 노릇한다

코로나 역병이 수도권에서 2단계를 넘어 2.5단계로 격상됐다. 위기 상황이다. 환자가 대폭 늘 경우 음압병실은 턱없이 부족하다. 음압병실을 금방 만들 수도 없다. 질병관리본부의 고민을 캠핑 캐러밴이 해결할 것으로 보인다.

캐러밴(Caravan)은 개별여행, 가족여행이 늘고 언텍트(Untact) 공간을 중요시하는 요즘 각광받는 레저카다. 여기에 음압시설을 장착하면 영락없는 최신형 이동식 음압병실이 된다. 세계 최초의 이동형 음압실(陰壓室)이 되는 것이다. 중증 전염환자의 격리, 치료시설로 안성맞춤이다.

음압실(Negative Room) 또는 음압병동(Negative Room Pressure)은 병원에서 병실 사이의 오염을 막기 위해 격리방식이 적용된 공간을 의미한다. 환기장치를 사용해서 방안의 기압을 음압으로 유지함으로써 외부의 공기가 유입은 되지만 유출되지 않도록 설계했다. 주로 공기나 침을 매개로 한 접촉성 전염병 환자를 격리할 때 사용한다. 코로나 환자의 경우 심하면 음압실에서 치료를 받아야 한다. 하지만 음압실이 턱없이 모자란다.

캐러밴은 유사시 내부 음압기를 작동하여 캐러밴 내부 압력을 외부보다 낮게 만든다. 내부 병원균이 외부로 유출되지 않는다.

내부 공기는 3단계로 필터링 되어 바이러스나 세균 등의 오염원을 제거한다. 여기에 수소가 다량 함유된 물을 마시면 면역력이 증가한다. 캐러밴에 원자수소 생성기를 장착하면 원자수소캐러밴(Atom Hydrogen Caravan)이 된다. 원자수소 캐러밴은 맞춤형 음압병실이나 다름없다. 환자는 안정된 환경에서 수소수로 면역력이 증가해 보다 빨리 코로나를 치료할 수 있다.

중요한 것은 중국정부가 한국보다 한발 빠르다는 것이다. 한국산 '원자수소 호흡기와 원자수소수 생성기'를 중국 공식 코로나 치료기로 등록했다. 나아가 중동지역에 코로나 치료 구호물품으로 보내기도 한다. 원자수소가 과연 면역력 증가에 효험이 있는지 확실히 체크해봐야 한다. 원자수소가 면역력 증가로 코로나 퇴치에 효험이 있다면 우리 시스템이 중국만도 못한 것이 된다. 우리 시스템 또한 개혁해야 된다. 그러기에 '원자수소 캐러밴'에 많은 사람들의 시선이 쏠리고 있다. 원자수소 호흡기를 장착한 '원자수소 캠핑카'는 급하면 앰블런스로 활용해도 된다.

우리나라는 2019년 12월 기준으로 755개 병실에 1,027개 음압병상이 있다. 서울에 239개 병실에 383개 병상, 경기도 143개, 부산 90개, 경남 71개, 대구 54개, 인천 54개 병상을 보유하고 있을 뿐이다(자료 출처 : 코로나19 중앙사고수습본부). 여기에 공식적으로 국가가 지정하는 음압병실을 운영하는 의료기관은 전국에 29곳, 병실은 161개에 불과하다.

평상시에는 운용에 큰 어려움이 없다. 하지만 바이러스로 인한 전염병이 확대될 경우 음압병상이 턱없이 부족하다.

정부는 코로나가 다시 크게 유행할 수 있는 상황에서 음압병상을 확충하고 싶을 것이다. 하지만 음압병상을 확보하는데 예산과 설치기간, 사후 활용방안 등 여러 가지 제한이 따른다. 이와 같은 정부의 고민을 원자수소캐러밴이 커버하게 된다면 평상시는 캠핑장에서 야외 캠핑 캐러밴으로, 유사시는 긴급 음압시설 및 이재민 수용시설로 활용하면 된다. 건강증진 힐링과 재난극복, 두 마리 토끼를 한꺼번에 잡을 수 있다.

코로나 역병 퇴치를 위해 '사)한국캠핑캐라바닝연맹(총재 장경우)'이 원자수소캐러밴을 지자체에 지원하기로 했다. 국회의원 출신들의 모임인 헌정회(회장 유경현)와 경기도 중부일보(회장 임완수)가 후원에 나섰다. 9월 2일 오후 2시 헌정회에서 업무협약식도 갖는다. 롯데그룹을 비롯한 대기업들이 분위기가 조성되면 코로나 극복을 위해 음압시설이 구비된 원자수소캐러밴을 구입해 지자체에 기증할 뜻을 내비쳤다. 관내 코로나 치료병원에서 활용토록 말이다. 원자수소캐러밴이 캠퍼(Camper)들의 여가와 힐링을 뛰어넘어 비상시에 국민들의 안전한 음압시설 및 이재민 수용시설로 각광을 받게 됐다.

헌정회 황학수 사무총장은 한발 더 나아가 '6.25 한국전쟁 당시 우리나라를 도와준 나라에 보답차원에서 원자수소캐러밴을 지원하는 방안도 검토 중'이라고 밝혔다. 인도네시아가 첫 대상국이 될 것으로 보인다. 한마디로 코로나 극복에 온 세계가 '너와 나'가 없다. 우리다.

생각을 바꾸면 캠핑 캐러밴도 코로나 같은 전염병을 퇴치하는 중요한 음압병실이 된다. 차제에 정부나 지자체가 원자수소캐러밴을 활용하는 방안을 적극 검토할 필요가 있다. 평상시에는 캠핑가족을 위한 건강증진 레저시설로 이용한다. 지역경제 활성화에 도움이 된다. 유사시엔 음압병실 및 이재민 수용시설로 활용한다.

이제 적어도 음압병실이 모자라 코로나 치료를 못하는 일은 없게 됐다. 생각을 바꾸면 세상이 달리 보인다.

2020.09.01. 시사뉴스

PART

VII

충주 지역사회를 위하여

한창희 충주시장 시절 회고

충주는 기업도시를 중심으로 '서충주'가 급부상하고 있다. 기업도시를 유치하던 시절을 회상해 본다.

국가균형발전정책에서 충주를 제외해서야

필자(한창희)가 보궐선거로 충주시장에 당선된 2004년 6월경에는 노무현 참여정부가 국가균형발전정책을 추진하고 있었다. 수도권의 공공기관을 지방으로 이전하는 문제로 온 나라가 시끄러웠다. 그 당시에는 혁신도시라는 말은 아직 나오지도 않았다. 공공기관을 국가균형발전 차원에서 지방으로 이전한다는 기본 구상만 있었다. 구체적인 실행계획이 나오지 않은 상태다. 하지만 각지자체가 공공기관을 유치하기 위한 경쟁은 치열했다.

참여정부가 국가를 균형되게 발전시킨다는데 대해 충주시민들은 기대를 많이 했다. "아! 이제 충주도 발전될 수 있겠구나"하고 말이다.

그런데 국가균형발전의 메가톤급인 행정중심 복합도시를 충남 공주·연기 지역에 건설함으로 충청도는 공공기관 이전지역에서 제외된다는 것이다. 국가균형발전정책 차원에서 말이다. 얼핏 보면 일리가 있어 보인다. 그러나 충주를 비롯한 충북 북부지역은 행정도시의 영향권에서 벗어나 있을 뿐만 아니라, 거리도 '충주에서 공주'가는 것보다 '충주에서 서울'가는 것이 훨씬 가깝다. 충북과 충남은 같은 충청도라고 하지만 사실 동질성도 별로 느끼지 못한다. 강원도나 마찬가지다. 그런데 충주시가 충청도라는 이유만으로 국가균형발전정책에서 제외된다는 것이다. 충주시민 입장에서는 '있을 수 없는 일'이다. 시민들의 불만이 이만저만이 아니었다.

식민통치시대에 일제는 경부선 철도를 건설하면서 서울-부산의 지름길인 서울-이천-충주-대구-부산 노선 대신에 서울-천안-대전-대구-부산으로 이어지는 현재의 경부 축을 선택했다. 이어서 일제는 조선시대 충청감영이 충주에 있었는데 행정구역을 개편하며 충북도청을 경부 축에 가까운 청주에 두었다. 이때부터 충주를 포함한 중부내륙권은 발전에서 완전히 소외됐다. 우리나라 발전의 핵심적 역할을 한 경부고속도로 또한 철도노선과 같은 현재의 경부 축을 따라 건설됐다. 충주를 비롯한 중부내륙권은 100년 이상을 발전의 축에서 완전히 벗어났다.

국가균형발전은 중부내륙권처럼 발전 축에서 소외된 지역에 정책적 배려를 한다는 것 아닌가. 참여정부가 개념정리도 없이 국가균형발전정책을 추진한 것이다. 시민들의 불만이 극에 달했다. 필자는 고심 끝에 시민단체와 더불어 '공공기관이전 충북배제방침철회'를 요구하는 시위를 벌이기로 했다. 초강수를 쓰지 않으면 중앙정부가 기본방침을 바꿀 리가 만무했다.

시민단체를 중심으로 '공공기관이전 충북배제방침철회 범시민협의회'를 구성했다. 의장은 김무식 당시 시의회의장이 맡았다. 사회단체도 효율적으로 연대하기 위하여 '충주시사회단체연합회'를 구성하였다. 이사장은 정종수 충주새마을회장이 선출되었다.

범시민협의회를 중심으로 문화회관에서 첫 집회를 열었다. 이어서 충주시청 앞에서 대대적인 시위를 벌였다. 정종수 회장을 비롯한 사회 단체장들의 삭발 시위도 있었다. 특히 김경숙 여성단체 협의회장과 이명주 새마을부녀회장을 비롯한 여성 지도자들의 삭발은 시민들을 숙연케 하였다. 전영상 건국대 교수가 당시 사회단체연합회 사무국장이었다. 아이디어가 풍부하고 기획력이 뛰어났다. 부인 최영신 여사도 삭발케 했다. 전영상 국장 아버님이 너나 삭발하고 시위하면 되지 며느리까지 삭발시켰다며 대노하셨단다. 유일하게 부부가 모두 삭발했다. 양반동네 충주에서 여자가 삭발하기란 쉬운 일이 아니다. 당시에 화제가 되기에 충분했다. 항의집회는 밤에도 촛불시위로 이어졌다. 시민들이 자발적으로 헌금도 했다. 무려 1억 2천여만 원이 모금됐다. 충주시가 생긴 이래 처음으로 민관이, 온 시민이 혼연일체가 되었다.

충주에서 시위하는 것만으로는 중앙정부가 눈도 꿈쩍하지 않았다. 충주시민 3천여 명이 2004년 8월 24일 광화문 앞으로 집결하였다. 국가균형발전위원회에서도 강경하였다. 시장이 집회에 참여하면 반역으로 간주하겠다는 말까지 흘러나왔다. 시장이 참여하면 충주시에 수십, 수백 배 불이익을 준다는 것이다. 필자는 한발 물러서기로 했다. 집회 시작하기 전에 잠깐 들러 시민들을 격려하고 공식 집회에는 참석하지 않았다.

여기서 잠깐 재미있는 일화를 소개하겠다. 예정된 집회에 불참케 되니 갑자기 일정이 비었다. 평소 교분이 두터운 서울시 이춘식 정무부시장이 문득 떠올랐다. 전화를 걸었다. 마침 자리에 있었다. 서울시청에 들렀다. 마침 30분 후에 외국에서 귀중한 손님이 오기로 예정돼 있어 이명박 서울시장이 잠시 여유로운 시간이었다. 이명박 시장은 예고 없이 찾아온 시골 충주시장을 반갑

게 맞이해 주었다.

서울에 올라온 이런저런 사정을 말씀드린 후에 충주시장으로서 서울시장에게 요청하였다. "서울시민들에게 맑은 물을 공급하기 위해 충주시가 수변구역 지정 등으로 불편한 점이 많다. 후배인 충주시장이 방문하였는데 충주시에 선물이라도 하나 줘야 되는 것 아니냐"며 유머러스하게 떼를 썼다. 이명박 시장은 즉석에서 충남 서천에 지으려고 하는 서울시 공무원휴양소 겸 수련원을 옮기든지 충주 수안보에 또 하나 짓든지 검토해보라고 지시했다. 마침 임동규 서울시의회 의장도 충주 사람이라 적극 협조했다. 이렇게 하여 현재 수안보에 서울시 공무원 제3연수원이 생긴 것이다.

사람들의 심리는 참 묘하다. 손가락으로 어디를 가리키면 손가락 방향을 쳐다보는 게 아니라 손가락에 낀 반지를 먼저 쳐다본다. 충주시민들의 상경집회 때도 언론들이 대거 몰렸다. 충주시민들의 억울한 목소리를 듣기 위해서가 아니라 최익현 선생 이래 100년 만에 재현되는 '지부상소' 시위를 취재하기 위해서다. '지부상소(持斧上疏)'란 옛날에 신하가 임금께 상소문을 올릴 때 "저의 주장이 틀렸으면 이 도끼로 저를 치십시오" 하고 도끼를 놓고 결연히 올린 상소다. 충주시 향교 유림에서 "공공기관을 이전하는 데 충북배제는 절대로 아니 되옵니다. 대통령께서 굽어 살펴 주십시오." 하고 지부상소를 올렸다. 이 '지부상소(持斧上疏)'사진이 다음날 주요일간지 1면에 게재됐다. 마침내 8월 29일 추병직 건교부 장관이 기자회견을 통해 공공기관을 이전하는데 충북배제 방침은 없다고 천명하였다. '지부상소' 덕을 단단히 본 것이다.

이로써 행정중심 복합도시와 상관없이 충북도 국가균형 발전정책 대상에 포함되게 됐다. 충주시민이 충북을 살린 것이다. 물론 이원종 도지사를 비롯해 충북 국회의원들이 모두 열심히 노력한 것도 사실이다. 그러나 충주시민들이 시위를 하며 강하게 어필했기에 가능했던 것이다.

당시 국회 건설교통위원회 소속의 노영민 의원의 말이 생각난다. 충북 국회의원 및 도청간부 연석간담회에서 노 의원은 "공공기관이전 충북배제 방침을 철회하는 데 충주시민들의 노력이 없었으면 불가능했다"며 충주시민들의 공을 높이 평가했다. 느닷없이 혁신도시 횡재(?)를 한 진천과 음성군민은 충주시민들에게 고맙게 여겨야 한다.

공공기관 충북배제방침을 철회하는데 결정적인 역할을 한 숨은 공로자가 또 있다. 바로 충주 시그너스CC 강금원 회장이다. 강 회장은 당시 소통령이라고 불릴 만큼 실세중의 실세였다. 필자는 시민들과 함께 상경집회도 하며 '공공기관충북배제방침철회' 시위를 주도했지만 난감했다. 정부에서 기본방침을 철회하지 않으면 계속 시위를 할 수도 없고, 아무 실익도 없이 슬며시 그만둘 수도 없었다. 그야말로 진퇴양난이었다. 고민 끝에 강금원 회장을 찾아갔다. 전후사정을 이야기하고 도와줄 것을 요청했다. 강 회장은 친절하면서도 통이 크고 합리적이었다. 강 회장은 당시 열린우리당 소속이다. 한나라당 공천으로 시장이 된 필자의 설명을 듣고 "열정적으로 일하는 한 시장이 보기 좋다. 한 시장 같은 지자체장이 많아야 국가균형발전정책이 성공한다."며 아무 조건 없이 기꺼이 도와주겠다는 것이다.

웃지 못할 일화가 있다. 강금원 회장과 당시 김한길 국회 건설교통위원장을 함께 만났다. 김한길 위원장이 필자의 건의를 듣자

마자 그건 한나라당에 가서 말하라고 막말에 가까운 핀잔을 퍼부었다. 한나라당 사람들은 국가균형발전정책은 반대하면서 공공기관은 자기지역으로 오게 해 달라는 게 말이 되냐며 한나라당을 거세게 비난했다. 강 회장이 옆에서 보기에 쑥스러웠는지 필자를 밖으로 끌어냈다. 같이 점심 식사하기는 좀 그렇다며 먼저 가라면서 노무현 대통령을 내일 뵙기로 했는데 본인이 직접 건의를 해보겠다고 했다. 필자가 구박을 받은 것이 오히려 전화위복이 됐다. 강금원 회장한테서 이틀 후 8월 27일 아침 전화가 왔다. 추병직 건설교통부 장관이 모레(8월 29일) 기자회견을 통해 공공기관을 이전하는데 충북배제 방침을 정한 적이 없다고 천명한다는 것이다. 사실 그랬다. 강 회장이 정말 대단한 실력자라는 생각이 들었다. 이래서 공공기관 충북배제 방침 철회, 다시 말해 국가균형발전에 충북도 포함되게 된 것이다.

충주가 기업도시 시범지역으로

참여정부는 국가균형 발전정책을 크게 3가지로 추진하였다.

첫째는 행정중심 복합도시 건설이요, 둘째는 공공기관을 지방으로 이전하여 소위 혁신도시를 건설하는 것이다. 셋째는 지방에 주요기업을 이전하여 기업도시를 건설하는 것이다.

필자는 우선 충주에 '지식기반형 기업도시'를 유치하기로 기본방침을 정했다. 시청에 투자유치지원실을 설치하고 주요기업들과 콘소시엄을 구성하는데 주력하였다. 그러나 선뜻 나서는 기업이 없었다. 기업도시는 이미 추진하고 있는 것을 합법화하는 것에 불과했다. 순진하게 충주시가 뛰어든 것이다. 그러나 각고의 노력 끝에 동화약품, 이수화학, 임광토건, 주택공사, 포스코 건설을 설득하여 2005년 4월 14일 컨소시엄을 구성하기에 이르렀다. 박영선 실장을 비롯해 투자유치실 공직자들의 고생이 이만저만이 아니었다.

충주시가 포스코 건설, 주택공사 등 굴지의 기업과 컨소시엄을 구성한다니까 제일 놀란 것은 이원종 도지사였다. 도청에서도 성사시키기 힘든 일을 충주시에서 해냈다고 격찬을 했다. 4월 14일 컨소시엄을 구성할 때는 도지사께서도 직접 참석하였다. 포스코 건설 한수양 사장과 주택공사 한행수 사장께 거듭 감사를 드린다. 솔직히 한(韓) 씨 종친회 덕을 좀 보았다. 충주 출신인 포스코건설의 당시 홍광수 부장의 역할이 무척 컸다.

시장인 필자가 직접 4월 15일 지식기반형 기업도시 신청서를 제출하러 건교부에 갔다. 건교부에서도 깜짝 놀랐다. 실무진에서는 서류를 접수하려 들지 않았다. 외출한 담당팀장이 돌아와서야 서류를 접수했다. 예정에도 없던 충주시에서 신청서를 접수하니 놀랬던 것이다. 강원도는 혁신도시가 춘천이나 강릉에 건설될 예정이었다. 중부내륙권과 원주 배려차원에서 원주시를 기업도시 시범지역으로 이미 정해 놓은 것이다. 충주는 충청도에 메가톤급인 행정중심복합도시 건설을 함으로 아예 안중에도 없었다. 우리는 백년에 한번 올까 말까한 지역발전의 절호의 찬스를 놓칠 수가 없었다.

우선 충주대 홍기배, 박홍윤, 김태진, 류상규 교수를 중심으로 전략기획팀을 만들었다. 기업도시 명칭을 '그린 테크노폴리스(green technopolis)'로 정하고 구체적인 사업계획서를 작성하였다. 사회단체연합회를 중심으로 '기업도시 유치위원회'를 만들어 범시민적으로 유치운동을 전개했다. 최근배 충북방송 사장이 위원장을 맡았다.

서울에 영향력 있는 출향인사는 다 찾아갔다. 안필준 대한노인회장, 반기문 외교통상부 장관, 이상문 KBS 진품명품 감정위원 등 수많은 출향인사들이 고향을 위하여 헌신적으로 나서 주었다. 기업도시위원들과 평가단이 충주를 방문할 때는 수많은 시민들이 환영하며 응원을 보냈다. 길거리에는 기업도시 유치를 염원하는 현수막이 물결쳤다.

마침내 2005년 7월 8일 추병직 건교부장관이 충주시와 원주시를 지식기반형 기업도시 시범지역으로 동시에 발표하였다. 이날이 공교롭게도 충주시 시(市) 승격 49주년이 되는 날이었다. 충주시는 축제 분위기였다. 3천여 명의 시민들이 자발적으로 시청앞 광장으로 모였다. 온 시민이 함께 유치한 기업도시 시범지역이라 시민들은 감격스러워 하였다.

혁신도시는 진천·음성으로 가다

우리 충주는 이미 유치한 기업도시와 혁신도시를 합하여 '기업형 혁신도시'를 만들어야 한다고 주장하였다. 사실 충북에 배정된 14개의 공공기관만으로는 혁신도시를 만들기가 곤란하다. 14개의 공공기관의 임직원을 다 합해도 2천여 명밖에 되지 않는다. 또 충주가 유치한 기업도시 시범지역은 기업도시를 건설할 건설회사가 주축이 되어 컨소시엄만 구성했지 아직 입주할 주요 기업을 유치한 것이 아니다. 그러면 기업도시와 혁신도시를 한데 뭉쳐 '기업형 혁신도시'를 만들어야 안성맞춤인 것이다.

공공기관을 지방으로 이전하는데 '충북배제방침'을 철회하게 만든 것이 충주시민이다. 그로인해 충북에 조그만 공공기관 14

개가 배정된 것이다. 그러면 혁신도시는 제1도시 청주는 행정도시와 근거리로 제외되었으니 당연히 제2도시인 충주시에 건설하는 것이 마땅하다. 국가균형발전의 개념에도 부합된다. 국가균형발전은 전국 시도에 공공기관을 골고루 나누어 주자는 것이 아니다. 전국의 주요거점지역을 정해 공공기관과 기업을 이전시켜 특화된 도시를 만들어 수도권 밀집현상을 직능별로 효율적으로 분산하자는 것이다. 중앙정부는 개념정의를 분명히 했어야 했다.

그런데 중앙정부는 개념정리조차도 제대로 못하고 허우적거렸다. 각지자체는 자기지역에 공공기관을 유치하기 위해 혈안이 됐다. 국가균형발전의 기본취지는 온데간데없이 사라졌다. 강원도와 충북은 기업도시와 혁신도시를 동시에 유치해 상황이 비슷했다. 기업도시가 원주시로 가니까 혁신도시는 춘천이나 강릉에 건설해야 한다는 것이다. 그러나 내려오는 공공기관에서 교통이 좋은 원주시로 가겠다는 데야 아무도 말릴 수가 없었다. 원주시는 기업도시와 혁신도시를 모두 유치하는 횡재를 했다.

충북도 공공기관을 이전하는데 충북을 제외한다고 할 때는 가만히 있던 지자체가 혁신도시를 자기 시·군으로 유치하겠다고 난리도 아니었다. 참여정부는 공공기관 지방배정만 해놓고 나머지는 각시·도와 공공기관이 알아서 하라는 식이다. 그러니 광역단체장인 도지사도 죽을 맛이다. 각 지자체는 어미가 먹이 물고 오면 아우성치는 새끼 새와 다를 바가 없었다. 또 내려오는 공공기관은 지역사정은 아랑곳없이 자기네 편리한 지역으로 가겠다고 점령군 행세를 하고 정말 아니꼬워서 못 볼 지경이었다. 충북에 배정된 공공기관이 충북 북부지역은 죽어도 싫단다. 지방에 내려가기 싫고 내려갈 수밖에 없다면 행정도시 가까운 청주인근 지역으로 가겠단다. 아주 완강했다. 혁신도시 지역선정은 입주할 공공기관이 좌지우지했다. 결국 음성-진천지역으로 결정됐다.

이 과정에서 충주시민들은 또 다시 단결력을 보여 주었다. 충주시 사회단체연합회(회장 정종수)를 중심으로 혁신도시는 혁신도시를 오게 만든 충주시로 와야 된다며 실내체육관 앞에서 시민 2만여 명이 모여 대중집회를 갖고, 충주시 관아공원에서 청주 도청까지 '삼보일배' 시위를 시작했다. 시장인 필자와 김무식 시의회 의장이 선두에 섰다. 삼보일배는 사회단체연합회 주관으로 릴레이로 계속됐다. 삼보일배 시작 다음 날에는 비가 왔다. 이에 아랑곳 하지 않고 삼보일배 시위는 계속됐다. '삼보일배(三步一拜)'는 세발짝 걷고 한번 절하며 '혁신도시를 충주로 오게 해주십시오'하고 기원하는 것이었다. 원래 삼보일배(三步一拜)는 불교에서 유래된 것이다.

여기서 잠시 재미있는 장면을 소개하겠다.

기업도시 유치위원장인 충북방송 최근배 사장은 기독교 장로였다. 거의 전 시민이 참여하는 삼보일배를 기업도시 유치위원장으로서 참여 안하기도 그렇고, 하자니 삼보일배는 불교에서 유래된 것이라 장로로서 무언가 찝찝했는지 흰 두루마기를 입고 큰 십자가를 들고 절은 하지 않는 진풍경을 연출하였다. 사람들은 엄숙한 분위기에 웃을 수도 없고, 서로 쳐다보며 눈으로 살짝 웃던 장면이 아직도 눈에 생생하다.

충주시민들이 하나가 되어 삼보일배를 하며 도청으로 출발했다는 소식에 제일 당황한 것은 이원종 도지사였다. 평소 사이가 좋은 이원종 지사께서 그 당시 무척 섭섭했다고 한다. '한 시장이 속사정을 다 알면서 그럴 수 있냐'고 말이다. 그렇지만 할 수 없었다.

기업도시와 혁신도시를 연계하여 '기업형 혁신도시'를 건설해야 한다. 그래야 시너지 효과가 있어 중부내륙권지역을 크게 발전시킬 수 있다. 그야말로 국가균형발전이 되는 것이다. 중앙정부가 기업도시 시범지역으로 충주시를 선정했으면 거기에 걸맞는 공공기관도 함께 보내줘야 마땅하다. 지식기반형 기업도시와 컨셉이 맞는 소프트웨어 진흥원 등 공공기관이 충북으로 내려오는데 지역이기주의와 내려오는 공공기관 임직원들의 이기심 때문에 개념없이 기업도시와 혁신도시를 따로 건설하는 게 말이 되는가. 국가균형발전위원회는 무책임하게 공공기관을 지방으로 이전시키면 소임을 다 했다고 여긴 것이다. 기업도시와 혁신도시가 성공적으로 건설될 수 있도록 지역실정에 맞게 개념정리를 확실히 해줬어야 했다. 특히 충북으로 이전하는 공공기관은 그 규모가 작아 마땅히 '기업형 혁신도시'를 건설해야 한다. 중앙정부가 사려깊지 못한 것이다.

기업도시와 혁신도시로 스트레스를 가장 많이 받은 건 제천시였다.

충주는 기업도시에 걸맞는 공공기관 3~4개만 오면 혁신도시를 제천에 양보할 수 있으니 같이 연합하자고 제안하였다. 충북 제2도시인 충주와 제3도시인 제천이 연합하여 공조하면 공공기관의 고집을 꺾을 수 있어 보였다. 이원종 지사도 찬성했다. 두 도시를 다 아우를 수 있기 때문이다. 그러나 제천은 충주는 기업도시를 유치했으니 혁신도시는 제천으로 와야 된다며 충주시의 공조제안을 일축했다. 떡줄 사람인 이전할 공공기관은 마음도 안 먹는데 말이다. 우리는 괴산과 음성 충주의 삼각지점에 혁신도시 건설을 수정 제안했다. 혁신도시가 진천과 음성 중간지점으로 기울자 제천시가 우리의 제안을 받아들일 테니 공조하잔다. 버스 지나간 다음에 손 흔들고 나타난 꼴이다. 충북도와 이전 공공기관은 지자체를 하나라도 더 아우르는 전략으로 우리의 공조 아이디어만 받아들여 접경지역을 선택했다. 결국 혁신도시는 진천과 음성 중간지역으로 결정됐다.

혁신도시가 진천·음성지역으로 결정되자 다른 지자체서는 벌집 쑤셔 놓은 것 같았다. 도청에서 충주의 대응방향에 대해 긴장하였다. 우리 충주시는 한 번 결정된 정책이 바뀔 수도 없기에 깨끗이 승복하기로 하였다. 충주시가 깨끗이 승복하니까 격렬히 항의시위를 하던 다른 지자체가 머쓱해졌다. 이원종 지사가 고맙다고 전화를 하였다. 의외로 충북은 혁신도시 후유증이 적었다. 혁신도시와 무관한 청주 사람들은 "충주 사람들 대단하다"고 격찬하였다.

꿩 대신 닭이란 말이 있다. 충주시는 혁신도시 유치는 실패하였지만 기업도시 시범지역으로 선정됐다. 그 과정에서 예전에 느껴보지 못한 짜릿한 단결력을 맛보았다. 민관이 하나가 되어 상경시위까지 한다는 것은 옛날에는 감히 상상도 할 수 없었다. 또한 경쟁을 하다가도 정책이 일단 결정되면 깨끗이 승복하는 민주시민의 성숙함도 보여 주었다. '우리도 하면 된다'는 자신감을 얻었다. 당시 제천 송광호 의원은 충주시의 기업도시 착상이 참 좋았다며 부러워했다. 제천시가 충주시와 공조를 하지 못한 것도 아쉬워했다.

충주시민이 하나가 되어 유치한 기업도시를 후임 김호복 시장이 착공을 하고, 우건도 이종배 시장이 차질 없이 건설하고, 조길형 시장이 '서충주'로 발전시켜 가고 있다. 역대 후임시장들의 노고에 감사를 드린다. 충주시 인구가 줄지 않는 데는 기업도시가 큰 역할을 하고 있다. 기업도시를 유치하기 위해 애를 많이 쓴 시민들에게 거듭 감사드린다.

2021.02.01. 시사플러스

조길형 충주시장 당선자에게 바란다

우선 자유한국당 조길형 후보의 당선을 축하한다. 하지만 조 당선자는 승리감을 만끽하기보다는 향후 시정을 어떻게 펼칠 것인가 고심해 봐야 한다.

충주 시의회가 여소야대가 됐다. 시의원 19명 중 12명이 민주당이다. 대통령과 도지사 모두 민주당이다. 상황이 바뀌었다. 정치학상 충주가 섬이나 다름없다. 이제 부턴 화합과 소통, 그 어느 때보다 정치력을 발휘해야 한다.

일단 당선 후 화합과 통합을 강조하며 상대 후보의 공약도 함께 실천하겠다는 것은 잘한 것이다.

선거 열기는 태풍처럼 지나갔다. 이제는 충주발전을 위해 네 편, 내편 가려선 곤란하다. 어느 것이 충주발전에 더 필요하고 실현가능한 합리적인 시책인지를 살펴야 한다. 누가 아이디어를 내면 어떤가.

충주는 언제부터인가 정치인들이 감정정치를 했다. 한마디로 속 좁게 보복정치를 했다. 조 시장이 감정정치를 청산하고 통 큰 행정을 펼치면 오히려 위기는 기회일 수가 있다.

필자는 14년 전 시민들과 함께 기업도시를 유치했다. 아직도 미완성이다. 안타까운 일이다.

필자가 시장후보들에게 지난 5월 28일 정책 제안을 한바있다. 누가 당선되든 "세라믹밸리 조성과 충주호 관광일주 도로를 건설해야 한다."고 말이다.

기업도시를 활성화하기 위해선 신성장동력 산업체를 유치해야 한다. 세라믹 원천뿌리기술을 가진 업체를 유치해 세라믹밸리를 조성하면 일자리 1만 개 창출이 가능하다. 기업도시 유치보다 훨씬 쉬운 일이다.

충주호 마즈막재에서 재오개, 동량면 서운리와 산척, 삼탄에서 제천 금성면 구간 30km 정도만 확포장하면 훌륭한 관광일주도로가 된다. 충주호가 관광의 명소가 될 수 있다.

충주시민들은 정치인들이 당리당략으로 싸우지 말고 시민들을 위해 통 큰 정치, 넉넉한 행정을 펼치길 바란다.

조길형 시장이 통 큰 행정을 펼칠 것으로 믿는다. 그럴 경우 필자는 체면과 소속 정당을 초월하여 기꺼이 협력할 것을 거듭 밝혀둔다.

2018.06.17. 시사플러스

충주에 '국가산업단지 지정' 환영 - 강호축 개발도 박차를 가해야

국토교통부는 지난 8월 31일 '산업입지 정책심의회'를 열어 국가 산단을 신청한 오송 제3생명과학단지와 충주 바이오헬스 2곳을 비롯, 전국 7곳 모두를 후보지로 지정했다. 국가 산단 결정은 타당성 조사, 관계부처 협의, 전문가 평가 등을 거쳐 2~3년 뒤에 이뤄진다.

국가산업단지는 지방 산업단지와 차원이 다르다. 중앙정부가 예산을 투입한다. 온 시민이 나서 국가산업단지로 지정될 수 있도록 힘을 실어줘야 한다. 국가산업단지가 조성되면 기업도시, 첨단산업단지와 어울려 충주발전에 견인차 역할을 할 것이다.

서충주 신도시에 개발할 충주 바이오헬스 국가산업단지는 3천586억 원을 들여 250만㎡(약 75만 평)에 조성, 4차 산업혁명을 기반으로 하는 정밀의료분야 6대 핵심 산업의 22개 주력산업을 집중 육성할 계획이라고 한다.

필자가 충주시장 시절 충주기업도시 유치과정이 생각난다. 그 당시 필자는 야당 출신 시장이다. 여당과 협력관계를 유지하지 않으면 불가능했다. 지금은 고인이 된 당시 강금원 시그너스(주) 회장의 도움이 컸다.

지금도 그 당시와 상황이 비슷하다. 조길형 충주시장은 야당이다. 국토교통부, 중앙정부를 움직이려면 여당의 협조가 필요하다. 여당과 협력, 범시민적 차원에서 추진해야 탄력을 받는다.

충주가 발전하려면 이시종 지사가 공약한 강호축 개발도 반드시 추진해야 한다. 강호축의 골자는 오송에서 원주 간 고속철도를 건설하자는 것이다. 기존의 충북선 철도만 복선으로 고속화하면 된다.

강호축 개발은 지금까지 경부축 중심의 국토개발로 각종 혜택에서 소외된 강원과 충청, 호남지역을 동반 성장 시키자는 것이다. 그러려면 호남선, 경부선, 중부내륙선, 충북선, 중앙선과 인천-강릉(KTX)와 연결하는 고속철도가 필요하다. 아울러 오송에서 충주를 거쳐 원주를 잇는 고속도로도 건설해야 한다. 철도와 고속도로는 상호보완 역할을 한다.

한마디로 강호축은 강릉에서 목포에 이르는 축이다. 경부축과 강호축이 'X字' 축이 된다. 국토가 균형되게 발전되려면 한반도를 X字 축으로 개발해야 한다. 국가적 차원에서 필히 추진해야 한다.

이렇게 되면 대한민국의 중앙에 위치한 충주가 교통과 물류의 허브기지로 떠오른다. 또한 문화 역사의 중심도시로 재탄생하게 된다.'

충북과 강원을 비롯한 8개 시·도가 강호축 개발 사업을 위한 시·도 공동연구' 용역에 착수, 타당성 검토에 들어갔다. 강호축 개발이 국가균형발전 5개년 계획(18년~22년)과 5차 국토종합

계획(21년~40년)에 꼭 들어가야 한다. 그러기위해 정파를 초월해 범도민적으로 총력을 기울여야 한다.

충주시민들은 선거 때는 경쟁을 하더라도 선거 후에는 충주발전을 위해 여야가 협력하는 모습을 보고 싶어 한다. 필자는 국가산업단지 지정에 적극 협력할 것이다. 강호축 개발에도 힘을 보탤 것이다.

또한 기업도시가 활성화되려면 신성장동력 업체를 유치해야 한다. 충주시가 세라믹 원천뿌리기술업체를 영입해 시립회사(공사)를 만들 필요가 있다. 신성장동력업체, 즉 뿌리기술업체가 충주에 자리 잡으면 협력회사가 수백 개 생겨난다. 일자리가 1만 개 이상 탄생된다. 인구도 10만 명 가까이 늘릴 수 있다. 10조 원의 수입 대체 효과를 가져온다. 충북도와 충주시가 적극적으로 나서 마중물 투자를 할 필요가 있다.

기회는 항상 오는 것이 아니다. 충주는 절호의 발전 기회를 여러번 놓쳤다. 국가산업단지 지정도 절호의 기회 중의 하나다. 이번에는 절대로 기회를 놓치지 말길 바란다. 강호축 개발에도 박차를 가해야 한다.

다시 한 번 밝히지만 충주발전에 여야가 따로 없다. 머리를 맞대고 함께 의논하길 바란다.

2018.09.05. 시사플러스

충주, 100년에 한번 올까 말까한 절호의 발전기회 다 놓쳐!

충주의 뜻 있는 많은 사람들이 분통을 터트리고 있다.

백년 아니 천년에 한번 올까 말까 한 충주발전의 절호의 찬스를 다 놓치고 어떻게 충주가 발전되기를 바라냐는 것이다.

우선, 내륙선 철도 충주도심구간을 지하화해야 한다는 것이다.

전철을 건설할 때 지방도시 도심구간을 지하화 하는 것은 세계적 추세다. 도시와 도시를 철도로 연결하여 도심구간을 지하화해 편리성을 도모하는 것이다. 토지보상비가 없기 때문에 예산도 크게 더 들지 않는다. 특히 충주는 공군비행장, 탄약창, 유류저장탱크 등이 있어 전쟁이 터지면 미사일은 제일 먼저 충주로 날아온다. 시민들의 생명을 보호하기 위해 방공호 시설이 시급하다. 내륙선 철도를 건설하며 충주도심구간을 지하화하면 된다.

강릉은 관광도시임을 내세워 도심구간을 지하화한다. 예산이 2,100억 원 정도 더 든다. 추가비용의 10%를 강릉시가 부담한다. 충주는 2,800억 원 정도 더 소요된다. 시민들의 생명을 보호하기 위해 방공호 건설의 필요성을 강조하며 국방부가 추가시설비의 10%, 충주시가 10%를 부담할 것을 주장하면 된다.

도심구간이 지하화되면 편리성은 차치하고라도 충주시의 재산 가치는 5조 원 이상 상승한다. 걸어가서 전철 타고 서울 갈 수 있다. 서울과 동일 생활권이 된다. 천년에 한번 올까 말까 한 충주 발전의 절호의 찬스다.

4대강 살리기를 하면서 충주 구간은 강바닥 준설사업도 하지 않았다. 충주구간에 배정된 5,400억 원의 예산이 낙동강이나 영산강으로 갔다. 충주는 이미 충주댐과 조정지댐이 건설되어 충주시의 4분의 3이 강으로 둘러 쌓여있다.

녹조현상, 안개 등 강에 보나 댐건설로 인해 발생되는 부정적 요인은 이미 다 겪고 있다. 4대강 살리기 사업을 했다고 부정적 요인이 더 발생할게 없다. 오히려 긍정적 요인만이 남아있다. 강바닥을 준설하여 여의나루나 잠실나루에서 목계나루까지 유람선이 오가게 해야 한다.

충주 앙성면의 비내섬은 강수욕장으로 개발했어야 했다. 서울시민들이 유람선과 전철을 이용해 비내섬에서 강수욕을 즐길 수 있도록 말이다. '비내섬 강수욕장'이 해운대 해수욕장보다 더 유명해질 수 있다. 적어도 '비내섬 강수욕장'이 남이섬보다 더 유명한 명소가 될 수 있다. 절호의 찬스를 놓쳤다. 안타까운 일이다.

내년에는 전국체전이 충주에서 열린다.

종합스포츠 타운을 달천 '모시레뜰'에 건설할 수 있도록 중앙정부에서 절대농지를 풀어주기로 했다. 느닷없이 충주의 변두리

함지못 옆에 종합스포츠 타운을 건설한다.

이 과정에서 국회의원과 시장이 갈등을 겪기도 했다. 충주는 기업도시에서 달래강을 향해, 현재의 도심에서 기업도시를 향해 뻗어나가야 한다. 달래강을 중심으로 달래강의 기적을 이뤄야 한다. 그 첫 단추를 푸는 절호의 찬스를 놓쳤다.

기업도시도 일본에 쓰나미가 왔을 때 외국으로 빠져나가는 부품소재산업을 중심으로 집중적으로 로비를 했으면 기업도시에 충분히 유치할 수 있었다고 본다.

요즘 충주의 지도자들이 무능하다는 말이 여기저기서 나온다. 선견지명을 갖고 헌신적으로 일하는 정치인이 없단다.

조그만 기업도시를 유치할 때도 열정적이었던 충주시민들이 천년에 한번 올까 말까한 충주발전의 절호의 찬스를 놓치는 것을 보며 무척 답답해한다.

2016.04.03. 시사플러스

일제 식산은행을 '충주시 등록문화재 1호로 지정' 복원?

일본의 수출규제로 한일 간에 기(氣)싸움을 하는 마당에 충주시는 일제 식산은행 충주지점 복원에 수십억 원의 예산을 투입한다.

더 한심한 것은 조선식산은행 충주지점이 '충주시 등록문화재 1호'란다.

남대문은 국보1호다. 동대문은 보물1호다. 왜 그럴까?

지금의 국보와 보물의 순서는 일제시대에 조선의 문화재를 관리하기 위한 관리번호에서 비롯됐다. 즉, 국권침탈이후 조선의 문화재는 어떤 것이 있나 관리하기 위해 일제가 임의로 정한 번호다.

일제는 경성(지금의 서울)의 규모가 커지자 4대문과 성벽을 헐어 버린다. 그런데 남대문과 동대문은 왜 남겨두었을까?

당시 일제 문화재청에서 '남대문'은 임진왜란 당시 소서행장이 이끄는 군대가 진입한 문이고, '동대문'은 가등청정이 입성한 문이라고 주장한다. 총독부에서 철거하려던 계획을 포기하고 그 옆에 길을 내고 오히려 국보와 보물 1호로 지정하고 보호한다.

그런데 광복 이후 1호의 상징성을 감안하여 새로 개편하지 않고 그대로 이어받아 지금까지 내려왔다. 물론, 지금의 국보와 보물에는 광복이후 국보와 보물로 지정된 상당수의 문화재가 있지만, 앞쪽은 일제시대에 일본인들이 지정해 놓은 그대로다.

문화재청이 민족혼이 없어 보인다.

일제시대도 아닌데 충주시는 아무 생각 없이 '충주시 등록문화재 1호' 로 일제가 우리를 그토록 악랄하게 수탈한 조선식산은행 충주지점을 지정한다. 문화재 1호는 대표적 문화재로 상징성이 있다. 충주시 등록문화재 1호는 충청감영이 되어야 한다. 어떻게 일제의 잔재, 식산은행이 1호란 말인가?

내년 2월에 12억 원이 넘는 예산을 우선적으로 투입하여 식산은행을 복원한단다. 이것이 말이 되는가?

중앙청도 헐었다. 식산은행 건물과는 건축학적, 문화재적 가치로 비교가 되지 않는다. 그런데 왜 헐었을까?

경복궁의 기(氣)를 누르고 민족혼을 말살키 위해 일제는 경복궁 앞에 중앙청을 지었다. 충청감영은 충청도 수부도시(도청)로서의 상징성이 있다. 충청도의 기(氣)를 누르기 위해 충청감영 앞에 식산은행 충주지점을 지은 것이다.

그런데 이 중요한 시기에 충청감영이 아니고 식산은행을 복원한다는 것이 말이 되는가? 충주시가 민족혼도 영혼도 없어 보인다. 오래된 것이 문화재가 아니다. 조상의 얼이 깃들어야 문화재다.

식산은행은 헐고 충청감영은 복원해야 마땅하다.

2019.12.14. 시사플러스

충주 라이트월드에 이어 충북선 고속화사업 노선문제로 갈등 극심해

충북 충주시가 요즘 민관(民官) 갈등이 민민(民民) 갈등으로 확산돼 난리도 아니다.

하나는 강호축 철도 고속화사업의 일환으로 충북선을 고속화하면서 철도노선 일부를 직선화하는 과정에서 주민들의 의견이 엇갈리기 때문이다.

또 하나는 충주 무술공원에 충주시가 야심차게 유치한 라이트월드가 예상대로 관광명소가 되지 못하고 애물단지가 되어 철거하는 과정에서 라이트월드에 투자한 사람들의 저항이 극심하기 때문이다.

지자체 수장의 정책적 선택은 신중하면서도 정확한 분석과 미래예측을 필요로 한다. 충주시의 어설픈 정책적 선택이 민관갈등 나아가 민민 갈등을 초래한 것이다.

충주시는 2018년 지방선거를 앞두고 라이트월드를 유치해 충주에 볼거리를 제공하겠다며 주식회사도 아닌 재정이 열악한 유한회사 라이트월드에 세계무술공원을 임대해 주었다. 이 당시에도 시민들의 반발이 극심했다. 무술공원 옆에도 땅이 많은데 왜 하필이면 시민들의 공원에 라이트월드를 건설하느냐고 말이다.

문제는 라이트월드는 유치해야겠고 라이트월드 회사는 재정이 열악하여 토지를 매입할 여력이 없었던 것이다. 충주시가 궁여지책으로 무술공원을 라이트월드 회사에 내 준 것이다. 또 다른 문제는 라이트월드가 예상대로 관광객이 대거 몰려 관광명소가 되지 못하고 적자에 허덕이며 충주시에 임대료조차도 제대로 내지 못하게 되자 지리한 소송 끝에 철거를 하기에 이른 것이다. 어설픈 정책적 선택이 시민들을 불편하게 만들고, 시를 믿고 투자한 투자자만 망하게 만든 것이다.

요즘 충북선을 고속화하면서 철도노선 일부를 직선화하는 과정에서 충주시의 무책임과 무능이 또 도마에 오른 것이다.

국토부에서 철도노선 변경을 결정할 때 해당 지자체의 의견을 수렴해서 결정한다. 충주시는 철도가 새로 건설되는 지역주민이 아닌 철도철거로 득을 보는 기존노선 주변 목행동 주민을 대상으로 공청회를 열었다. 그리고 현재의 국토부안이 마련됐다.

새로 철도가 지나가는 칠금 금릉동 주민들의 반발이 거세다. 칠금 금릉동 주민들은 즉각 충주범시민비상대책위원회를 구성하고 도심을 분할하는 철도 노선 변경을 요구했다. 그들이 대안으로 요구하는 철도노선을 이번엔 금가면과 동량면 주민들이 거세게 반대한다. 민관갈등이 민민 갈등으로 번졌다.

급기야 조길형 충주시장이 직접 나서서 철도노선변경 불가를 표명했다. 여기에 충주시민단체연대회의가 시청 앞에서 시위하지 말고 라이트월드도 하루속히 무술공원을 시민 품으로 돌려주라고 성명을 발표했다. 평소에 조용하던 시민단체연대회의가 왜, 느닷없이 조길형 시장 편을 들고 나서는지 의아해 하는 사람들이 너무 많다. 라이트월드 상인회와 철도노선변경을 요구하는 비상대책위가 즉각 반발하고 나섰다. 기자회견장에서 몸싸움이 벌어지는 등 사상 최악의 민민 갈등으로 번지고 말았다. 마치 시에서 '이열치열' 전법을 구사하는 것 같다.

조길형 시장이 방향을 잘못 잡은 것 같다. 잘못을 시인할 건 시인하고 대책을 강구해야 한다.

라이트월드 유치로 시민들의 불편을 초래하고, 소송 등으로 세금을 낭비한데 대해 사과부터 해야 한다. 그리고 상인들에게도 희생을 최소화하는 방안을 찾아줘야 한다.

'고속화철도노선' 선형개선은 처음부터 목행역까지는 현 노선을 이용하고 목행역서 인등터널까지 직선화하면 아무 문제가 없었다. 현재의 국토부(안)보다 예산도 대폭 절감된다. 충주시가 사려 깊지 못해 보인다. 충주시의 어설픈 행정으로 시민들의 분열만 자초했다.

필자가 2014년 내륙선 철도를 금가면-임광로터리-이마트 앞에 역사를 만들며 지중화해야 된다고 조길형 시장에게 역설했다. 충주시가 이를 받아들였어야 했다. 그럼 지금 충북선 고속화사업이 민민 갈등이 아닌 충주발전의 견인차가 됐다. 충북선을 서충주-동충주에 역사를 만들며 직선화하면 동충주는 내륙선과 충북선이 교차하며 새로운 교통의 역세권이 된다. 서충주역은 기업도시를 활성화하는 계기가 된다. 충주는 그야말로 원 도심과 서충주 동충주 3대축을 연계하여 신도시로 크게 발전할 수 있었는데 안타깝다. 충주시가 앞을 내다보고 행정을 펼치지 못하는 것이 아쉬울 뿐이다.

충주시는 수안보 도시재생사업을 하며 또 실수를 했다. 한전연수원을 시의회 동의를 받지 않고 매입하여 시의회와 갈등을 빚었다. 엎친 데 덮친 격으로 한전연수원 건물이 재생하기가 곤란해 철거해야 된단다. 수십억 원의 예산을 낭비하게 됐다. 시민들이 이구동성으로 어처구니없어 한다.

지자체 수장은 슬기로워야 한다. 그들의 선택은 막대한 세금이 수반되고, 민관갈등과 민민 갈등을 야기한다. 정책적 결정은 광범위하게 의견을 수렴해 신중히 결정해야 한다.

2021.10.31. 시사플러스

내륙선 철도 1단계 구간 개통 환영

내륙선철도 1단계구간인 경기도 부발에서 충주 구간이 드디어 오늘(12.30) 개통된다. 온 충주시민과 더불어 환영한다.

말도 많고 탈도 많은 내륙선철도의 개통이기에 충주시민들은 아쉬움과 더불어 감회가 새롭다.

필자(한창희 前 충주시장)는 내륙선 철도를 금가면-임광로터리-이마트 앞에 역사를 만들며 지중화해야 한다고 역설했다. 앞으로 철도를 새로 건설할 때 도시와 도시를 연결하며 도심을 지하로 통과해야 한다. 우리나라는 서울역에서 청량리까지 지하화한 지하철 1호선이 효시다. 그 이후 서울은 지하철 시대를 열었다. 대도시를 철도가 도심을 통과하며 지중화하면 철도가 대중교통의 중추적 역할을 한다. 고속도로 몇 개 놓는 것보다 훨씬 효율적이다.

필자는 2014년 시장선거에서 낙선 후 당선자인 조길형 시장께 내륙선 철도가 충주도심을 통과토록 국방부의 협조를 받아 관철할 것을 간곡히 건의했다.

충주시가 이를 받아들였어야 했다. 그럼 지금 충북선 고속화사업이 민민 갈등이 아닌 충주발전의 견인차가 됐다. 충북선을 서충주-동충주에 역사를 만들며 직선화하면 된다. 동충주는 내륙선과 충북선이 교차하며 새로운 교통의 역세권이 된다. 물류센터가 들어선다. 서충주역은 기업도시를 활성화하는 계기가 된다. 충주는 그야말로 원 도심과 서충주, 동충주 3대축을 연계하여 신도시로 크게 발전할 수 있다.

달천동민이 동네 앞을 지나는 철도 지하화를 주장하여 충주역에서 살미면까지 지중화가 관철됐다. 충주시가 달천동 주민만도 못하다. 안타까운 일이다.

강릉은 시에서 건설비 1/10을 부담하겠다며 강력히 요구하여 철도를 지하화했다. 충주는 공군비행장, 탄약창도 있어 비상시에 방공호 역할도 하게 철도가 도심을 지하로 통과해야 된다며 국방부와 충주시가 각각 1/10을 부담하자고 제창했으면 관철됐을 것이다. 그랬으면 도심은 자연적으로 활성화되고 재산 가치는 20조 이상 늘었다. 백년에 한번 올까 말까한 절호의 찬스를 놓쳤다.

차제에 국토교통부에 요청한다. 앞으로 철도를 건설할 때 지방의 중대도시를 통과하며 반드시 도심을 지하로 통과토록 하라. 지방도 지하철 시대를 열어야 한다. 새로 건설되는 철도는 급하게 서두르지 마라. 국가의 백년대계를 위해 반드시 철도를 도심 지하로 통과토록 하라.

앞으로 대중교통은 자동차보다 전철이 주축이 돼야 한다. 지방도 지하철 시대를 맞이해야 한다. 국토가 균형 있게 발전되기 위해서는 철도의 도심 지중화가 필수요건이다.

충주 시내에서 전철 타고 서울과 청주를 오가는 시대를 상상해 보라.

아쉽기는 하지만 내륙선철도 충주구간 개통을 환영하며 그동안 애를 많이 쓴 이시종 지사를 비롯해 조길형 시장 등 주요 인사들의 노고에 거듭 감사를 드린다.

2021.12.30. 시사플러스

충주 철도노선 무엇이 문제인가?

충주는 요즘 충북선 철도노선 문제로 시끄럽다. 강호축 철도 고속화사업의 일환으로 충북선을 고속화하면서 철도노선 일부를 직선화하는 과정에서 주민들의 의견이 엇갈리기 때문이다.

철도 지상철은 가깝지도 멀지도 않은 곳에 건설해야 한다. 멀리 있으면 불편하다. 지상철이 도심 가까이 지나가면 철도가 30m 성곽을 쌓는 거나 다름없다. 도시가 두 동강이 나서 도시개발에 지장을 준다.

지하철은 도심 한복판으로 지나갈수록 좋다. 서울 지하철 1호선이 도심 한복판을 지나며 우리나라 지하철의 효시가 됐다. 요즘은 철도가 도심 한복판을 지하로 지나가는 것이 세계적 추세다.

철도가 지중화를 통해 도시와 도시를 연결하는 새로운 교통망으로 각광을 받고 있다. 청주서 경부선을 도심 한복판으로 지중화해야 한다고 이시종 도지사부터 앞장서서 시위를 하는 이유도 여기 있다.

필자는 내륙선 철도가 충주를 통과할 때 지상철로 건설하면 앙성-대소원면(기업도시)-수안보를 통과해야 된다고 주장했다.

내륙선 철도가 현재 노선으로 결정되자 금가면-임광로터리-이마트 앞-건대 후문에 역사를 만들며 지중화해야 된다고 역설했다. 예산이 지금보다 2,800억 더 들어간다. 충주시가 1/10, 국방부가 1/10을 부담할 것을 제안하며 온 시민이 기업도시 유치하듯 강력히 주장하면 가능했다. 강릉은 시가 1/10을 부담하겠다며 시위를 하며 강력히 주장하여 지중화에 성공했다.

충주에는 공군비행장, 탄약창, 유류저장탱크가 있다. 특히 19전투비행장으로 인한 소음피해, 건축물 높이 제한 등으로 충주시민들은 불편을 감내하고 있다. 국방부는 충주 발전을 위한 정당한 요구를 외면할 수가 없다. 지하철은 유사시에 방공호 역할도 한다. 내륙선 철도를 건설하며 국방부의 적극적인 협조도 얻어낼 수 있었다.

국토교통부는 최소의 비용으로 철도교통망 시설을 건설하기 위한 계획을 세운다. 하지만 민원이 강력하면 건설기간을 다소 늦추고, 예산이 더 들더라도 민원을 수용한다.

현재 내륙선 철도를 건설하며 달천동 주민들이 강력히 요청하여 충주역에서부터 지하로 통과한다. 차라리 그럴 바엔 도심 한복판으로 지중화 했어야 했다.

이를 필자가 조길형 시장에게 강력히 요청했다. 그 당시 충주시가 이를 받아들여 관철했어야 했다. 충주시가 달천동 주민만도 못하다. 그랬으면 강호축 충북선을 고속화하면서 주덕에서 금가면으로 직선화하여 금가면에서 내륙선과 충북선이 열십자로 교차하며 새로운 역세권을 만들면 동충주가 크게 발전할 수 있다.

그리고 현재의 도심에서 기업도시를 향해 기업도시에서 도심을 향해 달래강을 중심으로 동서로 도시개발계획을 새로 세웠어야 했다. 그래야 한강을 중심으로 강남과 강북이 개발되듯 충주가 달래강을 중심으로 크게 발전될 수 있는 토대를 마련할 수 있는 것이다.

충북선이 칠금동을 통과하여 도심 동편 외곽을 또 치고 나가면 충주시는 철도가 가로막혀 동쪽으로도 못 뻗어 나간다. 강에 이어 철도가 도심을 둘러싸게 된다. 이 시대를 사는 충주의 지도자들이 후손들에게 두고두고 지탄의 대상이 될 것만 같다. 지금 목행동에 가설된 철교가 얼마나 볼품이 없는가.

TV토론회는 이럴 때 하는 것이다. 시의 백년대계가 걸려있는데 충주시 지도자들은 도시발전의 개념조차도 없고, 언론은 무관심하고, 사회단체는 맥 놓고 있으니 천년에 한번 올까말까 한 충주 발전의 절호의 기회를 다 놓치고 마는 것이다. 안타까운 일이다.

2021.09.29. 시사뉴스

PART

VIII

이래서 '오지랖'

반기문 총장님, 진짜 출마합니까?

반기문 전 유엔사무총장이 임기를 무사히 마치고 1월 12일 귀국했다. 우선 대한민국 최초의 유엔 사무총장이 금의환향한 것을 진심으로 축하한다.

문제는 반 총장이 차기 대통령에 출마할 것인가 하는 것이다.

반 총장은 초·중·고를 충주에서 다녔다. 필자의 충주중학교 선배다. 동생 반기호는 충중 25회 동기다. 개인적으로 인연이 깊다.

충주가 생긴 이래 충주 출신이 대통령 아니 왕이 된 적이 없다. 천년에 한 번 올까 말까한 충주 발전의 절호의 기회다.

충주가 지정학적으로 한반도의 중심도시다. 이를 상징하듯 중앙탑이 있다. 지역세가 약한 충주출신이 대통령에 도전한다는 자체만으로도 충주사람들은 자긍심을 갖기에 충분하다.

필자는 충주시장 출신이다. 정당을 초월하여 반 총장이 대통령 후보가 되면 지원하지 않을 수 없다. 하지만 필자는 아직도 반 총장께서 대선에 출마하지 않길 바라는 사람이다.

우리나라 선거는 진흙탕 싸움이나 다름없다. 선거과정의 마타도어는 후보자신이 들어도 '내가 참 나쁜 놈이구나.' 할 정도다.

반 총장은 가만히 있으면 국가원로로 존경을 받을 수 있다. 대선에서 이겼다고 특별히 더 존경받을 게 없다. 출마하는 순간 존경심은 사라진다.

우리나라 역대 대통령치고 온 국민이 존경하는 사람이 없다. 반쪽만 지지하고 존경한다. 나머지 반쪽은 인정을 하지 않는다.

우리나라에서 박정희, 김대중 대통령보다 국가발전에 기여한 대통령도 없다. 두 분 다 반쪽만 존경한다. 반 총장께서 대통령이 돼도 두 분보다 더 잘하기가 쉽지 않다.

낙선하면 지옥에 떨어진 거나 다름없다. 현재의 정세는 정권교체 분위기가 우세하다. 반 총장이 당선된다고 장담할 사람은 아무도 없다.

반 총장을 추대하는 사람들을 살펴보면 두 부류다. 좌파에게 정권을 넘겨줄 수 없다. 대안이 없으니 후보로 옹립하겠다는 것이다.

또 한 부류는 권력의 맛을 아는 사람들이 자리를 하나 얻기 위해 불나방처럼 모여드는 것이다. 모두 반 총장을 이용하려는 사람들이다.

진실로 반 총장을 아끼는 사람들은 그동안 쌓아온 명성이 물거품이 되지 않도록 출마하지 않길 바란다.

우리나라는 정치에 뛰어드는 순간 존경심은 아예 없다. 전·현직 정치인 그 누구에게도 본인 부재 시 존칭을 사용하는 걸 본적이 없다. 모두 옆집 강아지 부르듯 한다.

우리 언론의 대선후보 검증과정은 혹독하다. 과거의 조그만 잘못까지도 파헤쳐 난도질을 한다. 과연 이런 모욕적인 검증과정을 거쳐 가며 상처뿐인 영광을 꼭 쟁취해야 되는 특별한 이유가 있는지 묻고 싶다.

순간의 선택이 본인은 물론 가족과 주위 사람들의 영욕을 좌우한다.

아직까지 반 총장께선 공식적으로 출마선언을 하지 않았다. 진실로 아끼는 지인들은 반 총장이 출마하지 않길 바란다. 마지막까지 현명한 선택을 기대하고 있다.

정치는 국민의 마음을 얻어야 한다. 소신과 철학이 정립돼 있지 않으면 불가능하다.

기왕에 험한 정치 길을 가기로 정했으면 삼국지라도 함 읽어보기 바란다. 진정한 책사는 절대 찾아오지 않는다. 우선 함께 일할 사람부터 찾아가 만나라. 제 발로 찾아온 사람은 순수성이 없다. 세 불리하면 떠나갈 사람들이다.

특히 유념할 것은 언론이 혹평한다고 언론과 절대 싸우지 마라. 언론과 싸워서 덕 본 사람 한 명도 없다. 박근혜 대통령이 언론과 원만한 관계를 유지했으면 이 지경까지는 되지 않았을 것이다.

박근혜, 최순실 국정농단을 바라보며 국민들은 무척 허탈해 하고 있다.

과연 반 총장께서 국민들의 허탈한 마음을 채워줄 수 있을지 '우려'가 된다.

2017.01.14.. 시사플러스

반기문 총장, 존경받는 '국가원로'로 남았으면

반기문 총장은 대한민국 최초의 UN사무총장이다. 금년 말이면 임기가 끝난다.

총선이 끝나고 정치권과 국민들은 자연히 내년 대통령선거로 관심이 집중되고 있다. 대권후보로 반기문 UN사무총장이 꾸준히 거론된다. 여론조사에서도 1위다. 여당인 새누리당, 특히 '친박'들은 마땅한 대권주자도 없는 마당에 반 총장을 영입하고 싶을 것이다.

반기문 총장은 노무현 대통령 시절 외교통상부 장관을 했다. 사실 노무현 정부의 후광으로 UN사무총장이 됐다고 해도 과언이 아니다. 야권의 원로들을 중심으로 반 총장이 야권 통합후보가 돼 정권교체를 이뤄주길 바라고 있는 것도 사실이다. 여야 공히 관심의 대상이다.

하지만 야당은 '더불어민주당'과 '국민의당'으로 분열됐다.

두 야당의 통합은 쉽지가 않다. 어느 당도 반기문 총장을 영입할 수가 없다. 그러기엔 문재인 前 대표와 안철수 대표의 벽이 너무 두텁다. 반 총장이 야권통합후보로 영입될 가능성은 없다고 본다. 반 총장 본인도 야권 체질은 아닌 것처럼 보인다.

여당인 새누리당이 경선 없이 반 총장을 대권후보로 영입하기도 쉽지 않다. 반기문 총장이 아무리 여론조사에서 1위를 한다 해도, 대권을 꿈꿔온 잠룡들이 경선 없이 반 총장을 대권후보로 옹립할 리가 없다. 경선과정에서 그동안 쌓아온 명예에 치명적인 손상을 입을 수가 있다. 새누리당 후보가 돼도 치열한 본선이 기다리고 있다. 설사 대통령이 된다고 해도 존경받는 지도자가 되기는 힘들다.

우리나라는 정치인이 존경받는 사회가 아니다. 박정희, 김대중 두 대통령을 보면 알 수 있다. 반쪽만이 존경할 뿐이다.

반 총장이 대통령에 출마하지 않으면 대한민국 국민이 자랑스럽게 여기는 UN사무총장 출신의 국가원로가 된다. 당선되면 반쪽만이 존경하고, 낙선하면 존경심도 사라지고 국가원로가 될 사람만 잃게 된다. 많은 국민들이 반 총장께서 대통령에 출마하지 말았으면 하는 이유도 여기 있다.

벌써부터 반기문 총장에 대해 험담이 회자되기 시작했다.

미국에서 참사관 시절 체미 중인 김대중 선생의 동향을 일일이 전두환 대통령에게 보고했다느니, 동성애자들의 결혼을 환영하고 UN직원들의 동성애를 허락했다느니 험담의 종류도 다양하다. 일일이 열거하고 싶지도 않다.

경선이나 본선에 돌입하면 온갖 악담이 수없이 터지는 게 한국 정치의 현실이다. 반 총장이 굳이 이런 과정을 거치며 대통령이 될 필요가 있는가. 꼭 대통령이 돼야할 이유도 뚜렷치 않다. 정치도 외교관 못지않게 노하우(전문성)가 있다. 반 총장은 정치는 처음이다. 연세도 대통령에 취임할 때면 74세다. 국회의원도 나이가 많다며 공천을 꺼리는 연세다.

반 총장을 진실로 아끼는 사람들은 대통령에 출마하지 않기를 바란다. 아니 '대통령 출마 거론' 자체를 싫어한다. 그로 인해 반 총장을 폄하하고 험담이 오가는 것이 못마땅한 것이다.

우리나라는 국가원로 부재 상태다. 김수환 추기경이 권력층에 따끔한 충고도 하고 어려운 사람들을 보듬으며 원로역할을 했다. 하지만 지금은 그럴만한 존경받는 원로가 없다.

반기문 UN사무총장께서 '국민적 멘토' 역할을 하는 존경받는 국가원로로 남아주길 바라는 사람들이 너무 많다.

2016.05.09. 시사플러스

일자리 창출, 생각만 바꾸면 가능해

정부가 특허품 중에 경쟁력이 있고, 산업화를 통해 특수이익을 볼 수 있는 품목은 별도로 정밀 심사해 '시범사업'을 실시할 필요가 있다. 필요하면 연구단지를 조성해 중요기술연구를 뒷받침해 줘야 한다. 경제 활성화에 견인차 역할을 하도록 말이다.

일자리 창출은 산업기술 개발에서 찾아야 한다. 그럼 청년들의 일자리가 대폭 늘게 된다. 세라믹 원천뿌리기술을 개발해 수만 개의 일자리 창출과 10조 원의 수입 대체효과를 가져올 수 있는 벤처기업이 있다. 그런데 마중물 자금이 없어 빛을 보지 못한다. 안타까울 뿐이다.

원천뿌리기술을 가진 기업체는 협력업체가 대폭 늘어나 일자리가 엄청나게 늘어난다. 요즘은 글로벌 시대다. 원천뿌리기술을 가지면 해외시장 개척이 용이하다. 유학한 젊은 세대들의 일자리 창출에도 안성맞춤이다.

대기업이나 정부 연구소에서 신제품을 개발하면 손쉽게 빛을 본다. 하지만 기존 시스템 밖에서 벤처기업이 개발한 새로운 기술은 사장되기가 일쑤다. 이것이 우리 사회구조다. 중소벤처기업부가 좀 더 현실적인 감각을 갖고 벤처기업이 빛을 보도록 노력해야 한다.

둘째, 정년퇴직 후 정신적, 육체적으로 건장한 노인들의 일자리를 창출해야 한다. 생각만 바꾸면 가능하다.

대기업들이 베트남이나 중국 등으로 공장을 옮기는 것이 값싼 노동력 때문이다. 또 값싼 외국인 근로자들이 합법, 불법으로 수없이 국내로 들어온다. 그 숫자가 수백만 명에 이른다고 한다.

정년퇴직한 사람들은 임금이 적더라도 취업을 원한다. 값싼 노동력이 필요한 기업체가 이들을 활용하면 된다. 미국에선 사장하던 사람이 퇴직 후 그 회사에 수위로 재취업하기도 한다. 일자리가 곧 복지다.

인간의 수명이 엄청나게 늘어났다. 열대지방에서 이모작 농사하듯 늘어난 수명에 걸맞게 인생도 두 번 살아야 하는 시대가 됐다. 우리 사회가 생각을 바꾸면 국내에 값싼 노동자가 수없이 많다. 기업이 이들을 활용하면 일거양득이다.

먼저 임금체계를 이원화해야 한다. 정년퇴직 이전의 정상적인 고임금 체계와 정년퇴직 이후의 낮은 임금체계로 말이다. 고가 항공사와 저가 항공사가 공존하지 않는가.

이대로 가면 우리 기업은 값싼 노동력을 찾아 외국으로 계속 빠져나간다. 외국인 근로자는 국내로 들어온다. 갈수록 우리 국민들은 일자리가 줄어든다.

현재의 '최저임금 인상'은 외국인 근로자 임금인상 효과를 가져왔다. 상대적으로 이들을 고용해야 하는 우리 영세 중소기업이나 자영업자들의 손실만 초래했다. 최저임금 인상이 정부가 원하는 대로 나아가질 못했다. 외국인 근로자만 신이 났다. 정부가 상황 파악을 잘못한 것이다.

공무원 숫자를 늘려 일자리를 만든다는 것은 세금 낭비다. 밑의 돌 빼서 위에 고이는 것이나 다름없다. 공무원 숫자는 가능한 한 줄여야 한다. 그렇게 사용할 세금은 경제 활성화를 위한 마중물로 사용해야 한다.

정치인과 공직자는 물론 우리 사회가 생각을 바꾸면 일자리는 얼마든지 창출할 수가 있다.

경제가 어려우면 민심이 사나워진다. 경제는 시장경제원리에 맡겨야 한다. 정부는 막힌 데 물꼬만 터주면 된다. 경제는 통제로 되는 것이 아니다.

2020.07.29. 시사뉴스

일본의 억지 야욕, 이것이 팩트다

일본이 '백색테러'를 저질렀다. 한국을 수출심사 우대국인 '화이트리스트'에서 제외했다. 한국의 급소를 파고든 일본의 선제공격이다. 경제적 선전포고다. 가만히 당하고만 있을 순 없다.

문재인 대통령은 "(일본은) 언젠가는 넘어야 할 산이고, 지금 이 자리에서 멈춰 선다면 영원히 그 산을 넘을 수 없다"면서 "국민의 위대한 힘을 믿고 정부가 앞장 설 테니 비상한 각오로 힘을 모아 달라"고 호소했다. 8월 5일엔 "남북경협으로 평화경제가 실현되면 단숨에 일본을 따라잡을 수 있다"고도 했다.

일본은 우리를 너무 우습게 봤다. 일본과 우리나라가 충돌하면 양쪽 다 치명상을 입는다. 공멸하지 않으려면 일본이 침략을 중단하는 수밖에 없다.

향후 기업 실적의 둔화, 주가 하락, 실업증가 등으로 경기침체가 발생할 수도 있다. 이 고통을 회피하기 위해 일본의 요구를 받아들일 경우 후세대에게 보다 암울한 미래를 넘겨주는 꼴이 된다.

일본은 경제대국이나 1인당 국민총생산(GDP)은 우리와 큰 차이가 없다. 구한말과는 다르다. 철강·조선·휴대전화·반도체 등은 우리가 일본을 따돌린 지 오래다. 석유화학·자동차도 밀리지 않는다.

일본이 장악한 특수부품, 장비산업을 국산화하기까지는 험로가 예상된다. 대기업은 이 기회에 부품소재 산업에 투자하여 기술독립을 꾀해야 한다. 일본에 과다한 로얄티를 지불하는 먹이사슬을 끊어내야 한다.

많은 국민들이 '독립운동은 못했어도, 불매운동은 하겠다'며 자발적으로 일본 제품 불매운동, 국산품 장려 운동을 전개하는 등 '항일, 극일' 정신을 다잡고 있다. 그 과실을 우리 기업이 거둬들여야 한다. 우리 기업이 정신 바짝 차려야 한다.

일본의 수출규제에 항의하는 촛불집회가 열리고 일본 여행을 자제하고 일산제품 구매를 꺼리는 '보이콧 재팬' 현상이 빠르게 확산되고 있다.

구 일본대사관 앞에서 6백여 시민사회단체 연합행사로 열린 '아베 규탄 시민행동' 3차 촛불 문화제에는 열대야에도 1만 5천여 명이 모였다. 주목할 것은 일본의 사과를 전제로 한 새로운 한·일 관계 수립을 요구하는 목소리였다.

일본은 역사적으로 대륙진출의 야망이 있다. 틈만 나면 우리 한반도를 침략했다. 진정한 사과 요구는 바로 한반도 침략을 포기하라는 것이다.

워싱턴 포스트는 일본은 결코 사과를 하지 않을 것이다. 사과는 곧 재무장을 포기하는 것이라고 지적했다. 독일은 2차대전 후 진정한 사과를 했어도 일본은 진정성 없는 형식적 유감표명만 했다. 일본에게 진정한 사과를 요구하는 것은 바로 침략의지를 포기하라는 것이다.

한국민은 일본 우익세력의 한반도 침략의지를 규탄하는 것이지 일본 국민을 미워하지 않는다. 한국 국민은 2011년 동일본 대지진 때 1천억 원이 넘는 성금을 모으고, 당시 서울 시내 곳곳에 '힘내라 일본' 등의 현수막을 내걸었다. 한국인은 일본인들이 재해를 당하면 도와준다. 하지만 일본 정부의 부당한 침략에는 강하게 반발한다. 한마디로 양국의 상생을 원하는 것이지 싸우자는 것이 아니다.

일본 정부는 우리 정부의 대응조치보다 우리 국민의 시민의식을 더 두려워해야 한다.

한국과 공존번영을 원하는 일본인도 많다. '아베의 일본'을 싫어한다. 지난 4일 도쿄에서 한국의 'NO 아베' 움직임에 연대하는 일본 시민들의 집회가 열렸다. 저명한 지식인들이 대(對)한국 수출규제 철회 촉구 서명운동을 벌였다. 국철지바동력차 노동조합도 아베 정권의 행태를 "폭거"라고 비판했다.

이번 사태가 과연 강제징용 문제에 대한 문재인 정부의 미숙한 대응 때문에 초래된 것일까?

새로운 일본을 외치며 군사대국화를 향해 달려가는 우익세력의 철저히 계획된 도발행위에서 비롯된 것이다.

아베가 대한(對韓) 수출규제에 나선 이유는 명백하다. 대한민국의 성장이 두려운 것이다. 강제징용에 대한 대법원 판결은 핑계에 불과하다.

이참에 경제적으로 한국의 기(氣)를 확실히 꺾어 놓겠다는 것이다. 동시에 1965년 한·일 국교 정상화로 구축된 한·미·일 협력체제에서 한국을 고립시키는 전략이다. 한국배제에 따른 안보 공백을 이용, 개헌을 추진하겠다는 속셈이다.

우리 대법원의 강제징용 판결은 그 시기를 조금 앞당기는 데 기여했을 뿐이다. 문재인 정부가 십분 양보해 대법원 판결에 유감을 표하였다면 일본의 우익이 과연 도발을 멈췄을까?

최근 항간에 알려지기 시작한 일본 극우정치의 사령탑 역할을 하고 있는 '일본회의'의 치밀한 계획과 전략은 결코 그들의 목표가 단순히 강제징용 판결에 대한 불만을 해소하자는 데 있지 않음을 잘 보여주고 있다.

아베는 지난 8월 1일 자민당 의원총회에서 "갈수록 엄중해지는 국제정세 속에서 한 몸이 돼 헌법 개정 등 곤란한 문제를 풀어가자"고 개헌의지를 확실히 드러냈다.

아베는 조선의 마지막 총독 아베노부유키의 후손이다.

"일본은 조선에 총이나 대포보다 무서운 식민교육을 시켜 놨다. 이제 조선인은 서로 이간질하며 노예적 삶을 살 것이다. 아베, 일본은 다시 돌아온다."는 아베노부유키의 말이 현실화 되고 있다.

아베를 필두로 한 일본 우익은 1965년 '한일청구권 협정'을 통해 개인청구권도 일괄 타결됐다며 한국이 억지를 부린다고 주장한다. 하지만 1991년 야나이 슌지 일본 외무성 조약 국장은 "개인 청구권은 소멸되지 않았다"고 밝혔다.

아베는 1965년 한일협정으로 다 끝난 문제를 툭하면 들고 나온다며 우리를 정상국가로 대하지 않겠다고 한다. 누가 억지를 쓰는 것인가.

우리 경제의 급소를 노린 일본의 도발은 사전에 치밀하게 준비된 것으로 도발 의도는 명확하다.

경제적으로는 수출 규제를 통해 우리의 성장을 견제하고, 평화헌법을 개정해 새로운 국제질서를 만들려는 이른바 새판 짜기 야욕이다.

광복 후 이승만 정부는 친일파를 제대로 처리하지 못했다. 남한에 대한 효율적 통치가 목표였던 미군정은 권력요직에 친일파를 기용했다. 이들은 친일 신분을 세탁하기 위해 냉전에 편승하여 반공이라는 새로운 프레임으로 야권세력을 빨갱이로 몰아붙이며 자신들의 기득권을 확대 강화했다.

이들 후계세력은 우리 경제가 어려운데 일본이 수출규제로 압박을 가하면 문재인 정부가 무너질 거라고 생각할지도 모른다. 오판이다. 우리가 뽑은 대통령, 혼을 내도 우리가 낸다. 일본이 우리 대통령을 비난하는 것은 못 참는다. 나는 아버지를, 형을 비난해도 남이 욕하는 것은 못 참는다.

일제 식민세력은 일본의 수출규제를 문재인 정부 책임이라며 내부분란을 야기한다. 오히려 일본정부를 대변하고 나선다. 외세를 끌어들여 집권하면 나라가 망한다. 아베 노부유키가 이제 조선은 식민교육으로 서로 이간질하며 노예적 삶을 살 것이란 말이 잊히지 않는다. 안타까운 일이다.

일단 경제 전쟁이 터졌기 때문에 누구 탓인지를 따지는 것은 의미가 없다. 그것은 이긴 다음에 할 일이다. 전쟁에서 지면 아무 의미가 없다.

어차피 일본이 걸어온 싸움이다. 꼬리 내리면 진다.

"싸워 본 나라는 다시 일어날 수 있지만 싸우지도 않고 항복한 나라는 다시 일어나지 못한다."는 윈스턴 처칠의 말을 명심해야 한다.

이번 위기는 생각을 바꿔보면 우리 민족이 자력갱생, 일제로부터 경제적으로 독립할 절호의 기회다.

우리 자식들에게 어떤 나라를 넘겨줄 것인가?

완전한 독립국가, 일제를 능가하는 경제적 독립 국가를 넘겨줘야 한다.

원하든 원하지 않든 제2의 독립운동은 시작됐다.

뭉치면 살고 흩어지면 죽는다.

2019.08.07. 시사플러스

세라믹 사출기술 개발,
설비자금 없어 발 동동

첨단 신소재인 '세라믹'의 사출 생산 기술을 개발하고도 설비자금 50억 원이 없어 발을 동동 구르는 업체가 있다.

바로 (주)코엔지테크(대표 박경수)이다.

세라믹은 마모가 되지 않고 내열성이 강한 첨단 신소재로 용광로나 로켓에 주로 사용된다. 세라믹 사출기술은 일본과 미국만이 보유한 최첨단기술이다. 우리나라는 주로 일본에서 세라믹 원석을 수입하여 커팅하여 사용한다. 제품 가격이 비쌀 수밖에 없다.

우리나라가 세라믹 생산, 그것도 사출기술을 개발했다는 것은 수입대체효과를 가져오는 획기적인 일이다.

자동차를 생산하는데 필요한 토치나 임플란트에 세라믹이 최고다. 가격이 비싼 게 흠이다. 컷팅이 아닌 사출로 생산하면 가격을 대폭 낮출 수 있다. 세라믹의 수요는 폭이 아주 넓다.

국내만 10조 원 이상의 세라믹 수요가 있다. 국가적 차원에서 세라믹 사출 생산을 장려하는 것이 마땅하다.

신용기금이나 기술신용보증기금이 있어도 허울뿐이다. 담보능력이 없고 판매실적이 없으면 대출을 받을 수 없는 게 현실이다. 벤처기업이 성공하기 힘든 이유가 바로 여기 있다.

대기업이나 정부지원을 받는 연구소가 아닌 중소기업은 기술개발을 해도 자금이 없어 그 기술이 빛을 보지 못한다. 정부가 특허 조건을 강화하고 특허를 받으면 대출해 주는 제도를 마련해야 한다.

세상은 참 불공평하다. 대기업은 자금은 있으나 투자처를 찾지 못해 고민이고, 중소기업은 특허기술을 갖고도 자금이 없어 도산을 한다.

정부는 첨단기술을 개발하고도 설비자금이 없어 발을 동동 구르는 중소기업의 어려운 사정을 과연 알고 있을까?

2016.03.04. 시사플러스

'세월호' 이제 마무리했으면 싶다

세월호 참사가 일어난 지도 2년이 지났다. 하지만 아직도 그 진상은 밝혀지지 않고 의혹만 난무하다.

일반국민들은 세월호 참사로 처음엔 애도의 심정을 갖고 안타깝게 여겼다. 애도의 기간이 길어지면서 피로감에 젖어있다. 가뜩이나 경제도 어려운데 소비심리를 위축시킨다며 세월호 진상조사를 요구하는 야권세력과 유가족에게 불만을 토로하기도 했다.

유가족들에게 다른 참사 희생자들보다 많은 보상을 주고 사건을 서둘러 마무리 하려는 의도에 대해 많은 국민들은 분개심이 일었다. 비굴함도 느꼈다. 도대체 무슨 비리의혹이 있길래 죽은 지 40여 일이 지난 시신이 유병언 회장이라며 서둘러 사건을 마무리하고 유가족들에게 많은 보상을 주고 사건을 덮으려 하는지 이해할 수가 없었다. 보통사람이 사망해도 유병언처럼 시신을 오랜 기간 방치해 두지는 않는다. 의혹투성이다.

진상을 정확히 밝히지 않으면 유사한 참사가 또 다시 발생한다며 야권세력은 진상규명을 줄기차게 요구하고 있다.

이제 여소야대가 됐다.

세월호 참사의 진상을 정확히 밝히고 비리가 있으면 엄중히 처벌하고 이와 같은 사고가 다시는 발생하지 않도록 제도적 보완을 하고 사건을 하루빨리 종결했으면 좋겠다.

사건을 지리멸렬하게 오래 끌고 가는 것은 유가족들을 더욱 비참하게 만들 뿐이다.

자녀들을 잃은 것도 서러운데 보상금을 더 타려고 몽니를 부린다는 일부 국민들의 따가운 시선은 견디기 힘들 것이다.

천안함 희생자 유가족들을 비롯하여 각종 참사 희생자 유가족들도 씁쓸하긴 마찬가지일 것이다. 보상이 형평에 맞지 않기 때문이다.

유교사회에서도 부모가 돌아가시면 3년 탈상을 한다. 세월호 참사 3주기가 오기 전에 진상을 한 점 의혹 없이 밝히고 고인들을 편안히 보내주었으면 한다.

여소야대 국회가 세월호 참사사건을 조속히 마무리하여 국민들의 피로감을 하루속히 덜어주길 기대해 본다.

2016.04.18. 시사플러스

5월 6일, 임시공휴일 왜?

박근혜 대통령은 5월 6일을 임시공휴일로 지정해 다음 주에 있을 연휴 즉 어린이날부터 일요일까지 나흘간을 황금연휴로 만들겠단다. 그래서 침체된 경기를 부양하겠다고 한다.

임시 공휴일 지정으로 침체된 경기를 부양하겠다는 발상 자체가 한심하여 한마디 하지 않을 수 없다.

차라리 경기부양이라는 말은 빼고, 어린이날과 가정의 달을 맞아 징검다리 공휴일 사이에 낀 평일을 임시공휴일로 지정해 국민들에게 잠시나마 즐거움(황금연휴)을 선사하겠다고 했으면 좋았을 뻔했다.

적어도 연휴 내내 가족들과 함께 날마다 외식을 하고, 여행도 할 능력이 있는 사람들은 크게 환영할 것이다. 하지만 중소기업주는 울상일 것이다. 없는 살림에 하루 벌어서 하루 먹고 사는 서민들도 걱정이 많을 것이다.

특히 홀로 자녀들을 양육하는, 한 부모 가정의 엄마 아빠들이 가장 싫어하는 날은 아이가 학교에 가지 않는 토요일과 일요일 등 연휴다. 이유는 간단하다. 돌봐줄 사람 하나 없는 외딴 집에 어린 아이를 혼자 놔두고 출근할 수가 없기 때문이다.

아무리 명분이 좋아도 선택된 정책 때문에 불편하고 불이익을 당하는 사람들이 너무 많다. 지도자는 어려운 사람들을 먼저 헤아릴 줄 알아야 한다. 그래서 정책의 결정은 신중하고 일관성이 있어야 한다.

헌데 임시 공휴일 지정은 명분도 뚜렷치 않다. 침체된 경기를 부양키 위해 임시공휴일을 지정한다는 것은 한마디로 개그다. 박 대통령은 참모도 없는 것 같다.

국민들이 하루를 놀아서 침체된 경기가 부양된다면 매달 아니 매주 하루씩을 임시공휴일이 아니라 공휴일로 만들어야 한다.

임시공휴일을 지정할 때는 명분이 뚜렷해야 한다. 앞으로도 계속 징검다리 연휴 사이에 평일이 끼면 임시공휴일로 지정할 것인가?

대통령이 할 수 있는 게 겨우 소비촉진을 통해 경기부양을 할 수밖에 없단 말인가. 궁색한 변명으로 들린다.

이는 경제에 대한 무지하고 무능함을 스스로 공표한 거나 다름없다. 대통령의 경제 마인드가 이 정도면 큰일 났다는 생각이 든다. 사장이 무능하면 회사가 망하고, 대통령이 무능하면 나라가 망한다고 한다.

조선업을 비롯하여 우리나라 경제 상황이 심상치 않다. IMF때보다 실물경제가 어렵다고 한다. 젊은이들은 취직이 되지 않아 난리다.

징검다리 연휴에 낀 평일을 휴일로 하든 말든 그게 중요한 게 아니다. 정치철학이 없는 지도자, 대통령이 걱정되는 것이다. 장님이 소경 따라 가는 것 같다.

아직도 임기가 2년 남았는데 박 대통령께서 제발 정신 차리고 국민들 피눈물 나지 않게 해주었으면 좋겠다.

2016.04.27. 시사플러스

고려대, 혁신의 아이콘 되다

염재호 총장 초청으로 73학번 동기회 간부들이 2월 19일 모교 총장실을 예방하고 오찬을 같이 했다.

염 총장이 지난 4년 간 활동상황을 간단히 설명했다.

신입생 85%를 학종(학생부 종합전형)으로 선발했단다. 학원과외 자들은 아예 제외했단다. 사교육비를 없애는 혁신을 시도한 것이다. 특수학교에 치중하지 않고 전국 각 고등학교에서 골고루 뽑았단다. 면접관도 늘리고 15분 이상 집중 면접으로 재능 있고 인성이 좋은 학생을 선발했다.

학원 과외생에게 유리한 논술시험은 아예 없앴다. 학원 과외는 인재선발만 왜곡되게 하고, 사교육비로 학부모들만 고달프게 한다. 학원과외는 일종의 적폐다. 불공정 게임이다. 재능과 학문적 소질이 있는 인재들이 이들 때문에 가려진다. 지금까지 대학입학시험이 진정한 인재를 발굴하지 못했다. 이를 과감히 시정한 것이다. 엄청난 혁신이다.

학교 수입도 등록금 위주에서 사회중요 프로젝트 연구 수주로 상당부분 대체했다. 학교가 적극적으로 나서서 수익사업도 하고,

기부금도 재벌위주의 고액기부에서 졸업생과 뜻있는 국민들이 함께 참여하는 소액기부로 확대했다. 이를 위해 KU PRIDE CLUB 도 만들었다. 한마디로 경영자다.

장학금도 생활이 어려운 학생들에게 우선적으로 지급했다. 학교 내 알바도 확대하여 월 40시간 활동에 40만 원씩 지급했다. 정부가 목표로 하는 기본임금 시간당 1만 원씩을 앞서서 시행한 것이다. 등록금의 절반 정도는 장학금, 알바 등을 통해 학생들에게 되돌려 줬다. 어려운 학생들의 생활을 보듬는 행정가다.

한마디로 생각 바꾸기다.

학생 선발도 인성과 정상적인 '학종'을 존중하고, 어려운 학생들을 배려한다. 재능이 탁월한 인재가 해외로 유학갈때는 과감히 지원도 한다. 국가를 위해 인재를 키우는 것이다. 진정한 교육자다.

정기 고연전(연고전)도 특기생 위주에서 정상적인 학업을 하는 학생들의 친선경기로 유도, 연세대와 합의했다. 그러나 연대는 이런 순수한 취지를 어겼다. 여전히 특기생 위주로 선발했다. 그래서 매년 고연전에서 연대가 이긴다. 염 총장의 교육관을 들어보니 고대가 져도 진게 아니다. 연대는 이겨도 이긴 게 아니다. 매년 고연전에서 고대가 패한 이유, 오해가 풀렸다.

염 총장은 학교 교육에 3無 시스템을 도입했다. 시험에 감독관이 없다. 감독관이 없으니 오히려 컨닝을 더 못한다. 출석부가 없다. 자율출석제다. 상대평가를 하지 않는다. 절대평가다.

여기에 그치지 않고 無계열, 無학과의 미래대학을 설립했다. 1~2학년 과정을 마치고 적성에 따라 자율적으로 전공을 선택한다. 성적에 맞춰 적성에도 맞지 않는 학과를 선택하는 폐단을 없앤 것이다.

염 총장은 진정한 교육자다. 경영자다. 행정가다. 문재인 정부가 추진하는 혁신의 아이콘이다. 대학에 자율성을 부여하면 염재호 총장 같은 혁신적 마인드를 가진 사람들이 제 역할을 하게 된다,

"고대는 인재를 발굴, 양성하여 국가의 기둥이 되게 할 것입니다. 누구나 고대에 들어오면 꿈을 이룰 수 있게 도와드릴 것입니다." 염 총장의 말이다.

고려대가 세계대학 순위 86위로 껑충 뛰어 올랐다. 모처럼 모교를 방문했는데 고대가 거듭 태어나고 있는 것을 보고 흐뭇했다.

염재호 총장이 자랑스럽다. 고대가 자랑스럽다.

2019.02.20. 시사플러스

병장전우회, 그들은 왜 모였고 무엇을 말하나

병장전우회에 대해 궁금해 하는 사람들이 많다. 병장전우회는 예비역 병장들이 주축이 된 모임이다.

지난 대선 때 일이다.

문재인 후보는 육군 병장 출신이다. 그것도 특전사 공수부대 병장 출신이다. 문재인 병장을 빨갱이로 매도하는데 뜻있는 병장 출신들이 적어도 이건 아니다. 군에 입대하면 제일 먼저 "때려잡자 김일성, 쳐부수자 공산당"부터 배운다.

그런데 병장출신 후보를 빨갱이로 매도하는 것은 국군에 대한 모독으로 여겼다. 안보를 정치적으로 이용하는 것은 국가의 안위를 위태롭게 하는 위험천만한 일로 판단했다. 이에 뜻있는 예비역병장들이 모여 대한민국병장전우회를 창립, 문재인 병장 빨갱이 아니라고 강변하며 색깔론을 잠재우는데 앞장섰다. 병장전우회는 이렇게 탄생됐다.

병장은 의무병의 상징적 계급이다. 전국의 예비역 병장들이 1,300만 명 정도가 된다. 국민의 1/4정도가 병장출신이다. 병장은 보통사람들을 의미한다.

이제 군에 대한 시각도 바뀌어야 한다.

'군 입대'하면 일제시대 징용이 생각난다. 강제로 군에 끌려갔다. 살아 돌아오기 힘들었다. 군 입대는 결사적으로 피하려 했다. 우리 국가를 지키는 것도 아니고 일제를 위한 노예병이었다. 군 입대는 곧 지옥이나 다름없었다. 군에 대한 그릇된 인식도 일제가 남긴 잔재다.

광복이 되고도 6.25 전쟁을 겪으면서 군에 대한 이미지가 변한 게 없다. 이제 군에 대한 생각을 바꿔볼 때가 됐다.

군에 입대하는 것은 자랑스러운 일이다. 우선 신체가 건강하다는 것이다. 우리의 안보를 누구에게 맡기겠는가? 우리가 지킬 수밖에 없다.

군도 전문성이 필요하다. 전문성을 요하는 군 보직은 직업군인으로 충원해야 한다. 장교나 하사관은 거의 전문교육을 받은 직업군인이 한다. 그렇다고 장교나 하사관이 의무병을 노예병, 쫄병 취급하는 것도 곤란하다. 전력을 극대화하기 위해 강도 높은 훈련은 하되 인권을 침해하는 일이 있어선 절대 안 된다. 공관병이 사회문제화 된 이유도 여기 있다.

지금은 일제시대가 아니다. 군인은 우리나라를 지키는 첨병이다. 자긍심을 갖고 군에 입대하는 것이 마땅하다. 군에 입대한 군인들이 시키는 일이나 마지못해 하는 피동적 자세에서 벗어나 주인의식을 갖고 능동적으로 복무토록 해야 한다.

병장전우회는 의무병을 노예병 취급하는 풍토를 절대 용납치 않는다. 또한 안보를 정치적으로 이용하는 것도 결사적으로 막을 것이다. 우리 국민을 종북 세력, 친일파로 서로 매도하면서 국민을 양분시키는 정치행위도 배격한다.

우리 병장전우회는 군이 오로지 정치에 휘둘리지 않고 국토방위에 전념토록 뒷받침할 것이다. 병장전우회는 군과 국민의 가교 역할을 충실히 할 것이다.

병장전우회는 군 입대를 기피하는 것이 아니라 군 복무를 이행하는 것이 자랑스러운 사회분위기를 조성해 나갈 것이다. 군은 국민이 믿고 의지할 최후의 보루여야 한다.

대한민국병장전우회는 국방부에 사단법인 등록 신청도 했다. 국방의 의무를 성실히 이행한 사람들이 나라를 걱정하는 사교클럽이 바로 '병장전우회'다.

2018.02.19. 시사플러스

'한반도평화 마라톤대회'를 열며…

대한민국병장전우회(중앙회장 한창희)가 오는 10월21일 여의도 이벤트공원에서 한반도 평화마라톤대회를 개최한다.

대한민국 병장전우회는 국방의 의무를 성실히 이행한 사람들이 대접받는 사회적 분위기를 조성키 위해 예비역 병장들이 주축이 되어 지난해 조직됐다.

지금은 왜정시대가 아니다. 군대는 끌려가는 곳이 아니다. 내 나라를 내가 지킨다는 사명감을 갖고 자랑스럽게 입대하는 분위기가 조성돼야 한다.

병장전우회는 군에서 의무병을 노예병 취급하는 것을 용납할 수 없다. 자랑스럽게 국방의 의무를 수행키 위해 입대한 의무병을 공관병으로 만들어 하인처럼 상관 가족 수발을 들게 하고, 식모 취급해선 곤란하다. 현역사병들이 인권을 유린당하지 않고 오로지 전투력 강화에 힘쓰도록 뒷받침할 것이다.

대한민국은 국군이 지킨다. 군인들이 정치에 개입하거나 정치적으로 휘둘리지 않아야 한다. 병장전우회는 국군을 지킬 것이다.

그랬더니 방위 출신 회원들이 농담 삼아 병장은 방위가 지키겠단다. 이를 보고 한 여성회원이 방위는 엄마들이 지키겠단다.

농담 속에 진담이 있다. 우리 사회가 건전하게 발전해 가는 과정이다.

참고로 병장전우회 태동은 지난 대선 때 문재인 병장을 빨갱이라고 매도하는데 흥분한 병장 출신들이 '육군병장, 그것도 특전사 병장 출신보고 빨갱이라고 하면 어떻게 하냐.' 며 모인 것이 시발점이 됐다.

대한민국 병장전우회는 국방의 의무를 성실히 이행한 사람은 누구나 참여할 수 있다. 국가가, 병무청에서 소집 면제했으면 그것도 국방의 의무를 이행한 것이다.

단, 병무행정에 부조리가 있다면 끝까지 추적, 극형에 처해야 한다. 공소시효도 없애야 한다. 병장전우회는 정치, 종교는 물론 어떤 사회적 차별을 두지 않는다.

정치 활동을 하고 싶으면 각 당 별로 병장전우회를 조직, 활동하면 된다. 예를 들어 '민주당 병장전우회', '한국당 병장전우회' 식으로 말이다.

종교나 직업에 상관없이 소정의 목적을 가진 사람들끼리 직장별, 종교별 병장전우회를 조직해서 활동하면 된다.

병장전우회는 '한반도 평화 마라톤대회'를 계기로 전국조직도 강화해 나갈 것이다.

지연, 학연, 혈연에 얽매인 사회관계를 군연을 통해 국민화합을 시도할 것이다. 대한민국 최고의 사교클럽을 만들 것이다.

군인이 건전하면 나라의 안보는 이상 없다.

나라가 위태로우면 제일 먼저 보통 사람, 병장들이 고달프다. 다시는 독립운동을 하지 않도록 미리 대비하는 정신무장운동을 전개할 것이다. 병장은 단순한 졸병 계급장이 아니다.

국방의 의무를 성실히 이행한 보통사람들의 자랑스러운 계급장이다.

2018.08.20. 시사플러스

대한노인회 법정단체로 만들어야!

우리나라엔 6만 7천여 개의 경로당이 있다. 65세 이상의 노인 인구도 700만 명이 넘는다.

경로당 회장이 읍·면·동 분회장과 시·군·구 지회장을 뽑는다. 시·군·구 지회장이 시·도 연합회장과 중앙회장을 선출한다. 이렇게 조직된 노인들의 모임이 바로 대한노인회다.

대한노인회는 보건복지부에 사단법인 등록을 했다. 이들을 지원하기 위해 '대한노인회 지원에 관한 법률'이 있다. 이 법의 주요골자는 대한노인회가 공익 목적으로 국유지를 요청할 시 무상으로 지원할 수 있다는 것이다. 그마저도 아직 시행령이 제대로 완비되지 못해 활용도가 없다. 유명무실한 법으로 대한노인회에 실질적 도움이 되지 못하고 있다.

노인들의 지원은 지자체에서 주로 지원한다. 지자체장의 의지에 따라 지원도 천차만별이다. 어느 지역은 리무진 관광버스까지도 제공한다. 그런가하면 지자체장과 노인회 지회장과 사이가 좋지 않은 지역은 지원하던 지회 운영금을 1년 이상 지급치 않은 경우도 있다. 군기를 잡기 위해서 말이다. 그래도 속수무책이다.

최근엔 노인회 지회장이 구청장이 추천한 인사로 사무국장을 교체치 않았다고 보복으로 관내 경로당으로 하여금 대한노인회를 탈퇴케 해 새로 경로당연합회를 조직한 지역도 있다.

대한노인회 조직을 와해시키는 횡포다.

노인회에 근무하는 직원들도 예우가 천차만별이다. 특히 지자체장이 바뀌면 노인회 지회 사무국장을 자기사람으로 교체하려 한다. 한마디로 노인회 지회를 지자체장의 선거지원단체로 만들려고 한다. 지회장들이 자괴감을 느낄 수밖에 없다.

노인들의 의사가 무시된 채 겉으로만 경로효친 사상을 외치며 '주는 대로 받고 아무 말 말고 시키는 대로 하라'는 식이다. 한마디로 뒷방 늙은이 취급을 하는 것이다. 이것이 우리 사회의 노인들을 대하는 현주소인지도 모른다.

노인들의 수명이 엄청 늘어 100세 시대가 됐다. 현재의 노인들은 70세 시대를 염두에 두고 살아온 분들이다. 20~30년의 노후대책이 마련돼 있지 못하다. 정부가 미리 대책을 마련하지 못하면 머지않아 심각한 사회문제가 될지도 모른다.

전역한 군인들을 위해선 재향군인회법이 있다. 퇴직한 경찰들을 위해선 경우회법이 있다. 모두 법정단체다. 회원 수, 상근 직원 수 등 규모뿐만 아니라 사회적으로 미치는 파급효과가 이들 단체보다 훨씬 큰 데도 대한노인회만 유독 사단법인이다.

'대한노인회지원에 관한 법률'을 '대한노인회법'으로 전환해야 한다.

대한노인회를 사단법인이 아니라 법정단체로 격상시켜 노인문제를 노인들 스스로 해결토록 법적 제도적 뒷받침을 해줘야 한다.

젊은 노인들은 수동적으로 대접받기보다 노인복지정책에 적극적으로 참여하고 싶어 한다. 퇴직 후 60~70대의 노인은 사실상 노인도 아니다. 경륜뿐만 아니라 열정도 남아 있다. 이들에게 맡기면 된다.

정년퇴직한 노인들의 경륜과 에너지를 우리 사회가 적극적으로 활용할 필요가 있다. 적어도 노인 문제는 지혜있는 노인들이 스스로 해결토록 말이다.

대한노인회가 법정단체가 되면 경륜이 풍부한 고학력의 젊은 노인들이 대한노인회로 모이게 된다. 퇴직 후 방황하는 젊은 노인들의 에너지를 노인회가 재활용할 수 있는 제도적 장치가 마련되는 것이다.

노인복지정책은 대한노인회를 법정단체로 만들어 노인 스스로 해결토록 하는 데서 비롯돼야 한다.

2017.06.26. 시사플러스

촛불과 맞불, 태극기 고생시키지 마라

촛불은 어둠을 밝히는 상징적 의미가 있다.

태극기는 우리나라를 상징하는 국기다.

공식행사에서 국기에 대한 경례를 하며 애국심을 고취시키기도 한다.

박근혜 대통령의 탄핵을 주장하는 사람들은 촛불 시위를 한다. 이를 반대하는 사람들은 태극기를 들고 맞불 집회를 한다.

촛불 집회를 하는 사람들의 논리는 이렇다. 박근혜 대통령이 최순실에 놀아나서 국정을 농단했다. 대통령이 박근혜가 아니고 강남 아줌마 선무당 최순실이라는 게 말이 되는가. 이에 국민들이 분개했다는 것이다. 잘못된 것을, 어둠과 같은 비리의 흑막을 밝히라고. 무능한 박근혜 대통령은 물러나라고 촛불을 들었다는 것이다.

그런데 태극기를 들고 맞불 집회를 하는 사람들은 무엇인가. 왜, 거기에 태극기가 등장하는가? 그냥 시위를 하면 된다. 표현의 자유를 헌법이 보장하고 있다.

이를 누가 뭐라 하겠는가?

문제는 우리 대한민국의 상징인 국기를 함부로 사용하는 것이다. 박근혜 대통령이 최순실에 놀아나서 국정을 농단한 것이 애국적 행동이란 말인가.

집권당인 새누리당 의원들조차 동조하여 국회에서 탄핵이 가결됐다. 현재 헌법재판소에서 심리 중이다. 심판결과가 나올 때까지 기다려야 한다. 심판 결과 탄핵이 기각됐는데도 촛불시위를 계속하면 헌법을 수호할 명분으로 태극기 들고 맞불집회를 하면 이해가 간다.

맞불집회 명분이 종북 좌익, 한마디로 빨갱이가 국가를 전복시킬 목적으로 촛불시위를 한다는 것이다. 국가전복을 막기 위해 애국적 차원에서 태극기 들고 맞불집회를 한다는 것이다.

그럼 국정원이나 검찰, 경찰이 친북세력인가. 김정은의 사주를 받고 국가를 전복시키려는 빨갱이들을 그냥 내버려 두게. 누워서 침 뱉는 소리다.

태극기 들고 맞불집회 하는 것,
이것도 아닌 것 같다.
시위를 하려면 그냥 하라.
태극기 고생시키지 말고.

자유당 시절 조봉암 선생을 빨갱이로 몰아 사형시키고, 3.15 부정선거에 항의하는 사람들을 빨갱이로 매도하던 '야인시대' 드라마가 생각난다.

2017.01.29. 시사플러스

차라리 미국의 52번째 주, 편입운동을 하라!

대북전단 삐라를 풍선에 달아 날리고, 이를 지지하시는 분들 이제 속이 후련하십니까?

남북이 피 터지게 싸우면 좋습니까? 적어도 국가안보를 정략적으로 이용하지는 맙시다.

여기에 탈북자 출신으로 미래통합당 국회의원이 된 태영호 의원, 지성호 의원 때문에 북한이 뚜껑이 더 열렸습니다.

북한을 배신한 태영호 의원이 북한이 남북공동연락사무소 폭파는 힘들 것이라고 마치 북한 전문가인 양 예측했습니다.

북한은 보란 듯이, 남북연락사무소를 폭파했습니다. 이제 태 의원은 앞으로 아는 척 좀 하지 마세요. 그리고 탈북자들은 감정적으로 엉뚱한 짓하지 마시고 조용히 계세요. 북한이 오히려 반대로 갑니다. 태영호 의원과 지성호 의원은 오히려 남북관계의 애물단지가 될 수 있습니다.

북한은 대북 경제제재와 코로나로 인해 경제사정이 최악이라고 합니다. 그럼에도 핵과 생화학무기를 보유하고 있습니다. 예부터 경제가 최악이면 강도가 창궐합니다. 북한이 최악의 상태에 어떤 선택을 할까요? 막다른 골목에선 쥐도 고양이를 뭅니다. 진정 전쟁을 원하십니까?

서로 나라로 인정하고 국교정상화를 해야 합니다. 통일 주장은 말로만 평화통일이지 북한의 체제가 무너져 흡수통일하자는 겁니다. 그야말로 평화 쇼입니다.

설사 북한의 체제가 무너지면 휴전상태에서 북한이 남한과 통일될까요? 휴전당사자들인 중국군과 러시아군, 미군이 진주하게 됩니다. 북한이 3등분됩니다. 진정 그것을 원하십니까? 평화통일을 주창하는 사람들이야말로 정치 쇼를 하는 겁니다.

한반도의 평화는 종전선언하고 남과 북이 서로 나라로 인정해야 가능하다고 봅니다. 남북긴장관계 조성은 미국과 일본의 국익에만 도움이 될 뿐입니다.

미국은 한국의 자주국방을 돕고 한미동맹을 강화하는 것이 동북아의 패권을 유지하는데 경비도 적게 들고 효율적입니다. 방위비 분담 문제로 옥신각신 할 일이 아닙니다.

우리는 한미 관계 개념정립을 분명히 해야 합니다. 군사작전권 회수하고 자주 독립 국가를 택할 것인지, 아니면 미국의 52번째 주로 편입할 것인지 선택해야 합니다. 매국도 하려면 확실히 해야 합니다. 그러면 북한, 일본, 중국이 우리 눈치를 보게 됩니다.

2020.06.23. 시사뉴스

중소기업중앙회장 잘 뽑아야

중소기업중앙회는 360만 중소기업인을 대표하는 단체다. 요즘 중소기업인들이 사업하기 힘들다고 아우성이다. 그 화살은 정부로 돌아갈 수밖에 없다.

정부의 정책이 취지는 좋다. 하지만 현실과는 동떨어진 게 문제다. 그 피해를 중소기업인들과 자영업자들이 고스란히 떠안고 있다. 이를 시정하기 위해서는 중소기업중앙회가 적극 나서야 한다.

중소기업중앙회가 내일(2. 28.) 중앙회장을 선출한다고 한다. 신임 중앙회장은 중소기업을 어렵게 하는 정부정책을 시정할 능력이 있는 사람이 선출됐으면 좋겠다. 중소기업인들은 아무리 힘들어도 기업에 불이익이 닥칠까 두려워 촛불시위조차도 할 수가 없다. 기업이 망해가도 세금 꼬박꼬박 내는 약자중의 약자다. 이런 약자들을 대변할 힘 있는 사람이 필요하다.

문재인 정부가 추진하는 최저임금인상과 주 52시간 근무제 도입취지는 열악한 근로자를 돕기 위해서다. 하지만 그 뒷감당은 중소기업과 자영업자 몫이다. 밑의 돌 빼서 위에 고이는 식이다.

가뜩이나 어려운 중소기업과 자영업자들만 더욱 고달프게 만들었다. 약자들끼리 갈등만 부추기는 꼴이 됐다.

중소기업인이 아닌 일반사람들이 봐도 이해할 수없는 경제정책도 너무 많다. 탈 원전 정책이나 얼마 전 발표한 4대강 보를 해체한다는 게 말이 되는가.

문제점이 있으면 해결책을 찾으면 된다. 막대한 예산을 들여 시행한 국책사업을 또다시 막대한 예산을 들여 해체한다는 게 도저히 이해할 수가 없다. 前 정권 사람들이 아무리 미워도 이건 아니다. 그들이 시행한 사업은 공직자(공무원)들이 추진한 공익사업이다. 정권이 바뀌어도 공익사업은 연속성이 있어야 한다.

현 정부의 이런 모순을 앞장서서 시정할 책무가 중소기업중앙회장에게 있다고 본다. 왜냐, 중소기업인들이 피해를 보기 때문이다. 중소기업중앙회장은 단순 명예직이 아니다. 사명감을 갖고 중소기업인과 자영업자들을 대변해야할 책무가 있다.

최근 경제상황이 어렵고 힘들기에 뜻있는 국민들이 중소기업중앙회장 선거에 거는 기대가 크다.

우리나라 선거는 문제가 너무 많다.

선거 때는 엉뚱한 지역감정과 진영논리로 엉뚱한 사람을 선택한다. 그러고는 정치, 일 잘못한다고 비난만 퍼붓고 있다.

콩 심은 데 콩 나고, 팥 심은 데 팥 난다.

2019.02.27. 시사플러스

CU 점주는 '日産 불매운동' 동참, 본사는 "나몰라"

전국의 CU가맹점 점주들이 일제 캔맥주, 담배를 비롯하여 일제상품 불매운동에 동참키로 했다. CU마켓에서 일제 상품을 아예 팔지 않겠다는 것이다.

문제는 일제 판매거부 상품을 본사가 반납을 받아 주지 않는다는 것이다. 일제상품이 재고로 남게 되고, 그 손해는 고스란히 가맹점들이 보게 된다는 것이다.

충주 동일하이빌점 가맹점 박지훈 점장은 애국적 차원에서 일제 상품 불매운동에 참여하는데 본사는 고통을 분담하지 않고 그 손해를 영세업자인 가맹점에 떠넘기고 나 몰라라 한다며 분통을 터트렸다. 또 CU 본사는 무분별하게 가맹점 허가를 내주어 본사는 이익을 크게 남기지만 가맹점은 적자에 허덕이고 있다고 탄식을 했다. 일제상품 불매운동이 의병이 일어나듯 들불처럼 번지고 있다. 그 반사이익은 대기업이 본다. 하지만 대기업은 자기 가맹점들도 보호해 주지 못하고 있다. 일제상품 불매 운동을 벌이는 뜻있는 사람들이 허탈하다.

이런 일이 CU만의 문제이겠는가. 대기업들이 가맹점 협력업체들과 공생하려 할 때, 관이 민과 공생하려 할때 민초들이 들불처럼 일어나 국난을 극복하게 된다.

2019.07.26. 시사플러스

우리도 좀 먹고 삽시다!

국가적으로 보면 먹는 것은 경제다. 사는 것은 안보, 국방의 문제다.

경제의 안정과 튼튼한 안보, 한마디로 잘 먹고 잘 사는 게 보통사람들의 꿈이다. 정치인들이 국민들을 위해 해줘야 할 일이 바로 잘 먹고 잘 살게 해주는 것이다.

요즘 보통사람들이 고달프다. 경제가 힘들다. 안보 갖고 여야가 티격태격하는 것이 영 못마땅하다.

안보로 국론의 분열은 적전분열이다. 적전분열은 멸망만 초래한다.

좀 정치인들이 안보만큼은 통이 좀 크게 나왔으면 좋겠다.

야당은 안보만큼은 국회 국방위를 열어 국방부장관이나 합참의장, 각 군 참모총장을 불러 대책마련을 촉구하고 확실히 밀어줬으면 좋겠다. 대통령도 중요 안보상황이 발생하면 야당지도자를 초청, 협조를 구했어야 했다.

안보는 정쟁의 대상이 아니다.

협조할 사항이다. 나라가 존재해야 정치도 있는 것이 아닌가.

어떠한 경우에도 안보는 하나가 돼야 한다.

더 이상 안보를 이용하여 정적들을 적과 동일 시 하지 마라. 정적들을 빨갱이로 매도해선 곤란하다. 진짜 빨갱이가 있다면 국정원이나 검찰, 경찰은 뭐하는 것인가. 그들을 잡아 쳐 넣지 않고 말이다. 야권세력을 빨갱이로 매도하는 것은 국정원이나 사법기관을 친북세력으로 여기는 것이나 다름없다. 이제 더 이상 안보를 선거에 이용하지 마라.

사드를 배치할 일 있으면 극비리에 배치하라. 선제 타격할 필요성이 있음 그냥해라. 이는 공론화의 대상이 아니다. 국민들을 겁주는 것에 불과하다.

세상에 적을 공격한다고 소문내고 공격하는 법도 있는가.

"짖는 개는 물지 않는다."는 속담이 있다.

국민들은 냉담하다. 또 선거가 있구먼 한다. 국민들을 제발 안보로 편 가르기 하지 마라. 안보를 선거에 이용하면 국민들의 안보관만 해이해진다.

안보 불감증을 유발하는 세력이야말로 진짜 빨갱이다. 국정원은 이들을 주시해야 한다. 정부가, 정치지도자들이 하라는 대로 하면 잘 먹고 잘 사는 세상이 되었으면 좋겠다.

이제 뒤집어 생각하는 데도 질렸다.

2017.04.13. 시사플러스

공약도 약속이다

공약(公約)은 공개적으로 한 약속이다. 정치인들이 존경을 받지 못하고 욕을 먹는 이유가 바로 공약을 지키지 않기 때문이다. 공약(公約)을 빌 공(空)자 공약(空約) 정도로 우습게 알기 때문이다.

선거 때 정치인들이 제시한 공약에 국민들이 별로 관심이 없는 이유가 여기에 있다.

보통 사람들도 약속을 하면 지킨다. 약속을 지키지 못할 경우가 생기면 사전에 양해를 구한다. 사전에 양해를 구할 수가 없는 경우에는 사후에 필히 사과를 한다. 약속을 사전에 양해도 없이 어기고 사후에 사과도 없으면 그 사람과는 믿음이 사라져 인간관계를 지속할 수가 없다.

예를 들어 저녁 7시에 만나 식사하기로 약속을 했다. 사전에 양해도 없이 약속장소에 나타나지 않았다. 나중에 사과도 없다. 그런 사람과는 다시 만날 수가 없다. 아무리 친했던 사람도 인간관계가 끝장이 난다.

개인 간의 약속보다 중요한 것이 공인의 공개적인 약속, 바로 공약(公約)이다. 공약을 했으면 지키던지 지킬 수 없으면 지킬 수 없는 전후 사정을 소상히 설명하고 약속한 사람들에게 양해를 구해야 한다.

박근혜 대통령이 후보 시절 기초지자체 정당공천을 하지 않겠다고 분명히 공약을 했다. 작년 지방선거서 야당도 찬성하는데 공약을 지키지 않았다. 아직까지도 국민적 사과 한마디 없다. 이는 국민을 무시하는 것이나 다름없다. 박근혜 대통령은 아직도 늦지 않았다. 지키지 못한 약속, 지키지 못할 약속은 국민에게 사과하고 양해를 구해야 한다.

정치인들이 제시한 선거공약, 전부 지킬 수 없다는 거 충분히 이해한다. 그러면 적어도 지킬 수 없는 이유를 국민들에게 제시하고 양해를 구해야 한다. 한마디 양해나 사과도 없이 공약을 묵살하는 것은 국민을 무시하는 것이다.

인간관계에서 분쟁이 일어나는 것은 약속을 지키지 않는데서 비롯된다. 약속은 신용과 연결된다. 약속을 어기고 사과를 해도 이를 세 번만 반복하면 신용이 떨어진다. 개인이나 회사, 국가도 신용이 떨어지면 파멸에 이르는 것은 시간문제다.

가장 믿을 만한 사람은 약속을 정확히 지키는 사람이다.

2015.04.08. 시사플러스

PART

IX

한창희의 인생 칼럼

인생은 선택과 집중이다

나비를 따라 다니면 꽃을 만나게 된다. 파리를 따라 다니면 시궁창으로 가게 된다. 부자를 따라 다니면 돈을 벌게 된다. 힘 있는 사람을 만나면 더불어 힘을 쓰게 된다.

중요한 것은 내가 필요로 하는 사람이 나와 함께 어울려 주지 않는다는 것이다. 누구나 본능적으로 자기에게 도움이 되는 사람과 어울리고 싶어 한다. 상대방이 필요로 하는 것을 갖고 있지 않으면 그가 나를 만날 이유가 없다. 그게 현실이다.

현실 속에서 누구랑 함께 어울리느냐는 아주 중요하다. 누구랑 어울리느냐에 따라 인생 자체가 달라진다.

긍정적인 사람이랑 함께 하면 적극적이고 명랑해진다. 부정적인 사람과 어울리면 불평불만으로 가득 차게 된다.

긍정적인 사람은 달과 같아 밝게 빛난다. 부정적인 사람은 어둠과 같다. 누구와 어울리느냐에 따라 보름날도 되고 그믐날도 된다.

과거 박정희를 만나 함께 쿠테타를 한 사람들은 국가의 중요

보직을 맡았다. 반면에 김재규 측근에서 충성하던 사람들은 김재규와 함께 형장의 이슬로 사라졌다. 누구를 만나느냐에 따라 운명이 바뀐 대표적인 사례다.

인생에서 가장 큰 축복은 좋은 부모를 만나는 것이다. 이건희, 이재용은 부모를 잘 만나 태어나면서부터 재벌이다. 박근혜가 박정희 딸이 아니면 과연 대통령이 될 수 있었을까?

학교에서 좋은 선생님과 친구를 만나고, 직장에서 좋은 동료를 만나면 인생이 달라진다. 부모들이 무리해서라도 자녀를 좋은 학교에 보내려고 하는 이유가 여기 있다. 좋은 동반자를 만나 결혼하면 인생이 행복하다.

당신이 누구인가는 중요치가 않다. 중요한 것은 누구를 만나 함께 어울리느냐는 것이다. 적어도 당신의 에너지를 빼앗아 가는 사람과는 어울리지 마라.

긍정적이고 적극적인 에너지를 주고받을 수 있는 파트너를 만나면 활기차다. 열정도 없고 호기심도 없고 세상을 부정적으로 바라보는 사람과 함께 살거나 일을 하면 피곤하다.

인생은 선택의 연속이다.

우리는 할까 말까 부터 시작하여 어느 길을 택할까 항시 선택을 해야 된다.

크게는 결사적으로 투쟁하여 쟁취할 것인가, 물 흐르는 대로 살 것인가? 고뇌를 하게 된다.

문제는 결사적으로 투쟁하면 목적을 이룰 수는 있지만 상처 또

한 크다는 것이다. 물 흐르듯 살면 번뇌는 사라지지만 남들이 먹다 남은 찌꺼기나 먹을 수밖에 없다.

중요한 것은 하나를 얻으면 하나를 내놓아야 한다. 매사가 일장일단이 있다. 선택과 집중 여하에 따라 그 사람의 운명이 달라진다.

신은 온 누리에 비를 뿌리듯 기회를 다 같이 준다. 본인의 선택 여하에 따라 길흉화복이 결정되는 것이다.

대통령 선거가 곧 다가온다. 여야가 경선체제로 돌입했다. 정치권에 종사하는 많은 사람들이 누구를 선택할까 고민을 하게 된다. 순간의 선택이 5년을 좌우하게 된다.

자기를 알아주는 사람이 당선 가능성이 높으면 일을 해도 신이 난다. 정치도 부익부(富益富) 빈익빈(貧益貧)이다. 하지만 반드시 당선된 자만이 인생의 도움이 되는 것이 아니다. 낙선자도 나름대로 힘이 있다. 그래서 소수 계보도 생기는 것이다.

법정 스님은 '함부로 인연을 맺지 말라'고 했다. 그 인연 때문에 피해를 당하기 때문이다. 진실된 사람들과 끈끈한 인연을 맺어야 적어도 인생의 후회가 없다. 인생은 선택과 집중이다.

2021.08.03. 시사뉴스

의리(義理)도 개념 정리가 필요하다

의리(義理)를 사전을 찾아보면 '사람으로서 마땅히 지켜야 할 도리'라고 되어 있다.

하지만 실제로 의리는 그런 의미로 사용하지 않는다. 흔히 의리는 친구에게 위험이나 불행이 닥치면 그것을 자신의 일처럼 최선을 다해 도와주는 것. 다시 말해 친구가 불행이나 위험으로부터 벗어날 수 있도록 도와주는 아름다운 우정을 말한다.

요즘은 의리가 본래의 의미에서 벗어나 친구에게 도움을 청했을 때 도와주면 의리가 있다고 한다. 반대로 도와주지 못하면 의리가 없다고 말한다. 한마디로 의리를 빙자하여 청탁하고, 공짜로 부려먹으려 한다.

대개 친지를 찾아가 청탁할 때 보면 불합리하고 정상적으로 하기 힘든 일을 부탁하는 경우가 많다. 의리(義理)보다는 비리(非理)에 가깝다. 그런데 이런 비리에 가까운 일을 도와주면 의리가 있다고 한다. 도움을 거절하면 의리가 없는 것이다. 의리가 힘이 있는 친지, 특히 공직자들에게 불합리하더라도 도와주라는 압력의 수단으로 둔갑했다. 의리 있다는 소리를 들으려면 본의 아니게 부조리하게 된다.

중요한 것은 도움에서 간접적인 도움은 도움으로 여기지도 않는다. 사실 간접적인 도움이 훨씬 위력도 크고 자긍심을 높여주는 데 말이다.

예를 들어 친구가 대통령이면 위상이 대통령 급으로 격상이 된다. 육사 11기가 막강한 적이 있었다. 동기 중에 대통령이 2명이나 나왔다. 대통령이 동기인 친구들을 도와주라고 말한 적이 없다. 하지만 대통령 동기생들은 사회 각계에서 막강한 영향력을 발휘했다. 간접적으로 동기 대통령의 덕을 본 것이다. 하지만 친구인 대통령이 간접적으로 큰 도움이 됐다고 '의리 있다'고 하지 않는다.

의리와 청탁 해결을 혼돈해서는 곤란하다. 미국 등 서양에서는 합법적으로 청탁업무를 대행하는 로비스트가 있다. 로비스트도 직업이다. 정당한 대가를 받고 로비를 해준다. 세금도 납부한다. 인맥이나 경륜 등 보이지 않는 인적재산의 가치를 인정해 준다. 우리 사회는 로비스트를 인정하지 않는다. 불법청탁과 혼돈하여 폄하한다.

요즘은 행정사, 법무사, 세무사 등 관련 업무를 대행해 주는 다양한 전문 직업이 생겨났다. 컨설턴트도 생겨 비지니스를 대행해 준다. 이들이 다름 아닌 로비스트다. 우리 사회는 무슨 문제가 생기면 이들을 이용하기보다 학연, 지연 등 인맥을 찾아 해결하려 한다. 심지어 해결사인 컨설턴트를 구해도 인맥을 통한다. 이 과정에서 로비 대상자에게 의리를 강조한다. 의리의 개념을 왜곡해 이용한다.

개념이 없기는 효도(孝道)도 마찬가지다. 부모 옆에서 수발을 잘 드는 것은 소효(小孝)다. 대효(大孝)는 입신양명(立身揚名)하여 부모님에게 자긍심을 안겨주는 것이다. 부모는 얼굴 한번 보기 힘들어도 사회적으로 성공한 자식이 자랑스럽다.

반기문 전 유엔사무총장은 충주 사람이다. 반 전 총장의 어머님은 친구(반기호) 어머님이기도 하다. 살아계실 때 하신 말씀이 생각난다. 어머니는 자식인 반기문 전 총장만 생각하면 그냥 기분이 좋단다. 언론에 반 전 총장이 나오면 열심히 TV를 보시며 너무나 좋아하셨다. 부모님이 기뻐하고 자랑스러워할 만큼 사회적으로 성공한 아들이 바로 큰 효자인 것이다.

광의적(廣義的)으로 보면 사회적으로 추앙받는 활동을 하는 것이 친구에겐 큰 의리고, 부모에겐 큰 효도인 것이다. 자식을 키워본 사람은 안다. 자식이 남달리 잘되길 바란다. 부모에겐 효심(孝心), 마음 하나면 족하다.

사회적으로 신망 받는 친구가 자기를 알아주면 더할 나위 없이 기분이 좋다. 자신보다 학식과 사회적 경륜이 출중한 친지가 자신을 알아주면 자긍심이 절로 생긴다. 반대로 몰라주면 무척 섭섭하다. 사회적으로 성공하면 인연 관계가 있는 친지들을 소홀히 해선 곤란하다. 일일이 관심 갖고 알아주면 인기가 '짱'이다.

의리도 개념 정립을 분명히 해볼 필요가 있다. 의리는 부정한 청탁을 들어주는 것이 아니다. 의리는 인간으로 마땅히 지켜야 할 도리, 올바른 생활 도리를 뜻한다. 의리는 친구가 자긍심을 갖게 하는 참다운 우정이다. 의리(義理)라 말하고 이리(利理)라고 여기면 곤란하다.

2021.01.12. 시사뉴스

좋아하면 누구와도 통한다

사람은 누구나 본능적으로 다른 사람들이 자기를 좋아하기를 바란다. 사람들이 좋아하는 이유를 분석해보면 흥미로운 이치가 있다.

첫째 자기를 좋아하든지, 둘째 도움이 되든지, 셋째 재미가 있어야 한다. 그래야 그 사람을 좋아하게 된다.

첫째, 자기를 좋아하게 되면 그 사람만큼 좋아하지는 못해도 최소한 싫어하지는 않는다.

인지상정(人之常情)이라고 자기를 좋아하는 사람을 덩달아 좋아하게 마련이다. 지위와 학식 여부를 떠나서 말이다. 자기를 좋아하는 팬을 싫어하는 사람은 없다. 그러나 맹목적으로 어떤 사람을 좋아하기란 쉽지가 않다. 맹목적으로 좋아하는 사람도 있다. 바로 어머니다. 그러기에 누구나 자식들은 어머니를 좋아한다.

둘째, 도움이 되면 성격이 맞지 않아도 그 사람을 좋아하려고 애를 쓴다.

도움, 다시 말해 이익이 되면 온갖 아양을 떨기도 하고 이익을 주는 사람을 즐겁게 하려고 접대도 한다. 사업하는 사람들이 이권이 있으면 자존심을 버려가며 접대하는 걸 보면 알 수 있다. 도움이 되면 좋든 싫든 도움이 되는 사람을 따라 다닐 수밖에 없다. 그러기에 폭군에게도 신하가 있는 것이다. 현재는 도움이 되지 않아도 나중에라도 도움이 될 것 같으면 투자하는 마음으로 따라 다닌다. 하지만 현재도 도움이 되지 않고, 미래에도 전혀 도움이 될 것 같지 않으면 아예 거들떠보지도 않는다.

셋째, 재미가 있으면 사람들이 오지 말래도 온다.

유명 가수나 개그맨이 공연을 하면 비싼 입장료를 내고도 사람들이 모여든다. 바로 재미가 있기 때문이다. 도움이 되면 할 수 없이 찾아가지만 재미가 있으면 오지 말래도 자발적으로 찾아간다. 부모가 말려도 어린 아이는 소꿉친구와 어울려 논다. 학생들이 도움이 되는 부모보다 친구와 어울리는 것은 바로 재미가 있기 때문이다.

재미있고 도움이 되는 사람에게는 사람들이 구름처럼 모이게 되어있다. 도움도 되고 재미있는 사람이 자기를 좋아하면 그 보다 더 신나는 일은 없다.

다른 사람이 나를 좋아하게 하는 것은 간단하다. 내가 먼저 그 사람을 좋아하면 된다. 자기에게 호감을 갖고 있는 사람을 싫어하는 사람은 없다. 그 다음 도움도 되고 재미가 있도록 노력하면 관계는 돈독해 진다.

도움이 되고 재미가 있는지는 내 마음대로 되는 것이 아니다. 나의 능력과 노력을 보고 상대방이 결정한다. 좋아하는 것은 내 마음대로 할 수가 있다.

내가 미치도록 어떤 사람을 좋아하면 그 사람도 정도의 차이는 있을망정 결국 나를 좋아하게 된다. 어린 아기도 자기를 좋아하는 사람을 따른다. 심지어 짐승들도 자기를 좋아하는 사람을 따른다.

자기가 먼저 좋아하지도 않으면서, 도움이 되는 것도 없이, 재미있게 해주지도 못하면서 자기를 좋아하지 않는다고 투정을 부리는 사람들이 있다. 심지어 틈만 나면 특정인을 욕하면서 그 사람이 무엇을 해주지 않는다고 불평하는 사람들이 있다. 대인관계의 기본을 모르는 사람이다.

결론적으로 내가 먼저 누구를 좋아하면 상대방도 덩달아 좋아한다. 내가 먼저 좋아하면 누구와도 통하게 되어 있다. 자주 만나는 사람들은 도움도 되고 재미가 있기 때문이다.

2016.06.20. 시사플러스

명절 문화도 혁신이 필요해

코로나19로 인해 벌써 2년째 명절에 온 가족이 모일 수가 없다. 아이러니하게도 종가집 며느리는 이를 더 좋아한다. 오히려 정부에서 철저히 단속하여 모이지 않길 바란다.

차제에 옛날 명절문화를 풍습이니까 무조건 따를 것이 아니라 명절에 대한 개념을 다시 정리해 볼 필요가 있다.

한마디로 명절 문화도 핵가족 시대에 걸맞게 바뀌어야 한다. 특히 대가족, 종가집에서는 명절문화의 혁신이 필요하다. 차례는 5대조(祖)까지가 아니라 살아있는 분의 부모까지만 모시면 된다. 차례를 올리는 것에 너무 얽매일 필요가 없다. 제사가 따로 있지 않은가? 온 가족이 모여 친목을 도모하는 것은 시향제를 활용하면 된다.

조상들이 왜, 명절을 만들고 차례를 올렸을까? 옛날에는 농경사회다. 가족이 함께 일하며 사는 대가족 공동체 사회다. 공동체 사회의 일원으로 가족끼리 질서, 서열이 분명해야 조직적이고 일도 효율적이다. 명절에 조상께 차례를 올리면서 가족 간에 차례, 순서, 서열의식을 가르쳐 줬다.

이를 통해 살아있는 어른을 모시는 효(孝)도 체득케 한 것이다. 가족끼리 화목하게 지내며 서로 돕고 사는 지혜를 가르치는 산 교육장이 바로 명절이다. 이런 가족문화, 사회교육이 오래 지속토록 명절이 풍습화 됐다.

요즘은 가족 간에 화합을 도모하는 명절이 오히려 가족들을 불편케 한다. 명절만 되면 귀성전쟁(?)이 벌어진다.

시대에 걸맞게 명절도 개념정리를 다시 할 필요가 있다. 막내아들 말이 생각난다. 할아버지 할머니는 엄마 아빠가 잘 모시면 되고, 저희는 엄마 아빠 잘 모시면 되지 않느냐고 한다. 오히려 신세대들이 개념정리가 확실하다.

가족 간에도 룰(rule), 원리가 있다.

동물의 세계를 보면 어미가 새끼를 낳으면 새끼가 스스로 살아갈 수 있을 때까지 먹여주며 살아가는 방법을 가르치고 보호한다. 닭도 보면 병아리가 어느 정도 성장할 때까지는 모성애가 대단하다. 병아리 보호를 위해선 어미 닭이 독사에게도 덤벼든다.

하지만 병아리가 커서 스스로 살아가야 할 때가 되면 따라오지 못하도록 쪼아 버린다. 자력으로 살아가라고 말이다.

사람도 마찬가지다. 자식이 성장하여 스스로 살아갈 수 있을 때까지만 교육하고 돌보면 된다. 자식이 성장하여 취업하고 결혼하면 부모의 역할은 종료된다. 자식이 그 이상을 바래서도 곤란하다. 부모가 그 이상 보호하려는 것은 간섭에 불과하다. 상속에 대한 개념도 다시 생각해볼 때가 됐다.

가족 간에는 듣고 배우는 것이 아니다. 보고 따라한다. 결혼할 때 그 집안의 됨됨이를 보는 이유가 여기 있다. 부모를 따라하며 성격과 습성이 자리 잡기 때문이다. 가족 간에도 개념 없이 살다 보면 이기적인 마음에 갈등이 심해질 수밖에 없다.

요즘은 핵가족 시대다. 결혼하면 독립한다. 그리고 각자 산다. 자녀가 모두 출가하면 부모도 마찬가지로 따로 살 수밖에 없다. 노후 거동이 불편하면 누구나 요양병원과 요양원을 이용할 수밖에 없다. 요양원이 인생의 필수코스가 된 것이다.

요양원에 대해 국민적 시선도 바뀌어야 한다. 요양원에 대해 정부가 지원도 대폭 늘리고, 철저히 관리해야 한다.

요양원 문화는 곧 그 나라의 노인복지 시스템 수준이나 다름없다. 정부가 요양원 시스템을 꾸준히 업그레이드 시켜야 한다.

명절도 가족 간에도 개념정리를 명확히 하면 행복지수가 높아진다.

2022.01.22. 시사뉴스

아들에게 보내는 편지

아들에게 꼭 말해주고 싶은 세 가지가 있다.

첫째. 인생의 목표를 확실히 정해야 한다.

목표가 있어야 열정도 생긴다. 목표는 자기가 좋아하고 잘하는 분야에서 찾아야 한다. 단순히 돈을 벌기 위해 취직을 하면 금방 싫증이 난다. 하지만 목표가 있고 자기가 좋아하는 분야에서 일하면 비록 당장 수입이 적고 고달파도 재미가 있다. 어느 분야든 대한민국 톱클래스가 되면 수입은 좋게 마련이다.

둘째, 배우자를 능동적으로 찾아야 한다.

평생 같이 살 사람은 직업선택보다도 더 중요하다. 평소에 주위 처녀들을 눈 여겨 보아야 한다. 보기에 좋고, 대화가 통해야 한다. 관심사가 비슷하면 더욱 좋다. 그 다음에 같은 값이면 다홍치마라고 다른 조건도 좋으면 금상첨화다.

문제는 마음에 드는 사람을 만나기가 쉽지 않다. 누구나 자기가 만난 사람 중에서 가장 좋은 사람과 결혼할 수밖에 없다. 평소에 사귐의 폭을 넓혀두어야 한다.

문득 어느 인디언 족 성년 풍습이 생각난다.

옥수수 밭에 성년이 된 아이들을 집결시키고 각 고랑을 출발, 끝나는 지점에 도착할 때까지 한 개의 옥수수만을 따오게 하는 행사다.

이미 딴 것을 버릴 수는 없다. 지나 온 길을 되돌아 갈 수도 없다. 최상의 옥수수를 따오는 사람에게 상을 주는 것이다.

더 좋은 것이 있으려니 하고 지나치다 마지막 부분에서 대개 볼품없는 옥수수를 따오고 만다는 것이다.

배우자를 고를 때도 대개 이와 비슷하다. 조금 부족하다 싶어 패스하고 나중에 다시 찾으면 이미 다른 사람에게로 가버렸다.

셋째, 좋은 습관을 많이 길들여야 한다.

적어도 해야 할 일, 결심한 일이면 무슨 일이든 뒤로 미루지 말고 바로 시작하라. 귀찮아서 뒤로 미루는 것이 바로 게으른 것이다. 게으른 사람이 성공하기란 하늘의 별따기다. 좋은 습관은 성공과 행복을 가져다준다.

아들아! 적어도 위의 세 가지는 꼭 명심하길 바란다.

2019.03.17. 시사플러스

신혼 초 생활습관이 평생 가정화목을 좌우해

결혼은 인륜지대사(人倫之大事)다.

결혼만큼 인생에 있어 중요한 일도 없다. 결혼은 인생의 새로운 출발점이다. 청춘 남녀가 만나 결혼을 하고 새 가정을 꾸미는 것은 그야말로 인생의 전환점이 되는 것이다.

결혼하면 생활환경이 다른 두 남녀가 같은 침대를 사용하고, 함께 살며 가정을 이룬다. 생활습관이 다른 두 사람이 공동생활을 시작하는 것이다. 공동의 생활방식이 정립되기 이전엔 서로 불편하기 짝이 없다. 취침 시간과 기상 시간에서 부터 생활방식이 다르기 때문이다.

사랑하여 결혼한 사이는 사랑하는 상대방이 불편하지 않게 자기 습관을 고치려고 노력한다. 하지만 사랑이 결여된 결혼은 상대방이 자기에게 맞춰주길 바란다. 생활습관 조정과정에서 불화가 생길 수밖에 없다.

결혼하여 두 사람만의 새살림을 꾸려도 불편한 것이 많은데, 여자가 시집살이를 하면 시집식구들의 생활습관에 신부가 맞출 수밖에 없다. 습관을 바꾸기가 힘들기 때문에 여자들이 시집살이를 싫어하는 것이다.

결혼하면 서로 생활습관의 조정이 필요하다. 시집 온 신부에게 시집의 관습을 무조건 따르라는 것은 옳지가 못하다. 타협을 해야 한다. 서로 불편하지 않도록 배려를 해야 한다. 특히 시집살이를 하는 며느리에게는 생활습관이 적응되도록 세심한 배려가 필요하다.

어느 주례사가 생각난다. 행복한 결혼생활을 위해 명심해야 될 것이 다섯 가지가 있다는 것이다.

첫째, 부부가 된 것을 감사하게 생각하라.

석가모니가 제일 먼저 깨달은 것이 천상천하 유아독존(天上天下 唯我獨尊)이다. 존(尊)은 원래 존재할 存이다. 온 세상에 오로지 나 홀로 존재한다는 것을 의미한다. 그런데 아내가 있어 도와주고, 남편이 나의 불편함을 덜어주니 얼마나 고마운가? 즉 부부로 만난 것에 대한 고마움을 느껴야 한다. 고마움은 바로 행복의 시작이다.

둘째, 부부간에는 무조건 믿어야 한다.

아내가 봉급을 어디에 썼는지, 남편이 왜 늦게 귀가했는지 사소한 일을 갖고 따지지 말아야 한다. 오히려 적은 봉급으로 생활한다고, 밤늦게 까지 고생이 많다고 서로를 격려해줘야 한다.

셋째, 남과 비교하지 마라.

사랑은 그냥 주는 것이다. 받기 위해 주는 것이 아니다. 필요한 것이 있으면 해달라고 문자로라도 말을 하라. 스스로 알아서 해주기를 기대하지 마라. 특히 남과 비교하는 것은 절대 금물이다. 비교를 하면 반드시 내 남편의 단점과 남의 장점과 비교하게 된다. 소나무는 소나무고, 민들레는 민들레다.

넷째, 상대방의 조그만 일에 관심을 가져라.

큰일 가지고 부부간에 갈등이 생기는 일은 없다. 사소하고 조그만 일로 이견(異見)이 생기고, 지기 싫어 오기를 부리다 보면 갈등이 생기는 것이다.

부부간에 이기려고 하는 것은 바보다. 져주는 것이 이기는 것이다. 특히 여자는 옷 모양새 등 조그만 일에 관심을 가져주고 칭찬해주면 감동을 잘 받는다.

다섯째, 가급적 존댓말을 사용하라.

존댓말은 존중하고 존경하는 사람에게 사용하는 경어다. 침실 밖에서는 존댓말로 존중해 줘야 한다. 특히 남이 보는 데선 더하다. 존중도 받아 본 사람이 존중받게 된다. 집안에서 존중받지 못하는 사람이 나가서 존중받을 리가 없다. 부부 간에 제일 중요한 덕목이 바로 존중하는 마음이다.

가화만사성(家和萬事成)이라고 가정이 평화로워야 모든 일이 순조롭게 이뤄진다. 가정이 평화롭지 못하면 직장도 사회일도 잘 될 리가 없다.

신혼 초에 가장 중요한 것이 생활습관 조정이다. 세 살 버릇 여든까지 간다. 신혼 초 좋은 생활습관이 가정을 행복하게 한다.

2019.04.16. 시사플러스

Followership은 나를 위한 것이다

모든 사람은 자기가 리더가 되길 원한다.

팔로우하는 것을 싫어한다. 하지만 리더십(Leadership)은 책임이 뒤따른다. 심지어 조직원들의 생명과 재산을 보호해야할 책무가 있다.

능력도 없으면서 리더가 되는 것은 죄악이다. 심지어 조직이 무너진다.

무능한 사람이 사장이 되면 회사가 망하고, 무능한 사람을 대통령으로 선출하면 나라가 망한다.

누구나 남을 따르는 것보다는 할 수만 있으면 본인이 리더, 대장이 되고 싶다.

그러나 팔로우십(Followership)없는 리더십은 있을 수가 없다.

사람이 태어나면 제일 먼저 엄마, 아빠를 따를 수밖에 없다. 아기가 엄마를 따르지 않고는 살 수가 없다. 아기는 팔로우십 부터 배운다. 그리고 동생이 생기면서 자연스럽게 동생보다 우월한 힘과 지식을 바탕으로 리더십을 발휘하게 된다.

장남이 막내보다 비교적 리더십이 강한 이유도 여기 있다. 힘이 없을 때는 힘 있는 자를 따라야 산다. 이는 사회적 동물이 살아가는 본능적 질서다.

일반적인 모임이나 조직에서도 마찬가지다. 처음 입회하면 먼저 선배들을 따른다. 후배들이 들어오면서 자연스레 리더십을 발휘하게 되는 것이다.

처음부터 리더십만을 발휘할 수는 없다. 아는 것도 없이, 힘도 없이 어떻게 리더십을 발휘하겠는가. 회사에 입사해도 회사 돌아가는 상황을 파악해야 리더십을 발휘할 수가 있다.

팔로우십은 결코 비굴하거나 수치스러운 것이 아니다. 먼저 팔로우십을 익히는 게 순서다. 즉 팔로우십은 리더십의 선결조건이나 다름없다.

요즘 민주주의를 자기 마음대로 하는 것으로 착각하는 경우가 있다. 조직원이 리더를 선출한다고 조직원이 리더가 아니다.

리더는 조직원의 의사를 존중하고 반영해야 계속 리더의 위치를 확보할 수 있다. 조직원은 리더의 합법적 결정을 따라야 할 의무가 있다.

조직원이 리더의 지시를 어기면 조직률에 따라 징계를 받는 게 마땅하다. 조직원이 상사의 지시를 따르지 않으면 조직은 무너진다.

내가 먼저 리더의 말을 존중하고 따라주면 리더도 배려를 한다. 역할 분담도 하게 된다. 또 내가 리더가 되었을 때 남들도 나의 의사를 존중하게 된다. 내가 남을 존중하고 따라 주지 않는데 남들이라고 왜 나를 따르겠는가. 자기가 리더가 되면 남들이 자기 뜻대로 움직여 주길 바라면서, 남이 리드할 때는 자기 마음대로 하려고 하는 것은 아주 잘못된 것이다. 이런 사람은 리더가 될 자격이 없다. 리더를 존중하고 따르는 것은 리더 보다 나와 조직원을 위해서다. 사장이나 대통령이 죽을 쑤면 그 피해는 고스란히 사원이나 국민이 입게 된다.

리더십이 양(陽)이라면 팔로우십은 음(陰)이다. 음과 양이 조화를 이루어야 조직이 원만하게 돌아간다.

리더십과 팔로우십은 동전의 양면이나 다름없다.
팔로우십은 곧 나를 위한 것이다.

2019.04.24. 시사플러스

웬만하면 물어보세요

우리의 보이지 않는 생활관습 중에 알아서 하는 게 있다.

'알아서 하라'고 지시를 하는가 하면, 영화나 극 중에서 상관에게 '제가 알아서 처리 하겠습니다' 하고 충성스럽게 말하는 장면을 종종 본다.

말을 하지 않아도 이심전심(以心傳心)으로 알아서 일을 처리해도 만족스런 관계가 과연 얼마나 될까? 그런 사람이 두 명만 있어도 행복한 사람이다.

아주 극소수의 사람 사이에 통용되는 관계를 일반적으로 생각해서는 곤란하다. 그러면 엉뚱한 일만 벌어진다. 상사나 선배의 미움을 사는 지름길이 바로 상사에게 물어보지 않고 자기 마음대로 일을 처리하는 것이다. 상사는 리더십에 대한 도전으로 생각한다.

리더십은 가르쳐주는 데서도 나온다. 부하가 모르는 것을 물으면 귀찮게 생각할 것 같아도 오히려 좋아한다. 가르쳐주면서 우월의식도 생기고 리더십이 확보된 것으로 생각하며 행복해 한다.

묻고 대답하는 사이에 둘 사이의 관계는 더욱 더 돈독해 진다.

직장에서 회의를 할 때 부하 직원이 열심히 받아 적었다고 의미가 전달되었고, 시행이 될 것이라고 생각하면 착각이다. 어느 조직이나 지시내용도 정확히 파악 못하고 대충 알아서 일을 처리하는 직원이 있게 마련이다. 시행과정 중에 반드시 확인을 하여야 한다.

또 부하직원은 이해가 되지 않는 부분은 반드시 상사에게 다시 물어볼 필요가 있다. 알아서 판단하고 알아서 시행을 하면 잘해야 본전이다. 일이 잘못되면 시키지도 않은 일을 했다고 핀잔만 받는다.

모르면 상사나 선배에게 물어보고 일을 하면 고생도 덜하게 된다. 이해 부족으로 혼자 고민하지 않아도 된다. 상사는 기분 좋게 생각한다. 그야말로 도랑치고 가재 잡는, 꿩 먹고 알 먹는 격이다.

고부간에 갈등도 며느리가 물어보지 않고 알아서 일을 하다 사고를 치면서 발생한다. 잘 물어보는 며느리는 귀엽게 생각하고 상세하게 노하우도 전수해 준다. 그런데 통상 반대로 한다. 시어머니에게 물어 보는 걸 꺼려한다. 시어머니는 소외감을 느끼게 되고, 며느리가 엉뚱한 일을 하게 되면 가만히 있지 않는다. 이를 나무라게 되고, 며느리는 야단치는 시어머니를 피하게 된다. 고부간의 갈등은 이래서 생기는 것이다.

학교 다닐 때도 질문 많이 하는 학생이 공부도 잘한다. 모르면서도 아는 척하고 가만히 있으면 결국 시험만 망칠 뿐이다

알아서 하는 것은 오래된 관습으로 관례적으로 하던 일이거나, 전권을 위임받았을 때에 하는 것이다. 이때도 가끔은 자문을 구하는 것이 좋다.

결론적으로 회사나 조직사회에서 일을 할 때 웬만하면 상사나 선배에게 물어 보고 일을 처리하라! 그러면 본인은 스트레스도 덜 받고, 상사는 엔돌핀이 나와 행복감을 느끼게 되고, 일은 원만하고 깔끔하게 이루어진다. 일석삼조(一石三鳥)의 효과를 거두게 된다.

물어보는 것은 결코 부끄러운 것이 아니다. 상대방을 기분 좋게 해주는 것이다.

2019.07.05. 시사플러스

추석, 여인들이 '친정 가는 날'로

우리 한민족은 설날과 추석 양대 명절을 중시 여긴다.

설날과 추석 양대 명절만 되면 한반도에 대이동이 시작된다. 게르만의 대이동은 이동도 아니다. 교통대란이 일어난다.

문제점도 많다.

며느리들이 시댁에 가길 꺼린다. 특히 차례상 준비를 싫어한다. 남편들은 아내 눈치 보기 바쁘다. 명절이 지나면 부부싸움을 종종 한다. 안타까운 일이다.

부모님들도 마음이 편치 않다. 요즘은 며느리가 시어머니 눈치 보는 게 아니라 시부모님이 며느리 눈치를 본다. 차례를 지내자마자 처가로 향하는 자식이 안쓰럽기도 하다.

생각을 한번 바꿔볼 필요가 있다.

아예 추석명절을 여인들이 '친정 가는 날'로 정하는 것이다. 출가한 딸들이 친정에 가서 순수혈족끼리 추석명절을 쇠는 것이다. 차례상을 딸들이 준비하는 것이 조상님들도 기쁘지 않을까?

며느리들끼리 일하기 싫어 푸념할 일도 없고, 남편들이 아내 눈치를 볼 필요도 없다. 아무리 며느리를 딸처럼 여기고 사위를 아들처럼 여긴다 해도 불편한 건 어쩔 수 없다. 순수한 혈족끼리의 만남은 허물이 없다.

일 년에 한번 순수 혈족끼리 모여 추석명절을 쇠면 명절증후군도 없어지고 여인들이, 가정이 보다 더 행복해질 것으로 보인다.

양대 명절을 전부 '친정 가는 날'로 정하는 건 다소 무리가 있다. 설날은 새해 인사를 드린다. 전통방식이 적절해 보인다.

하지만 추석은 추수감사절이나 다름없다. 나를 낳아 주신 친부모님께 감사드리는 날로 승화하는 것도 의미가 있어 보인다.

추석을 출가한 여인이 '친정 가는 날'로 정하면 설날 며느리들이 기꺼이 시댁으로 향할 것이다. 사회적 스트레스가 해결된다.

색다른 풍습이 자리가 잡히면 여자들이 추석이 기다려진다. 사회적 스트레스가 해소돼 가정이 보다 더 화목해 진다. 명절이 한층 더 즐거울 수가 있다.

시집간 딸들이 기다려지는 그야말로 여자들이 신나는 추석이 될 것이다.

내년 추석은 여인들이 친정 가는 색다른 명절로 시범적으로 실시하면 좋겠다. 범사회적 운동이 일어났음 더욱 좋겠다.

사회적 풍습도 시대가 바뀌면 한번 바꿔볼 필요가 있다. 생각을 바꾸면 세상이 편안하다.

2017.10.06. 시사플러스

'작용, 반작용의 법칙'에 출세와 행복이 달려있다

뉴턴의 운동법칙 중에 '작용, 반작용의 법칙'이 있다. 모든 작용에 대하여 항상 방향이 반대이고 크기가 같은 반작용이 뒤따른다는 것이다. 모든 물체가 잡아당기는 작용을 가하면 되돌아가려는 반작용이 생겨난다는 것이다.

'작용, 반작용의 법칙'은 자연의 운동법칙일 뿐 아니라 정치나 일반사회에서도 적용되는 법칙이다.

누가 나에게 식사대접을 하면 차라도 대접하고 싶다. 칭찬을 들으면 기분이 좋아져 상대방을 똑같이 칭찬하게 된다. 욕을 먹으면 똑같이 욕을 하거나 불평을 하게 된다.

성경 마태복음에 "모든 일에 네가 대접받고 싶은 만큼 남을 대접하라."는 구절이 있다. 대접 즉 작용이 있으면 그만한 대접, 반작용이 되돌아온다는 것이다. 내가 남을 대우하는 만큼 남들도 나를 대우한다. 작용, 반작용의 원리를 말하고 있는 것이다.

이런 '작용, 반작용의 법칙'이 사회활동 속에 분명히 존재한다. 문제는 사람들이 이 법칙을 깨닫고 믿지 않는다는 것이다. 재미있는 것은 그 믿음조차도 작용, 반작용의 법칙이 적용된다는 것이다. 내가 믿으면 상대방도 믿는다. 내가 믿지 않으면 상대방도 믿지 않는다. 내가 의심하면 상대방도 의심한다.

믿지 못하는 의심 때문에 계약서도 생겼다. 계약할 때는 유리한 계약을 맺기 위해 서로 다툰다. 계약은 가진 자, 즉 힘센 자에게 유리하게 체결될 수밖에 없다.

요즘 문제가 되고 있는 갑과 을의 계약관계는 이래서 생겨난 것이다. 복잡한 인간관계는 서로 믿지 못하는 데서 비롯된 것이다.

자연의 운동은 똑 같은 질량의 운동량이 되돌아오지만 사회관계에선 똑같은 경우는 아니라도 그에 상응하는 반작용의 되갚음이 분명히 있다. 복수를 왜 하겠는가. 되갚아 주는 것이다.

덕담을 하면 덕담이 돌아온다. 남을 해치면 상대방도 반사적으로 앙갚음을 하게 된다. 경우는 달라도 도와준 사람 도와주고, 해악을 끼친 사람 해롭게 한다.

작용, 반작용의 운동법칙을 사회학적으로 적용한 것이 바로 헤겔의 정반합의 원리다. 어떤 주장이나 논리, 즉 정(正)이 있으면 이에 반하는 주장과 논리 즉 반(反)이 생겨난다는 것이다. 작용, 반작용의 과정에서 타협하여 새로 도출된 것이 바로 합(合)이다.

이 합(合)은 또다시 정(正)이 되어 정반합의 원리로 사회가 발전되어 나간다는 것이다.

성경에 원수를 사랑하라는 말이 있다. 작용, 반작용의 법칙에 의하면 원수는 원수로 갚게 되어있다. 그런데 어떻게 원수를 사랑할 수 있겠는가. 하지만 원수를 갚기위해 원수에게 해를 끼치려면 그에 상응하는 피해를 또다시 입게 된다. '원수를 사랑하라'는 원수 때문에 너 자신을 괴롭히지 말라는 뜻이다.

원수를 원수로 갚는 생각을 바꾸어 새로운 합(合), 즉 사랑으로 갚으면 상대방도 감사함과 사랑으로 보답하게 된다. 악순환의 고리가 선순환으로 바뀌게 된다.

악순환을 선순환으로 뒤바꾼 대표적인 사람이 바로 정일권 전 국회의장이다. 그는 자기를 비난하는 야당의원을 공사석에서 수차례 칭찬하였다고 한다. 결국 그 야당의원은 비난을 덜하게 되고 오히려 태도가 바뀌어 좋은 말을 해주더라는 것이다. 정 의장은 '작용, 반작용의 법칙'과 '정반합의 원리'를 깨달은 것이다.

그는 최장수 국회의장과 총리를 하였다.

'작용, 반작용의 법칙'과 '정반합의 원리'는 자연스러운 사회의 법칙이다. 사람들이 이 법칙을 깨닫고 정일권 전 총리처럼 슬기롭게 역이용하면 본인은 물론 사회가 보다 더 평화롭고 여유로울 것이다.

전화위복은 마음먹기에 달렸다.

2016.05.29. 시사플러스

운명은 만남에서 비롯된다

물은 어느 그릇에 담느냐에 따라 이름부터가 다르다.

강에 있으면 강물, 바다에 있으면 바닷물이다. 담겨진 곳에 따라 물의 이름, 운명이 바뀐다.

사람은 만나는 사람에 따라 운명이 바뀐다.

태어나서 첫 만남인 부모가 누구냐에 따라 이미 운명, 즉 신분이 달라진다. 왕의 자식으로 태어나면 왕자다. 양반의 자식은 양반이고, 상민의 자식은 상민이다. 자본주의 시대인 요즘도 마찬가지다. 재벌가에 태어나면 태어나면서부터 재벌이다.

학교를 다니면서부터는 만나는 친구가 누구냐에 따라 성격과 성품이 달라진다. 만나는 친구를 보면 그 사람의 인품을 알 수가 있다.

직장에서는 상사와 동료의 만남에 따라 운명이 바뀐다.

박정희 장군 밑에서 부관을 하던 사람은 국회의원이 됐다. 김재규 정보부장 밑에서 일을 하던 사람은 형장의 이슬로 사라졌다. 상사의 명령에 충실히 따른 죄밖에 없는데 말이다. 직장에서 상사를 누구를 만나느냐에 따라서도 운명이 바뀐다.

만남에 못지않게 중요한 것이 있다. 바로 실력이다. 똑같은 부모를 만났어도 부모의 영향력을 최대한 활용하는 사람이 있는가 하면 그렇지 못한 경우도 많다. 장남이 반드시 후계자가 되는 것도 아니다.

요즘은 재벌들도 장남에게 반드시 회사를 물려주지 않는다. 장남의 능력이 시원치 않으면 형제간에 전쟁이 벌어진다. 롯데그룹 형제간의 싸움이 대표적 사례다.

금수저로 태어나면 금수저가 된다. 그렇다고 부모나 형제를 마음대로 선택할 수가 없다. 자기 복으로 돌릴 수밖에 없다.

하지만 후천적으로 인연을 만들어 대신하는 방법도 있다.

삼국지를 보면 유비와 관운장과 장비는 서로의 부족함을 의형제를 맺어 보완을 한다. 유비의 가문과 관우, 장비와 제갈공명의 실력이 합쳐 한 시대를 풍미했다. 흙수저로 태어난 사람들이 눈여겨 볼 필요가 있다.

직장이나 사회에서 우리는 수 없는 사람을 만난다. 누구를 만나느냐에 따라 영웅이 되기도 하고 범죄자가 되기도 한다. 좋은 사람을 만나 좋은 관계를 맺으면 운명이 바뀐다.

산삼이 앞에 있어도 산삼인지 모르면 줄기를 꺾어 이쑤시개로 사용한다. 만나는 사람의 진가를 알아보는 것도 실력이다. 만남의 선택권은 주로 힘 있는 자가 쥐고 있다. 힘없는 사람은 자기를 알아주는 사람을 위해 목숨을 바친다.

만남과 실력은 운명을 좌우하는 쌍두마차다.

2016.08.25. 시사플러스

한창희의 3대 실수(?)

뱃머리를 어디로 잡느냐에 따라 인생항로가 달라진다.

필자와 술만 한잔하면 인생의 뱃머리를 잘못 잡았다고 '한창희의 3대 실수'를 거론하며 술맛을 돋우는 고약한 친구가 한 명 있다.

그 친구말로는 필자가 정치를 하겠다고 뱃머리를 정치로 돌린 것이 첫 번째 실수란다.

적극적이고 긍정적이며 아이디어도 풍부한 친구가 정치한답시고 열정을 낭비하며 백수처럼 인생을 허비하는 것이 안타깝단다. 다른 직종에서 일을 했으면 벌써 두각을 나타내고, 사회에 엄청난 기여를 했을 거라며 격려(?) 겸 핀잔도 준다.

둘째는 정치를 하려면 서울이나 수도권에서 해야지 멍청하게 고향으로 내려가 정치를 하느냐는 것이다.

예수도 고향에서는 인정을 못 받아 기독교가 없고 유태교만 있단다. 석가모니가 태어난 곳에도 불교는 없고 힌두교만 있단다. 공자가 왜 주유천하를 했냐는 것이다. 소크라테스는 고향은커녕 부인의 인정도 못 받았단다.

4대 성인도 고향에서 인정을 못 받는데 하물며 한창희 네가 뭐라고 고향에서 인정을 받겠다고 귀향하여 정치를 하느냐는 것이다.

정치 시작할 때 잘 아는 사람 다 없어져도 지역구 인구도 안 준단다. 그 사람들을 믿고, 굳이 고향에서 정치하겠다고 고집한 것이 두 번째 실수란다.

세 번째 실수는 '정치 학도답게 정도(正道)로 정치를 하겠다.'는 순진한 신념이란다.

정치를 하려면 적당히 정치자금을 만들어 베풀면서 하라는 것이다. 잘난 척하고 '1만 원 후원하기', '희망펀드'를 발행하여 투명한 정치자금으로 정치하겠다는 것이 우리 정치풍토에선 통하지 않는다는 것이다.

시장이 되고 나서도 청렴하게 일만 열심히 하면 누가 알아주느냐는 것이다. 남들처럼 적당히 정치자금을 마련, 주위사람을 챙겨줬어야 했다는 것이다.

일 열심히 하고, 시장시절 일한 업적이 많다는 것은 금방 잊어버린다는 것이다. 정치하려면 들키지 말고 적당히 정치자금을 마련, 눈치껏 사용하라는 것이다. 당신같이 순진한 사람은 우리 정치체질에 맞지 않는단다.

권모술수가 판을 치고, 부정한 정치자금이 횡행하는 우리 정치풍토에서 필자가 고생만 한다며 속상해서 퍼붓는 친구의 말이 고맙기도 하고, 서글프기도 했다. 가족이나 주위 사람에게 새삼 미안한 생각도 든다.

국가관과 정의감, 희생정신, 청렴 등 고상한 말로 자위하거나 변명하고 싶은 생각은 없다. 하지만 아무리 정치풍토가 타락해도 정도(正道)로 일하려고 하는 돌연변이 같은 반면교사(?)도 필요치 않을까.

고향에서 인정받기 힘들다고 하지만 필자는 그렇게 생각지 않는다. 인정해주는 사람도 많다. 벌써 시장으로 두번 선출해 주었다. 맡겨준 시장자리를 지키지 못한 건 나 자신이다. 아직도 택시를 타면 택시비도 받지 않으려는 기사도 있고, 식당에서 밥값을 내면 받지 않으려는 아주머니도 있다. 길에서 만나면 건강 잘 챙기라고 격려하는 할머니는 또 어떻게 생각해야 하는가.

그 친구는 간과한 것이 있다. 고향은 어머니의 품과 같은 곳이다. 고향은 인정받기 위해서가 아니라 무조건, 무한대로 봉사하는 곳이다.

고향사람들은 밖에서 성공하면 자랑스럽게 생각하지만 고향에 돌아오면 똑같은 형제로 생각할 뿐이다. 금의환향하면 잠시 반겨줄 뿐이다. 추앙할거라 생각하면 착각이다.

스피노자는 '내일 지구의 종말이 온다고 해도 오늘 한 그루의 사과나무를 심겠다'고 했다. 인생이 등산처럼 느껴도 진다. 희망을 갖고 묵묵히 가다보면 어느덧 목적지에 도달하게 된다. 정상에 오르는 것도 중요하지만 친구들과 담소하며 등산하는 과정이 더 즐겁고 아름다운 것이다.

인생은 목표도 중요하지만 과정이 아름답고 정의로워야 한다.

2018.08.23. 시사플러스

한창희 시사칼럼

펴낸날 2022. 3. 1.
지은이 한창희
펴낸곳 인쇄출판 정문사
출판등록 제1998-000001호
주소 충북 충주시 교동1길 15-22(교현동)
전화 (043) 847-9201
팩스 (043) 847-9221
이메일 jmpr9201@hanmail.net

ISBN 979-11-87690-80-1
값 20,000원